全国工程专业学位研究生教育指导委员会　编

工程专业学位研究生教育理论与实践问题探索

——2016—2017年工程专业学位研究生教育研究成果选编

清华大学出版社

北京

内 容 简 介

1997年设置工程硕士专业学位以来，全国各工程硕士培养单位秉承"思想政治正确、社会责任合格、理论方法扎实、技术应用过硬"工程人才全面育人观，积极探索，勇于改革，20年来积累了大量的经验，取得了许多成绩，但仍存在一些问题。为了工程专业学位研究生教育进一步健康发展，自2007年全国工程专业学位研究生教育指导委员会（以下简称教指委）开展了10年教育课题的研究工作，2017年将课题研究与深化专业学位研究生教育综合改革（以下简称深综改）相结合，分成重大、重点、自选三个层面的项目，推动教指委、领域协作组、培养单位在研究基础上的教育改革。本书收录了2016—2017年工程专业学位研究生教育研究课题（教改项目）的部分结题成果。这些研究成果紧密围绕深综改的部分任务，内容涉及联合培养基地、在线课程建设、规划教材编写、机制体制改革等培养的诸多环节，有益于活跃思路、开阔视野、交流经验、推动发展。本书内容可供从事学位与研究生教育工作的领导和管理人员、教学科研人员以及社会有关人士参考。

图书在版编目（CIP）数据

工程专业学位研究生教育理论与实践问题探索：2016—2017年工程专业学位研究生教育研究成果选编/全国工程专业学位研究生教育指导委员会编.—北京：清华大学出版社，2018

ISBN 978-7-302-49969-5

Ⅰ.①工… Ⅱ.①全… Ⅲ.①工科（教育）－研究生教育－教育研究－研究成果－汇编－中国－2016—2017　Ⅳ.①G643.7

中国版本图书馆CIP数据核字（2018）第067448号

责任编辑：冯　昕　王　华
封面设计：傅瑞学
责任校对：王淑云
责任印制：丛怀宇

出版发行：清华大学出版社
　　　网　　址：http://www.tup.com.cn，http://www.wqbook.com
　　　地　　址：北京清华大学学研大厦A座　　　邮　　编：100084
　　　社　总　机：010-62770175　　　邮　　购：010-62786544
　　　投稿与读者服务：010-62776969，c-service@tup.tsinghua.edu.cn
　　　质量反馈：010-62772015，zhiliang@tup.tsinghua.edu.cn
印　装　者：北京鑫海金澳胶印有限公司
经　　销：全国新华书店
开　　本：185mm×260mm　　印　　张：14.75　　字　　数：358千字
版　　次：2018年6月第1版　　印　　次：2018年6月第1次印刷
印　　数：1～3000
定　　价：50.00元

产品编号：079085-01

编 委 会

汇编工作组

前言

FOREWORD

我国自 1997 年设置工程硕士专业学位以来，目前已有 40 个工程领域、407 个工程硕士培养单位，基本覆盖中国主要产业行业，有力支撑了我国工业体系的形成和发展。20 年来，我国工程专业学位研究生教育坚持"服务经济社会发展需求，遵循人才培养规律"原则，秉承"思想政治正确、社会责任合格、理论方法扎实、技术应用过硬"工程人才全面育人观，初步构建了产教结合协同育人的体系，以及传统与网络深度融合的混合式教学模式。

然而，在长期实践中，我国工程专业学位研究生教育事业在课程体系、教学内容、实践环节、协同机制等方面仍存在一些亟待深入研究并探索解决的问题。在此情状下，全国工程专业学位研究生教育指导委员会（以下简称"工程教指委"）自 2007 年始，以工程专业学位研究生教育的全局性、根本性和共同性理论议题和实践问题为导向，凝练并发布相应的课题指南，邀集全国工程人才培养单位、领域专家、战线同仁开展研究。10 年来，各研究课题取得了一系列优秀成果，为政府部门和工程教指委的专业学位研究生教育重大决策提供了坚实的思想支撑和智力服务，为高等院校和合作单位工程专业学位研究生教育的科学发展提供了有力的理论指导和实践指引。

为进一步发挥课题成果的理论指导作用，工程教指委自 2009 年起遴选优秀成果汇编成册，先后出版了 2007—2008 年版、2009—2010 年版、2012—2013 年版和 2014—2015 年版共 4 版《工程专业学位研究生教育成果选编》。4 版选编荟萃了工程专业学位研究生教育领域的优秀成果和先进理念，为推动工程科技进步、工程人才培养，深化工程专业学位研究生教育改革提供了重要的理论依据，一经出版，便受到学界和业界同仁的广泛关注。

2017 年，工程教指委再接再厉，从 2016—2017 年顺利结题的 3 项工程专业学位研究生教育重大研究课题、21 项重点研究课题、359 项自选课题中再次遴选 52 项优秀学术成果进行汇编，以成此书。此次出版的《工程专业学位研究生教育理论与实践问题探索——2016—2017 年工程专业学位研究生教育研究成果选编》以工程教指委深化专业学位研究生教育综合改革六大改革任务为指导，着力汇集工程教育认证、联合培养基地建设、在线共享课程建设与混合式教学模式、国家级规划教材建设、工程领域学位授权点建设、工程博士规模质量协调发展等方面的先进理论成果，以期为进一步深化工程专业学位研究生教育改革、提升工程专业学位研究生培养质量提供学理借鉴和路径参照。

本书编写过程中，清华大学、中国科学技术大学等高校的数十位研究生教育管理专业人士付出了辛勤劳动，在此谨向所有参与汇编工作的单位和个人表示真挚的感谢！同时，我们也真诚希望集各方智慧与心血的第5版选编能够继续对战线同仁业务开展与学术探讨提供有效助益，能够继续为我国工程专业学位研究生教育改革与发展提供应有助力。

编　者

2017 年 12 月

目录

CONTENTS

注：本目录中课题名称后带符号 ** 的为全国工程专业学位研究生教育指导委员会立项的重大课题；带符号 * 的为重点课题；其他为自选课题（教改项目）。

我国工程专业学位硕士研究生能力素质结构与培养体系改革研究

中国科学技术大学　张淑林

课题编号：2017-ZD-02；课题指南：体制机制改革

一、主要解决的教育实践问题

随着我国工程硕士研究生教育事业的蓬勃发展,深化工程专业硕士学位研究生培养体系改革已成为重要议题。2009 年,教育部颁布了《关于做好全日制硕士专业学位研究生培养工作的若干意见》,扩大招收以应届本科毕业生为主的全日制硕士专业学位范围;专业学位教育指导委员会制定《全日制硕士专业学位(分类别)研究生指导性培养方案》为各培养单位全日制硕士专业学位研究生培养方案的制定提供了指导;2013 年,教育部、国家发展改革委和财政部共同出台的《关于深化研究生教育改革的意见》提出建立以提升职业能力为导向的专业学位研究生培养模式;2015 年,教育部发布的《关于做好深化专业学位研究生教育综合改革试点工作的通知》提出探索教育认证、建设联合培养基地、建设在线课程等方面的重点改革任务。这些文件的颁布及实施为我国工程硕士研究生教育深化改革指明了方向。

为进一步服务中国制造 2025、创新驱动发展战略、世界科技强国战略的需求,提高工程人才的培养质量,从培养目标、教学模式、工程实践等方面对工程硕士培养体系与培养方案开展深入研究,不仅具有理论意义,而且对于深化工程硕士教育综合改革、完善工程硕士培养体系,具有重要的现实意义。

结合我国工程硕士研究生培养体系现状以及国家、产业、高校对工程硕士的要求,我国工程硕士培养存在诸多亟须解决的问题。第一,在培养目标设定方面,未能体现"高目标、大格局、严要求",如未凸显工程伦理素养、工匠精神、社会责任感的要求;第二,在教学模式方面,案例教学、模拟训练、开放互动体验式学习未形成制度保障;第三,在实践基地建设方面,未满足实践教学的实际需求,如基地数量不足,建设质量、层次不高;第四,在培养特色方面,未能体现工程硕士教育的工程性、实践性、职业性,如课程设置与工学雷同,教师教学沿袭传统学术化培养模式,工程训练实验室化;第五,在导师指导方面,双导师制未完全落实,企业导师的培养职责弱化;第六,在校企联合培养方面,缺乏深入、持续的合作与共享机制;第七,在学位标准方面,工程硕士学位标准直接复制工学硕士标准,缺乏对工程硕士实践能力的考查、评价。

二、解决问题的方法

通过文献研究方法,对"大工程观"育人理念进行全面研究,重点对其所倡导的基于大类工程领域以大专业知识背景为依托的大专业素质、以科学素质和人文素质为基础的综合能力以及在履行职业责任时将公众安全、健康与福祉放在首位的工程伦理等三个方面进行深度研究，探讨其对当前我国工程硕士培养理念改革的指导价值和适用性。

基于"大工程观"的基本要求和我国硕士研究教育体系的基本维度，设计调查问卷，选择目标高校进行调研，重点对我国工程硕士培养的现状及问题进行深度剖析，尤其重视探究当前的工程硕士人才培养体系在培养目标、培养标准、课程设置等维度上与"大工程观"不相契合的突出问题及其表征，为"大工程观"视角下的工程硕士培养体系创新及培养方案设计提供研究基础。

通过比较研究，发现世界工程强国对工程人才培养的标准不断发展、完善，有不少值得我们借鉴之处，如美国在工程人才培养方面，重视人文社科与交叉学科的教育，重视领导力的培养，注重工程伦理，注重技术创新和全球工程实践能力培养；欧洲在工程人才培养方面，强调工程人才培养的国际化视野，注重工程知识的实践运用，重视工程人才的领导力培养和工程伦理；日本尤其重视学习欧美工程教育理念，重视工程教育的国际化。

通过以上对工程硕士培养的纵向分析和横向比较，结合国家关于工程人才培养的战略部署、"大工程观"与胜任力理论对工程硕士的应然要求，全方位探讨和反思我国工程硕士培养体系，为研究工程硕士能力素质结构提供了逻辑分析框架，为开展工程硕士培养体系改革研究奠定了坚实的理论基础。

三、实质进展

（一）大工程观视角下工程硕士能力素质结构构建

大工程观的理念自 1993 年提出以来，经过二十多年的实践检验，已成为解决工程基本问题的思想体系及方法。大工程观内涵可概括为 4 个强调：①强调工程本真；②强调综合交叉；③强调实践创新；④强调伦理责任。在此基础之上，工程硕士能力素质包含以下三个方面。

1. 大专业素质。即基于大类工程领域、以大专业知识背景为依托的专业素质。以大的专业门类来培养工程人才是大工程观系统性、综合性、学科交叉的本质诉求。

2. 基于大工程观的综合能力。美国工程技术认证委员会（Accreditation Board for Engineering and Technology，ABET）制定的标准系列中最著名的就是对工程人才培养提出的能力标准（2017—2018 年版能力标准），该标准是大工程观思想于工程人才培养的具体应用形式。

3. 工程伦理。ABET 明确提出"工程师在履行其职业责任时应当将公众的安全、健康与福祉放在首位"，这是工程师应具备的基本伦理素质，体现了工程师对伦理关怀的 3 个层次，人的安全、健康是基础的伦理规范，在安全的基础才能健康，在安全、健康的基础上才能享有福祉。

大专业素质、综合能力与伦理素质是培养大工程人才应然素质的 3 个纬度，其中大专业素质是基本素质，综合能力是重要素质，伦理素质居于核心地位，三者密不可分，共同构成大工程人才应然素质能力整体。

（二）胜任力理论视角下的工程硕士培养标准

胜任力理论在人力资源管理领域得到充分应用，它不仅构建某种岗位的胜任特征模型

(competency model)，对人员担任某种工作所应具备的胜任特征有了明确说明，而且成为进行人员素质测评的重要尺度和依据，为实现人力资源的开发与合理配置提供了科学的前提。它对工程硕士培养同样具有较强适用性，因为工程硕士毕业生能否胜任其从事的工程技术工作是衡量工程硕士培养质量的重要标准。

本文主要参考杜兰德（Durand）（1998，2000）关于胜任力的定义，即胜任力指的是能驱动个人产生优秀工作绩效的，可用一些被广泛接受的标准进行测量的，而且可以通过培训与发展加以改善和提高的各种个人特征的集合，包括知识、技能及态度，具体如下：①知识（knowledge），即某一职业领域需要的信息（如机械工程领域的知识）；②技能（know-how），是用来开展工作的技能，即指掌握和运用专门技术的能力（如计算机操作能力）；③态度（attitude），是工作中的精神智力导向，即动机和价值观。

（三）工程硕士研究生培养体系改革的建议举措

基于以上两种理论，我们提出工程硕士研究生培养体系改革的建议举措，具体如下：

1. 分大类工程领域设置培养目标。工程硕士培养目标包含如下内容：①具有以工程伦理素养为核心的大工程观；②掌握某一大类专业坚实的基础理论和宽广的专业知识；③能够承担工程技术或管理工作，拥有解决工程实际问题的综合能力。通过研究各国的行业分类标准、职业分类标准、专业分类标准、学科分类标准，将我国现有的40个工程领域划分为七大类工程硕士类别，具体见表1。

表1　工程硕士大类工程领域划分

大类	拟划分的大类工程领域	序号	现有工程领域
一	建筑土木类	13	建筑与土木工程领域
		15	测绘工程领域
		14	水利工程领域（或农林类）
二	光学、机械与电子电气类	1	机械工程领域
		2	光学工程领域
		3	仪器仪表工程领域
		7	电气工程领域
		8	电子与通信工程领域
		9	集成电路工程领域
		10	控制工程领域
		20	纺织工程领域
		21	轻工技术与工程领域
		22	交通运输工程领域
		23	船舶与海洋工程领域
		25	兵器工程领域
		32	航空工程领域
		33	航天工程领域
		34	车辆工程领域
		6	动力工程领域（或环境能源类）
		30	生物医学工程领域（或生物、化学与材料类）
三	计算机类	11	计算机技术工程领域
		12	软件工程领域

大类	拟划分的大类工程领域	序号	现有工程领域
四	生物、化学与材料类	4	材料工程领域
		16	化学工程领域
		35	制药工程领域
		38	生物工程领域
五	环境能源类	5	冶金工程领域（或环境能源类）
		17	地质工程领域
		18	矿业工程领域
		19	石油与天然气工程领域
		26	核能与核技术工程领域
		29	环境工程领域
六	管理工程类	24	安全工程领域（或建筑土木类）
		36	工业工程领域
		37	工业设计工程领域
		39	项目管理工程领域
		40	物流工程领域
七	农林类	27	农业工程领域
		28	林业工程领域
		31	食品工程领域（或生物、化学与材料类）

2. 确立培养标准。教育部和中国工程院于 2013 年发布了"工程硕士教育培养计划"通用标准，按照这一目标制订的工程硕士人才培养的通用标准包含工程硕士毕业生在知识、素质和能力方面的 13 条具体要求。

3. 构建和完善课程体系。注重知识结构的系统性，建立紧密对接产业需求的课程体系；完善课程模块建设，增设人文社科类课程；加强国际交流合作，构建符合国情、国际开放的课程体系。

4. 教学方法。构建以问题为中心的研究性教学与以项目为中心的实践教学相结合的工程硕士教学体系。

5. 师资队伍建设。加强产教结合，完善师资队伍建设。①建立专职教师到企业顶岗挂职的制度；②支持企业技术和管理人才到学校任教，鼓励有条件的地方探索产业教师（导师）特设岗位计划；③强化制度保障，制定师资队伍建设的激励政策；④加强国际交流，鼓励高校引进海外高层次工程人才。

6. 推进产教协同育人。校企共同制定培养目标和培养标准、构建课程体系、指导毕业设计或学位论文；加强产教结合实训环境、平台建设，通过工程训练实践、企业工程实践、研究项目实践等多种形式满足工程硕士培养知识、能力和素质的要求。

7. 学位标准与学位授予。培养单位要制定符合本校要求的硕士学位标准以及学位授予实施细则，细则要遵照培养目标，并且更加注重工程硕士的知识应用能力、工程实践能力、工程创新能力在毕业设计或学位论文撰写中的运用。

四、推广应用成果及贡献

1. 剖析工程教育发达国家"大工程观"育人理念和"胜任力"视角下的工程硕士能力素质结构，为我国工程硕士人才培养提供了理论指导；

2. 通过分析我国工程硕士人才培养的现状与问题，为国家推进工程硕士培养体系改革提供实践依据；

3. 基于"大工程观"和"胜任力"理论，设计工程硕士培养体系，为国家深化专业学位研究生教育综合改革提供可行的、有效的对策建议。

工程硕士专业学位研究生培养方案体系优化调整研究

西安电子科技大学研究生院　姬红兵

课题编号：2017-ZD-01；课题指南：体制机制改革

一、主要解决的教育实践问题

研究生培养方案是研究生培养的主要依据，它确定研究生培养的定位和目标，明确研究生培养的过程和环节，直接影响到高层次人才培养的质量及其未来职业发展状况。目前，我国各培养单位现行的工程硕士专业学位研究生（以下简称工程硕士）培养方案均依据 1999 年制定的《关于制订在职攻读工程硕士专业学位研究生培养方案的指导意见》和 2009 年制定的《关于制订全日制工程硕士研究生培养方案的指导意见》而制定，许多内容和要求与新形势下工程人才培养实际需求存在明显的不适应。为更好地适应国家经济社会发展对高层次应用型人才的新需求，全面贯彻党的教育方针，落实立德树人根本任务，鼓励培养单位紧密结合自身的优势与特色，进一步突出工程硕士培养特色，更好地服务于工程硕士的职业发展需求和社会多元化人才需求，全面提高培养质量，本课题对工程硕士培养方案体系的优化调整开展较为系统的研究，形成制订工程硕士培养方案指导意见的建议方案，为全国工程专业学位研究生教育指导委员会在新的历史条件下制定适应新需求的人才培养指导性意见提供建议。

二、解决问题的方法

本课题从新形势下工程硕士培养方案体系优化调整导因分析入手，梳理了我国工程硕士不同历史发展阶段人才需求特点与相应培养方案制订指导意见之间的关系，剖析目前我国工程硕士最新生源结构、培养体系、培养模式、授位标准等变化带来的对工程硕士培养模式的新要求。

课题在深入分析工程硕士培养现状的基础上，通过调研明确不同工程领域、不同类型企业对人才多样化需求标准、对各类人才实践能力和职业素养的要求，查找现有培养方案指导意见与人才培养需求之间的差距和问题。

课题还借鉴国内外研究生教育在培养方案体系研究方面的优秀成果，以前期的分析、调研、剖析结果为基础，逐步确定适应经济社会发展对高层次应用型人才培养需求的工程硕士培养要求，从培养目标、课程体系、实践体系、学制学分、实习基地、校企联合培养、导师指导、学位标准、论文评审与答辩、授位模式等多个方面设计研究生培养方案体系优化调整内容，形成了完整的优化调整方案。

三、实质进展

第一阶段　分析与调研阶段。分析自 2009 年起我国工程硕士的生源结构、培养体系、培养模式、学位授予标准等变化带来的对工程硕士培养模式改革的新要求,特别是全日制和非全日制研究生招生考试并轨带来的工程硕士培养的新变化,分析优化工程硕士培养体系的必要性和紧迫性。这一阶段工作在对比了 40 个工程领域 22 所高校现行的近 60 个培养方案的基础上,深入分析工程硕士培养现状,通过问卷调研采集信息,为最终的指导性意见出台建立基础;同时,课题分别组织华东地区、华南地区、中西部地区和西南地区有代表性的 10 余所高校和 20 余家企业进行实地调研分析,通过交流探讨深入了解工程专业类别各领域不同类型企业对人才多样化需求标准、对各类人才实践能力和职业素养的要求,明确现有培养方案指导意见的关键问题,找准优化工程硕士培养方案的关键指标。

第二阶段　研究与设计阶段。研究近年来国家相继出台的《关于深入推进专业学位研究生培养模式改革的意见》《关于深化研究生教育改革的意见》《学位与研究生教育发展"十三五"规划》等系列政策指导性文件中关于工程硕士培养的要求与导向,汲取国内外专家对工程硕士培养体系设计的理论研究成果,根据工程硕士研究生培养的特点和要求,结合西安电子科技大学 13 个工程硕士授权领域的培养经验,从培养定位和目标、课程体系、实践体系、学制学分、实习基地、校企联合培养、导师指导、学位标准、论文评审与答辩等多个方面设计研究生培养方案体系优化调整内容,建立优化调整方案,形成《关于制订工程硕士专业学位研究生培养方案的指导意见(2017 版)》。

第三阶段　意见征求与修改阶段。通过会议研讨等方式广泛征求高校、行业企业和工程教指委专家关于指导意见修订的相关建议。修改后的指导意见已通过全国工程专业学位研究生教育指导委员会审定。

四、推广应用成果及贡献

《关于制订工程硕士专业学位研究生培养方案的指导意见(2017 版)》将在全国 2018 级工程硕士培养工作中推行,该指导意见将成为指导各高校开展工程硕士培养工作的纲领性文件,各培养单位需遵照本意见修订本单位工程硕士培养方案,构建符合自身特色的工程硕士培养体系。同时学位办[1999]7 号文件印发的《关于制订在职攻读工程硕士专业学位研究生培养方案的指导意见》、学位办[2009]23 号文件印发的《关于制订全日制工程硕士研究生培养方案的指导意见》将中止执行。

1. 首次阐述了工程硕士人才培养目标的具体内涵和基本要求,明确了新时期工程硕士人才培养工作的基本定位和发展思路。

指导意见明确指出,培养单位开展培养工作是要服务社会经济发展和行业创新发展的需求,满足社会多元化人才需求和学生的职业发展需求,这是工程硕士人才培养实现服务社会需求、实现个性化培养目标的基本要求。

目前我国的工程硕士教育还未建立起完善系统的职业资格认证体系,培养体系中职业导向性明显不足；企业参与人才培养的积极性不高，导致多元化培养主体职责落实不平衡；同时，高校导师群体的认识还不到位，导师在日常培养工作中的针对性明显不足。这些不足都要求现有的培养体系进一步明确工程硕士人才培养工作的基本内涵，实现行业企业人才需求标准和人才个性化培养的精准对接，以保障人才培养质量和社会效益的实现。

指导意见对工程硕士培养定位和目标进行了具体阐述。应用型、复合型高层次工程技术和工程管理人才的内涵是工程性、实践性和应用性，培养单位应在满足国家对工程硕士培养基本要求的基础上制订培养方案，更好地服务于工程硕士的职业发展需求和社会多元化人才需求。

指导意见明确提出，培养方案的制订要全面贯彻党的教育方针，落实立德树人根本任务，突出"思想政治正确、社会责任合格、理论方法扎实、技术应用过硬"的工程硕士培养特色。指导意见还强调对研究生"服务国家和人民的高度社会责任感、良好的职业道德和创业精神、科学严谨和求真务实的学习态度和工作作风"，以及"在领域的某一方向具有独立担负工程设计、工程实施、工程研究、工程开发、工程管理等专门技术工作的能力，熟悉领域行业规范，具有良好的职业素养"的培养要求。

2. 充分调动高校和企业参与工程硕士人才培养工作的积极性，为工程硕士培养机制注入活力。

指导意见首次突出了院校要根据自身的优势和特色，明晰培养定位，突出培养特色。鼓励高校发挥自身优势，不同类型、层次的高校要找准自身定位，通过优化和规范培养过程提高培养质量，实现在国家多元化工程技术人才培养体系中的站位。

指导意见强调了校企联合培养是提高工程硕士培养质量的有效方式。指导意见鼓励培养单位积极开展校企联合培养，吸收企业优质教育资源参与研究生教育体系，发挥企业在人才培养中的重要作用，推动产学结合、协同育人，提高工程硕士人才培养质量。鼓励培养单位与企业共建联合培养基地，探索合作共赢的长效保障机制和高效的运行管理制度。

3. 指导意见加强了工程硕士人才培养体系中关于课程学习、专业实践和学位论文各环节的工程性、实践性和应用性，增强了人才培养工作的职业导向性。

指导意见明确了采用课程学习、专业实践和学位论文相结合的培养方式，强调课程学习、专业实践和学位论文同等重要。在专业实践中，对具有 2 年企业工作经历和企业工作经历少于 2 年的研究生进行了区别要求。

指导意见强调了课程体系应体现先进性、模块化、复合性、工程性和创新性，提出了在课程教学中要发挥在线教学、案例教学和实践教学的作用，明确了公共课程、专业基础课程和选修课程主要在培养单位集中学习，校企联合课程、案例课程以及职业素养课程可在学校或企业开展。指导意见还强调了社会责任与职业素养的重要性，将"工程伦理"纳入公共必修课要求。

指导意见还强调了专业实践的重要性，将"实践教学"改为"专业实践"，并与课程学习一起实行学分制。

指导意见还明确了学位论文是工程硕士研究生在一定实践经验基础上，综合运用所学基础理论和专业知识，解决实际工程问题的研究成果。一般应与专业实践相结合，时间不少于 1 年。

4. 指导意见突出了导师指导的重要性,进一步明确了导师组指导制的具体要求。

指导意见强调导师指导是保证工程硕士研究生培养质量的重要保障。应建立以工程硕士工程能力培养为导向的、由校内教师与行企专家共同组成的导师组指导制,强调导师组对工程硕士研究生培养全过程的指导。

5. 指导意见明确了工程硕士论文的多种形式,进一步构建和完善了工程硕士多元化评价体系。

指导意见首次将全国工程专业学位研究生教育指导委员会 2011 年发布的《关于工程硕士不同形式学位论文基本要求及评价指标(试行)》中的论文形式纳入指导意见。指导意见强调,论文选题可以是技术攻关、技术改造专题,也可以是新工艺、新设备、新材料、新产品的研制与开发;论文可以采用产品研发、工程设计、应用研究、工程/项目管理、调研报告等多种形式。这一表述丰富了工程硕士的论文形式,完善了工程硕士的多元化评价体系,为更加科学地评价工程硕士培养质量奠定基础。

根据十九大提出的党和国家的发展战略目标,2017 版工程硕士培养方案指导意见的制定,是在对当前产业深刻变革和未来中国工程科技人才特征进行深入剖析的基础上进行的。它进一步明确了现阶段工程硕士人才培养工作的培养方向、培养目标、培养路径和培养措施,是推进全国工程硕士人才培养改革、指导新一轮工程硕士培养方案修订工作的纲领性文件,对于完善和构建我国工程硕士培养体系具有重要的指导意义。

"服务国家特殊需求人才培养项目"
——工程硕士专业学位研究生培养质量报告

浙江万里学院　徐荣华、赵华静、胡　昌、朱丽媛

课题编号：2014-ZD-02；课题指南：体制机制改革

以"服务需求、突出特色、创新模式、严格标准"为指导思想，培养符合国家特需、具有创新意识和研发能力的高层次工程硕士。浙江万里学院作为"服务国家特殊需求硕士专业学位人才培养项目试点单位联盟"的理事长单位，协同 26 家工程硕士联盟成员单位，历经 6 年探索，形成了以解决实际问题为导向的"产学研用"、学术与工程能力一体化培养的专业硕士人才培养模式，构建了"企业—学校—企业"培养路径，校内外"双导师"指导，国际化合作培养，取得了显著成效，学术研究与工程能力同步成长，论文、专利、建议成果丰硕，形成了动手与研发能力强的人才特色。

一、主要解决的教育实践问题

1. 解决工程硕士培养模式重基础研究轻工程训练的问题。将产业、科研与教学相融合的理念贯穿于人才培养全过程，根据产业行业人才需求特点，构建"产学研用"相融合的培养模式，在产业中发现问题，在学习中寻找思路，在研究中解决问题，在应用中体现成果；形成"行业命题、学校接题、学生破题、企业用题"的学术研究与工程转化相结合和人才培养与产业发展良性互动、互惠互利的培养格局。

2. 解决工程硕士未能有效地突出工程能力培养的问题。建立"理论学习—企业实习—项目研究—实践应用"多阶段相融合的工程硕士培养方式：理论学习，带着问题回课堂；企业实习，循着实践找问题；项目研究，解决问题为导向；实践应用，揣着成果进社会。实现了校企协同、学研结合、成果共享的目标，有力地提升了学生的实践创新与学科研发能力。学生都有论文、专利或建议等学习成果。

3. 解决专业硕士培养目标创新与质量保证机制建设问题。建章立制，规范专业硕士工程能力的培养标准，建立与此对应的"双课堂""双导师""双成果"的培养要求，系统打造工程硕士人才培养的质量保障体系，有力地保障了研究生培养质量。

二、解决问题的方法

1. 契合特需，探索"产学研用"相结合的培养模式。26 家工程硕士培养单位结合各自人才需求，以培养基础理论坚实、知识面宽广、实践能力强、具有鲜明的职业导向性和国际视

野的高素质应用型人才为目标,不断创新工程硕士教学方法。例如,南京工程学院工程硕士培养突出"五个注重"、实现"三个对接",即注重专业能力、现代工程能力、创新能力、实践能力、职业道德培养,培养方向与产业发展对接、课程体系与职业能力对接、培养标准与资质认证对接。浙江万里学院提出工程硕士"产—学—研—用"四段递进式培养模式,以提升职业能力为导向,探索并建立"政产学研"四位一体的工程硕士培养机制,创新学术研究与工程训练相结合的培养模式,在产业中发现问题,在学习中寻找思路,在研究中解决问题,在应用中体现成果,形成学术研究与工程转化相结合和人才培养与产业发展良性互动、互惠互利的培养模式。重庆科技学院创造性地提出并实施"2461"研究生培养模式("2":学校企业"双主体"育人,"4":教学研用"四结合"育人,"6":校企协作"六共同"育人,"1":全程贯穿学术道德和职业道德教育),实现教学标准与职业标准有机衔接。

2. 着眼于解决专业硕士培养中的工程能力提升问题,设计了"理论学习—企业实习—项目研究—实践应用"多阶段工程硕士培养方式,通过"行业命题、学校接题、学生破题和企业用题",以问题引导的系统性学术研究与应用研究相结合的训练路径,训练学生解决实际问题的能力。实习实践不掉线,贯穿于培养全过程。实践内容丰富,形式多样,涵盖认知实习、顶岗实习、教学实践、项目实践以及论文实践等。例如,上海第二工业大学实施"工程导入"培养模式,环境工程硕士生入学后先接受为期两个月的基础理论知识培训,后进入企业随企业导师在生产第一线工作,第二年带着实践问题回到学校,在校内导师指导下进行深入理论学习和论文研究,最后一年再带着研究成果投入到工程实践中去。通过学校与地方龙头企业、行业协会、政府主管部门紧密结合,建立由"课程实践"到"工程实践"再到"创新、创业实践"的多元化、立体型的"政产学研"合作平台。这种校企协同、学研结合、成果共享的培养机制,有力地支撑了学生的实践创新与学科研发能力提升的条件保障。毕业学生理论基础扎实,实践动手能力强,深受用人单位喜爱。

3. 建章立制,精心打造研究生人才培养的全方位保障体系。为解决专业硕士培养目标创新与质量保证机制建设问题,26家工程硕士培养单位规范专业硕士工程能力的培养标准,建立与此对应的"双课堂""双导师""双成果"的培养要求,系统打造工程硕士人才培养的质量保障体系,有力地保障了专业硕士培养质量。各单位均制订包含工程硕士生培养各个环节的多项规范,以规范引领建设,以规范保障质量。经过探索,逐步形成研究生招生与复试监控体系、教学质量保障和监督体系、实习实践质量保障和监督体系、学位论文质量保障和监督体系、研究生就业服务与跟踪体系等五大管理体系,做到招生管理、教学管理、导师管理和学位管理的规范有序。例如,湖南工程学院通过"走出去"与"请进来"相结合方式加强导师培训,鼓励校内导师到相关企业锻炼以提高工程实践能力。淮阴工学院探索建立"校内导师组＋企业导师"模式,校内教师申请研究生导师资格须以有企业导师配伍为前提,研究生入学第一周就通过双向选择落实了"双导师组",形成了校企双方导师全程参与招生及培养过程的"双导师组"运行机制。各单位还根据国家有关政策规定,构建了涵盖国家奖学金、学业奖学金、国家助学金以及其他奖助项目在内的奖助体系,而且奖助的覆盖面和力度都很大,北京石油化工学院、合肥学院、厦门理工学院等还设立了行业部门、相关企业等方面的奖学金。

4. 联盟示范引领作用明显,辐射全国特需试点单位。2013年7月,在国务院学位办领导下,浙江万里学院牵头成立了"服务国家特殊需求硕士专业学位人才培养项目"试点单位联盟,并担任联盟理事长。4年来,浙江万里学院积极组织联盟成员单位,开展特需项目人才培养教学与质量保障机制建设交流与推进工作。针对"特需项目"的试点工作实践,深入开展多项课题研究;编辑出版《联盟资讯》7期,广泛交流先进教学理念与培养方法;定期召集工作交流会议,邀请专家领导莅临指导,帮助特需项目试点单位科学、合理地开展人才培养的试点工作。中期检查表明,26家工程硕士培养单位人才培养质量较好达标,试点成效显著。

三、实质进展

总的来看,特需项目工程硕士研究生培养试点工作,在探索工程硕士授权审核制度改革、培养模式创新以及质量保障体系建设等方面发挥了重要的作用。

1. 建立组织保障机制,出台适合的工程硕士生培养制度。试点单位建立研究生管理机构,确保研究生培养工作的管理需要。各试点单位都建立较为完整的规章制度,内容涵盖招生、培养、教学管理、导师队伍、专业实践、学位论文、奖助体系以及研究生就业等多个方面,有力地保障了研究生教育工作的开展。同时,按照文件要求,遵循工程硕士培养规律,认真制订培养方案,建章立制,努力做好工程硕士研究生培养的规范化。

2. 以提升职业能力为核心,注重应用性、实践性与创新性,在校内外双导师培养、校企合作、实习实践基地建设以及学位论文研究等方面大胆探索、实践和创新,努力做到人才培养的特色化。具体内容如下:

(1)以企业横向项目为纽带,以实习实践基地为平台,以成果研发、应用推广为目的,探索校内外双导师联合培养和共同指导制度,扎实、有效地推进校企合作。

(2)建立以职业能力提升为中心的教学评价机制,将学生基础理论知识的掌握与基本技能方法的运用有机结合起来,专业课教学采用校企教师联合授课方式,实现产教融合。

(3)注重工程实践,将实践纳入工程硕士研究生培养的全过程。探索多样化的实践形式,注入实质性的实践内容。实现实践教学与课堂教学的有机融合,并以工程前沿问题为导向,实现实践环节与论文研究的深度结合。

(4)与权威职业认证机构合作,努力探索与职业资格证书的衔接,将人才培养与职业需求进行无缝对接。同时,部分领域与国外办学机构及企业密切协作,提升人才培养的国际化水平。

四、推广应用成果及贡献

1. "产学研用"相融合的培养模式获得同行认可。26家工程硕士培养单位探索与实践的"产学研用"相融合培养模式获得学位办领导、工程教指委专家、同行的高度认可。先后数十次在全国性工程硕士工作研讨会上作经验交流;多次主办特需项目专业硕士人才培养现场交流会;培养单位之间广泛开展形式多样的交流与合作。参与中国学位与研究生教育学会、工程教指委、省(市)研究教育学会等多层次课题研究,研究成果发表在《学位与研究生教育》《中国教育报》以及工程教指委网站上。例如,山东交通学院设计了分层次、分模块的课程体系,促进了工程硕士的职业化和学生的个性化培养,研究生教育改革项目《服务特殊需求,职业能力导向,工程硕士研究生培养体系建设研究与实践》获得第二届山东省研究生教育成果三等奖。浙江万里学院在实践中逐步探索出工程硕士"产—学—研—用"递进式培养模式,获得浙江省研究生教育学会 2017 年教育成果二等奖。

2. 人才培养成绩突出,更好地服务于地方产业发展需求。"产学研用"相融合的培养模式在实施过程中,企业是参与者,又是受益者。①企业深度参与研究生培养全流程,为定制所需人才提供便利。目前,部分工程硕士生毕业后直接签约自己的培养企业。②企业核心管理人员获聘为硕士生导师,参与硕士生的实质性指导工作,促进了企业技术研发水平提升。③校企合作为企业解决了许多技术难题,尤其是校内老师与企业的联合研发为企业技术攻关提供了智力支持。

3. 人才培养为学科发展提供有力支撑。"产学研用"相融合的培养模式为学科发展注入新活力。26 家工程硕士培养单位实现的应用研究论文、专利和成果采纳等应用性成果丰硕。通过人才培养,推进了学科建设,极大地推动了试点单位的应用型大学建设。

面向控制工程领域的专题领域
在线课程制作与应用探索

西北工业大学　潘　泉

课题编号：2016-ZDn-5；课题指南：在线课程建设

一、主要解决的教育实践问题

近几年，在线课程迅速发展，在线课程主要适用于基础理论课程，如逻辑学、概率论等，随后出现大量专业基础课程，如数据结构、操作系统等，同时涌现了一批公共类课程，如唐诗宋词、茶文化等，这些课程受众面广，理论基础广泛，知识更新相对较慢，上线课程数量较多。但是面向前沿技术的专题专业课程在制作在线课程时遇到一些瓶颈，此类在线课程制作需要控制制作成本和周期、快速更新知识点，这使得制作领域专题在线课程成了一种挑战，现有在线教育平台上的专题类课程相对不多。本课题通过制作面向控制工程领域的专题领域在线课程，总结与探索了一些专业、专题在线课程制作模式。

二、解决问题的方法

本课题以控制工程领域专题在线课程"自主移动机器人"制作为例，采用"理论与实际结合、课堂与实景结合、专题与微课结合"的"三结合"课程设计与制作方式，汇聚各个高校及研究所在机器人领域的优势研究项目，将各单位的特色机器人采用微课模式制作，制作了一门面向工程硕士以及部分在职人员的在线机器人专题领域课程，实现了专业知识快速更新、优质资源汇聚、课程制作成本控制，为控制工程领域在线专业课程群建设提供一些参考。

三、实质进展

该在线课程前半部分为基础理论部分，集中讲授了机器人基本概念和理论知识，主要包括课程概述、移动机器人的 SLAM、移动机器人的传感器、移动机器人的定位、移动机器人的规划与导航、移动机器人的运动与分类、移动机器人的运动学和机动性，基础理论部分采用传统的慕课拍摄和制作方式，主要以 PPT 形式集中讲述，本部分集中简要介绍了自主移动机器人的通用基础理论知识，让学习者对专业基础知识有一个全面的基础了解和掌握。

该课程的后半部分以专题形式进行拍摄与制作。已完成了空间在轨机器人、单轨车机器人、仿生机器与高机动运动控制、无人机感知与规避、电驱四足移动机器人、仓储移动机器人、水下潜航器等 7 个机器人专题。专题部分以微课形式进行拍摄与制作，专题部分主要拍摄了浙江大学、西北工业大学、北京理工大学、中科院自动化所等高校和研究所的特色机器人,这些单位在各自擅长的机器人领域具有先进的研究水平,每个专题是独立分割的,视频时长 15 分钟左右,基本包括了该种机器人的概况、基本原理、前沿技术等全方位内容,同时还拍摄了诸多实际实验实物和实验场景,甚至一些该类机器人的国际领先技术及应用视频,通过短时间学习,使得学习者快速对该类机器人能有一个全面的了解和掌握。

四、推广应用成果

本课题将理论与实际结合、专题与微课结合,把课堂理论讲授与实景技术介绍相结合,这使得学习者在对自主移动机器人有了基础了解后,更加深入地学习各类机器人。在线课程的专题部分集合了国内高校及研究所的特色机器人,每种机器人都具有本单位研究特色并掌握前沿关键技术,能让学习者了解到该种机器人的关键核心知识和前沿技术。同时专题微课拍摄采用实景实物拍摄,基本没有动画制作,大大降低了制作成本。而且每个专题是独立分割的,可以持续、快速更新。该在线课程已在小范围内与课堂教学相结合,得到了师生的一致好评。该课程计划近期在"学堂在线"平台在线开课,在更多教学单位进行推广与应用,同时该制作模式为控制工程领域在线专业课程群建设、进一步探索更多专业领域课程线上与线下相结合的教学模式提供一些有益的参考。

研究生层次工程教育认证体系中
计算机类行业领域标准研究

哈尔滨工业大学、重庆大学、清华大学、广州科韵大数据技术股份有限公司

董开坤、王宽全、刘宏伟、郭茂祖、何中市、蔡莲红、臧根林、文　齐

课题编号：2016-ZDn-6；课题指南：体制机制改革

一、主要解决的教育实践问题

1. 计算机类工程领域高层次工程技术和工程管理人才的职业胜任能力要求是什么？

2. 如何体现计算机类工程领域研究生层次的工程教育认证标准高于本科层次认证标准的要求？

3. 研究生层次工程教育认证体系中计算机类行业领域的特殊要求是什么？

二、解决问题的方法

1. 研究成果"计算机类工程领域高层次工程技术和工程管理人才职业胜任能力模型"从知识和理解、专业技能、能力、个人素质四个方面，明确了计算机技术行业高层次工程人才的任职能力要求。计算机类工程领域的专业学位研究生培养单位，可以以该模型刻画的职业胜任能力的达成为导向，保证并持续改进其教育质量。

2. 计算机类工程领域研究生层次的工程教育认证标准与本科层次的计算机类专业工程教育认证标准设计在同一标准体系内，但在深度和宽度上明确高于本科层次的认证标准，是本科层次认证标准的拓宽和提高。对研究生层次毕业生的更高要求，主要通过不确定情境下复杂计算机工程问题的解决能力来体现。同时，通过课程设置，实践环节，学位论文的选题、形式及其内容、水平要求，师资队伍的专业背景和工程背景，培养单位的实验条件、科研条件和实践基地等方面的要求，特别是学生学习成果的区别，明确界定计算机类工程领域研究生层次的工程教育认证标准高于本科层次认证标准的要求。

3. 研究生层次工程教育认证体系中计算机类工程领域的特殊要求，通过课程设置、实践环节、学位论文、师资队伍和培养单位条件五个方面来体现。

计算机类工程领域专业学位研究生的课程设置，特别是专业基础课程、专业课程和专业选修课程的设置，应有效地支持对计算机工程领域知识的理解、掌握、积累和综合运用。

实践环节应围绕计算机实际工程问题的认知、描述、分析、解决方案或满足特定需求的系统、单元(部件)、处理流程的规划、设计、实现、测试、部署、运行维护和管理等方面进行，通过工程实践，学生的计算机专业技能和工程能力应有显著的提升。

　　计算机类工程领域专业学位研究生的学位论文选题,须具有明确的计算机工程背景、体现出一定的计算机工程难度和水平,并需要综合运用专业、领域知识完成,论文的研究成果可直接应用于计算机工程实际,或者具有明确的计算机工程应用价值。

　　计算机类工程领域专业学位研究生教育的师资队伍,应有一定比例的教师具有计算机类专业的教育背景和工程实践经历,在数量和专业能力上胜任授课、工程实践和论文指导、职业发展咨询和指导的要求。

　　培养单位必须在专业资料、实验条件、科研条件等方面充分支持计算机类工程领域专业学位研究生培养的需求,并与在培养方向上具有较强实力的 IT 企业建立稳定的培养实践基地。

三、实质进展

　　1. 采取校企合作的方式,在充分调研、分析的基础上,构建计算机类工程领域高层次工程技术和工程管理人才职业胜任能力模型,如表 1 所示。

表 1　计算机类工程领域高层次工程技术和工程管理人才的职业胜任能力模型

胜任能力维度	指　标	要　求
知识和理解	计算机技术广度知识和理解	知识结构全面,广泛理解、掌握与计算机工程开发相关的专业知识
	计算机技术深度知识和理解	在自己的工程研究与实践方向,或者任职领域、方面具备深厚、系统的专业知识特长
	计算机工程的一般过程	掌握计算机工程开发的一般过程,熟悉计算机工程流程相关的国际、国家规范和标准
专业技能	高级编程技能	具备算法分析、设计和优化能力,关注程序的分析、设计与优化,而不仅仅是代码的实现
	逻辑思维能力	能正确、合理地对事物进行观察、比较、分析、综合、抽象、概括、判断、推理
	工程实践能力	能够将所学知识、技术、现代化工程工具和设备恰当、准确地应用到计算机工程实践中
能力	分析与解决实际问题的能力	在计算机工程实践中,能够正确地识别、表达和分析遇到的问题,包括不确定情境下的复杂工程问题,通过多种途径和方式解决问题、克服困难
	沟通表达能力	具备较强的口头和书面表达能力,能够与他人进行有效的沟通
	团队协作能力	具有团队精神和协作能力,能够在团队中发挥自己的作用,促进团队整体工作效率的提高
	商务与管理能力	对外能从事经济事务、商业往来,对内能对计算机工程项目进行工程管理
	领导能力	能站在领导者的角度全面、系统、前瞻性地思考问题,关注行业动态,确定企业发展方向,会寻找多种方法激励、协调人们为达到整体目标投入更多的努力
	市场开拓能力	能够准确判断市场动向,挖掘市场新需求,争取新客户,拓展产品市场
	应变能力	对新技术和竞争环境的快速变化具有较强的应变能力,能够对各种突发事件做出基本正确的判断和快速的反应
	终身学习意识与能力	对学习新知识、新技术有强烈的渴望,具备终身学习的能力
	创新意识与能力	具有创新意识、创新思维和所从事专业方向或任职领域的创新能力

胜任能力维度	指　　标	要　　求
个人素质	遵守职业和工程伦理道德	按照行业职业道德标准行事,诚实守信;在计算机工程实践和职业活动中,关注环境与可持续发展,将造福人类和维护公众健康、安全和福祉作为最高准则
	国际化意识与社会意识	能够意识到国际化和社会环境对计算机工程技术的影响,在全球化与社会背景下思考计算机工程问题
	自我意识	对自身状态、能力、行为、活动有准确的认识和评价,能够对自身的思想、情绪和行为进行自我调控
	坚韧性	能够坦然面对工作任务压力和各种困难,通过各种方法来解决困难
	事业心和责任感	有远大的理想和抱负,有旺盛的工作热情和强烈的责任感,敢于开拓、勇于进取,竞争意识强
	服务意识	愿意并尽最大的努力更好地满足顾客需求
	成就导向	努力工作,希望出色地完成上级布置的工作任务,设定并达成自己预设的富有挑战性的个人目标和业务目标,从成功中获得个人满足感
	注重细节	注重细节,精益求精,认真谨慎,会对工作进行检查以确保工作达到所需的准确程度和完整程度

2. 通过不确定情境下复杂计算机工程问题解决能力的要求,明确界定计算机技术类工程领域研究生层次的工程教育认证标准高于本科层次认证标准的要求。不确定情境下的复杂工程问题一般具有定义不清晰、结构复杂、边界模糊、影响因素和条件动态变化、不易处理等特点。计算机技术类工程领域研究生层次的复杂计算机工程问题解决能力体现在以下7个方面。

➤ 能够将所学的数学、自然科学、人文社科、工程基础和专业知识用于解决复杂工程问题。

➤ 能够应用数学、自然科学、工程基础和专业知识的基本原理,并通过文献研究,识别、表达、分析不确定情境下的复杂工程问题,以获得有效结论。

➤ 能够设计、开发针对不确定情境下的复杂工程问题的解决方案,设计满足特定需求的系统、单元(部件)或工艺流程,并且能够在设计环节中体现创新意识,考虑法律、健康、安全、文化、社会以及环境等因素。

➤ 能够基于科学原理并采用科学方法对不确定情境下的复杂工程问题进行研究,包括设计实验、分析与解释数据,并通过信息综合得到合理、有效的结论。

➤ 能够针对不确定情境下的复杂工程问题,开发、选择与使用恰当的技术、资源、现代工程工具和信息技术工具,包括对复杂工程问题的预测与模拟,并能够理解其局限性。

➤ 能够基于工程相关背景知识进行合理分析,评价计算机工程实践和复杂工程问题解决方案对社会、健康、安全、法律以及文化的影响,并理解应承担的责任。

➤ 能够理解和评价针对复杂工程问题的工程实践对环境、社会可持续发展的影响。

3. 提出了研究生层次工程教育认证体系中计算机类行业领域标准(草案)。该标准(草案)与中国工程教育认证协会计算机类本科专业工程教育认证专业补充标准设计在同一标准体系内,解决了与本科层次专业认证补充标准的衔接问题。在提出最低要求标准的同时,留给各培养单位充分的"个性化"发展空间。标准(草案)包括"课程体系""师资队伍"和"培养单位条件"三个大项的要求。

"课程体系"进一步分为"课程设置""实践环节""学位论文"3个小项,分别对计算机类工程领域专业学位研究生的公共学位课程、专业基础和专业类必修课程、专业类选修课程和非专业类选修课程提出了要求,标准(草案)规定了各类课程至少应涵盖的基本知识内容,但不要求各培养单位课程名称的一致。同时,允许、鼓励各培养单位在基本要求的基础上,开设各自的特色课程。学生的工程实践时间应不少于半年,实践形式可以多样,实践内容可以由校内导师决定或与企业导师共同决定,学生所完成的实践类学分应不低于总学分的20%。学生撰写的实践总结报告要有一定的深度和独到的见解,实践成果应能够直接服务于实践单位的技术开发、技术改造和高效生产。"学位论文"小项对计算机类工程领域专业学位研究生学位论文的选题、形式、内容、水平和规范性提出了要求。

"师资队伍"进一步分为"专业背景"和"工程背景"两个小项。

"培养单位条件"进一步分为"专业资料""实验条件""科研条件"和"实践基地"4个小项。

四、推广应用成果及贡献

课题研究过程和研究成果的推广应用得到了全国工程专业学位研究生教育指导委员会计算机技术领域教育协作组的大力支持。经教育协作组协调,选择了计算机技术领域不同层次的多家培养单位进行了研究成果"计算机类工程领域高层次工程技术和工程管理人才职业胜任能力模型"和"研究生层次工程教育认证体系中计算机类行业领域标准(草案)"的试用推广。试用推广情况表明,研究成果的教育引导作用显著,有利于学生培养目标的达成和培养单位教育质量的持续改进。

课题组将根据试用推广情况对研究成果进行改进,改进后的"研究生层次工程教育认证体系中计算机类行业领域标准(草案)"将提交全国工程专业学位研究生教育指导委员会职业资格认证对接研究与工作组、中国工程教育认证协会计算机类分委员会,申请成为试行标准,为在我国开展计算机类工程领域研究生层次的工程教育专业认证工作奠定基础。

基于校企合作的高层次工程人才培养机制实践研究

河海大学、清华大学、天津大学、武汉大学
四川大学、吉林大学、大连理工大学、西安理工大学、扬州大学
董增川、张建红、冯　平、陈　立、李　嘉、肖长来、于　龙、
杨　杰、汤方平、刘平雷、周　林、赵　倩
课题编号：2016-ZD-019；课题指南：联合培养基地

一、主要解决的教育实践问题

本课题借鉴发达国家在校企合作方面的成功经验，通过对校企合作模式的具体分析，找出我国现行校企合作模式实施过程中存在的突出问题并寻求解决问题的办法，进而提出基于"三赢"文化视角的校企合作模式构想以及校企合作"三赢"模式的实施策略，为深入推进校企合作提供可行性建议。本课题的研究内容分为以下 3 个子课题。

1. 校企联合培养中各方主体的责权与角色定位研究

在校企合作中，各主体会基于自己的利益诉求而参与合作，寻求自身利益的最大化。校企合作实质上是各主体基于不同的利益诉求寻求合作共赢的过程，但各主体在表达利益诉求的同时也应考虑其他主体的利益诉求并承担一定责任，为此，有必要构建政府、行业企业和高校的利益共同体，明确各利益主体的定位、责任与义务，只有这样才能实现合作各方的互利共赢，推动校企合作的深入开展。本课题在专业学位研究生培养的双三螺旋模型基础上，利用角色理论，深入探析政府、高校、企业在联合培养高层次工程人才过程中所扮演的角色及承担的责任，使得各主体间相互影响、相互作用，形成强大合力，共同推进人才培养活动。

2. 校企联合培养中实践基地管理模式与运行机制分析

研究生实践基地建设是校企合作培养研究生的重要途径，是切实提升研究生实践创新能力和培养研究生工程意识、解决工程实际问题能力的有效手段。科学、有效的管理模式和运行机制是研究生培养基地发挥功能的重要基础，是高层次应用型人才培养的重要保障。从宏观方面来讲，研究生培养基地的管理主要涉及学校、合作单位以及各级地方政府，三方的职能和职责有重叠有交叉，如何使三股力量形成强大合力，必须依靠完善的协调机制、加强层级管理来实现。从微观方面来讲，研究生培养基地的管理主要包括学生管理、双导师管理、知识产权、科研项目、经费管理等细节，这些方面的问题虽小，却十分重要，处理不好就会影响到各合作主体参与研究生培养的积极性，影响到"产学研"的进一步合作发展和深度融

合；这其中学生管理是研究生培养基地管理工作的重中之重,学生的事务管理内容繁杂、涉及面广,稍有疏忽或者处理不好就会产生极坏的影响,对研究生培养基地的健康发展和运行极为不利。此外,研究生培养基地远离学校、地域分散,如何加强基地与基地、基地与学校之间的沟通和联系也是亟待解决的现实问题。

3. 校企合作培养高层次工程人才的长效机制研究

我国的校企深度合作办学是将政府、高校及企业作为我国经济社会发展的基本要素,通过市场经济这一桥梁进行有机联结,形成"产学研"的长效运行机制,推动市场经济的健康发展。校企合作办学开展"产学研"教育,不仅是高校和企业作为主体积极参与创新活动,更是政府转变职能,有效调控市场经济的重要表现。政府、高校及企业三者之间存在着复杂的关系网络,保证充分发挥各自功能的前提下,形成相互影响、有效联结的长效机制是推进校企深度合作健康运行的关键,本研究力图构建以互惠互利、多元合作为目标,以条件保障、校企联盟为支撑,以校企联合培养、校企共建基地、校企共建课程、校企共建师资为抓手,以工程人才培养为利益共同体的"六面一体"的校企合作模式,促进校企合作的良性开展,切实提升了工程人才培养质量。

二、解决问题的方法

本课题研究过程中主要的研究方法有文献研究法、比较研究法、系统分析法等多种教育科学以及其他学科的研究方法。

（1）文献研究法。通过计算机网络在中国学术期刊数据库（CNKI）、万方数字化期刊数据库等平台进行检索,以及人工查阅纸质书刊、期刊、文献等,收集整理关于校企合作办学和"产学研"教育相关资料,进行分析和提炼。

（2）比较研究法。通过对发达国家成功的校企合作办学经验进行研究和分析,汲取有益的经验。

（3）调查分析法。对我校及兄弟院校已建立的联合培养基地、研究生工作站进行调查,掌握联合培养的现状及存在问题,为研究的开展明确方向。

（4）实例研究法。选择部分具有代表性的与我校已经开展校企联合培养的企业开展实例验证研究,在实践中进一步完善协同培养机制,以形成具有推广价值和可操作性的校企深度合作的长效机制。

三、实质进展

1）关于工程硕士实践能力培养体系内涵的研究。

主要通过与传统工学硕士培养的对比研究,分析全日制工程硕士培养的不同特点,突出实践能力培养的重要性,提出实践能力培养体系的概念及构成要素。

全日制工程硕士的实践能力包含很多成分,对于构成完整的能力结构都是不可或缺的。这些能力中的大部分,都是以本科生的实践能力为基础,提出满足硕士层次的、更高水平的要求。由于关于本科生实践能力的研究已经有丰富的成果,因此,本课题不对全日制工程硕士实践能力的完整结构作过多讨论。本课题关注的是,对于全日制工程硕士培养实践来说,有一些特别重要且在当前教育实践中应该予以特别关注的成分。

基于上述,本课题提出全日制工程硕士应具备的 5 种重要能力:科学研究与技术开发能力、构建问题与解决问题能力、知识整合与信息处理能力、交流表达与团队协作能力、工程领导与组织管理能力,并根据与专业知识结合的密切程度,将其区分为核心能力与辅助能力两大类。核心能力是基于专业知识与技能解决工程领域实际问题的能力,体现了全日制工程硕士的专业水平与价值。辅助能力的形成并不依赖专业性很强的知识,但又对工程实际问题的解决起着重要作用,是全日制工程硕士综合素质的体现。通过上述设计,构建起全日制工程硕士实践能力的"123 结构",即以实践能力为总括,包含 2 项体现专业价值的核心能力(科学研究与技术开发能力、构建问题与解决问题能力)和 3 项人文价值的辅助能力(知识整合与信息处理能力、交流表达与团队协作能力、工程领导与组织管理能力)的能力结构。

2)工程硕士实践能力培养体系的构建。

全日制工程硕士培养过程包括多个环节,或多或少都会对实践能力的培养造成影响。本课题选取其中 3 个主要环节,分析它们会如何影响实践能力的培养,也为之后的实证调研奠定理论基础。

(1)课程学习

① 课程设置

实践主体的实践活动是以一定的理论知识为基础的,知识水平的高低直接影响主体在外显的物质活动中展现出来的能力强弱。在教育领域,对学生知识水平起着决定作用的当属课程设置,因此学习什么课程将影响到全日制工程硕士实践能力的培养。课程设置情况决定了学生吸收什么样的知识,我们通常所说的知识,大致可以分为 3 种类型:熟悉的知识(knowledge by acquaintance)、有能力的知识(competence knowledge)和命题的知识(propositional knowledge)。如果说学术型研究生着重学习命题型知识,全日制工程硕士则强调学习能力的知识。课程设置方面要重实际应用、博前沿知识,着重突出专业实践类课程和工程实践类课程。全日制工程硕士教育是为了培养高层次技术与管理人才,为各工程领域输送高水平人才,课程设置应以"职业能力"为本位进行设计,而不以掌握某门学科系统知识为目的,突出全日制工程硕士应用型的特点。

② 教学方式

教学方式是怎么教的问题,关系着设置的课程知识能否很好地被同学吸收、利用,同样的知识,采取不同的教学方式,效果也不相同。全日制工程硕士的课程教学方式应当充分考虑所授知识的特点,以及培养高层次应用型人才的目标,采用灵活的教学方式,在全日制工程硕士的培养方案中强调将实践教学作为"全日制工程硕士研究生培养中的重要环节"。实践教学是"相对于理论教学的多种教学活动的总称,包括实验、实习、设计、工程测试、社会调查等,旨在使学生获得感性知识、掌握技能、技艺,养成理论联系实际的作风和独立工作能力。实践教学通常在实验室、实习场所等一定的职业活动情景下进行,作业是按专业或工种的需要设计的"。可以看出,实践教学是一种能够体现全日制工程硕士培养特点的教学方式,有利于培养学生的工程实践能力。

（2）校外实践

① 导师指导

全日制工程硕士采取双导师制进行培养，其中一位导师来自培养单位，另一位导师是来自企业的与本领域相关的专家。校内外导师是全日制工程硕士实践能力培养的直接推动者与指导者，导师的知识水平、专业能力、责任心等方面都直接影响着全日制工程硕士实践能力培养质量。在培养过程中校内外导师应该发挥特长，各尽其责，分别就实践过程中的理论问题与实践问题给予学生指导。校外导师需要具备丰富的工程实践经验，并了解研究生教育规律，具备一定的指导能力，在学生企业实践过程中能够提供及时、有效的指导。

② 企业实践

培养全日制工程硕士是为了提供国家急需的高层次工程技术和工程管理人才，提高我国基础工业和支柱产业的整体技术水平和管理水平。对于没有工作经验的全日制工程硕士而言，进入企业，参与真实的工程项目实践是帮助他们填平学校与企业之间这道鸿沟的有效手段。和大学生以积累社会经验为目的的校外实习不同，全日制工程硕士进入企业实践，不能只是从事一些日常事务性工作，而是要真正进入工程项目，接触其中的研发环节，才能够达到实践培养目标。从时间上而言，实践教学时间不宜过短。工程硕士研究生在学期间，"必须保证不少于半年的实践教学，应届本科毕业生的实践教学时间原则上不少于 1 年"。时间太短，学生不可能深入企业，实践也就流于形式；时间过长，又会影响后期学位论文设计。总之，鼓励全日制工程硕士到企业从事一段时间工程项目的实践活动，是培养高层次应用型人才的重要举措，只有真正落到实处，才能提高学生实践能力培养的质量。

（3）学位论文设计

论文设计是全日制工程硕士培养成果的一种体现，论文选题如果和学生的实践环节没有关系，实践的过程将很难引起导师和学生足够的重视，如此必然影响实践的效果，因此，全日制工程硕士的论文选题有必要和企业实践内容相挂钩。相关的政策文件也对此有明确的规定：和学术型研究生论文侧重理论研究不同，"全日制工程硕士的论文选题应来源于工程实际或具有明确的工程技术背景，论文应具备一定的技术要求和工作量，体现作者综合运用科学理论、方法和技术手段解决工程技术问题的能力，并有一定的理论基础，具有先进性、实用性"。论文形式包括产品研发、工程设计、应用研究、工程/项目管理、调研报告 5 种。

四、推广应用成果及贡献

（1）全日制专业学位研究生培养基地建设探析，《学位与研究生教育》，2016.8；

（2）工程类别专业学位研究生顶岗实践机制探索及应用，《教育科学》，2016.8；

（3）南瑞集团公司-河海大学研究生培养基地获评"第二届全国示范性工程专业学位研究生联合培养基地"；

（4）南京良华农业科技发展有限公司获评江苏省优秀研究生工作站（2016.9）。

测绘工程领域工程硕士专业学位教材规划

武汉大学、解放军信息工程大学、辽宁工程技术大学、同济大学

中南大学、中国矿业大学、中国地质大学(武汉)

河海大学、山东科技大学

孟令奎、李林宜、徐爱功、阎晓东、童小华、

邹峥嵘、郭广礼、胡友健、阳凡林、黄张裕

课题编号：2016-ZDn-9；课题指南：规划教材建设

一、主要解决的教育实践问题

教材规划体系与课程设置体系密不可分。我国测绘工程领域工程硕士专业学位课程体系主要分为公共必修课、专业必修课和选修课程，各培养单位均按这个体系并结合各自特点设置课程。需要说明的是，测绘工程是与测绘科学与技术一级学科直接相关的工程领域。目前，测绘工程专业学位教材体系主要围绕测绘科学与技术一级学科下的大地测量学与测量工程、摄影测量与遥感、地图制图学与地理信息工程3个二级学科设置，海洋测绘、导航与位置服务、矿山与地下测量3个二级学科对应的课程主要在一些海洋、地矿特色类大学内有所涉及，还没有形成一套完整的能够适应测绘工程领域工程硕士专业学位的教材规划和培养方案。

目前全国有资格培养测绘工程领域工程硕士专业学位的共50余所大学，各培养单位重点不一，特色各异，差别明显，针对核心课程体系和各校办学特色，规划一批满足各培养单位共性需求的教材，并通过分期、分阶段建设，不仅是规范培养过程的需要，也凸显了培养特色，适应了现代测绘工程技术创新和学科发展趋势，最终将达到提高本领域专业学位研究生培养质量和办学水平的目的。

二、解决问题的方法

国外高校没有直接与国内测绘工程领域工程硕士专业学位相同的专业(工程领域)，比较相近的有测绘类专业方向的大地测量学、测绘与空间科学、制图与地理信息学等。国外测绘类专业较著名的大学所开设的主要课程与国内大体相当，侧重于对学生测绘科学理论、专业技能和现代测绘技术方法的培养和训练。

测绘工程领域工程硕士专业学位研究生是高层次应用型专业技术人才，本领域主要方向有动态大地测量与灾害监测、空间大地测量理论与技术、精密工程测量与三维工业测量、摄影测量与遥感、海洋测量、交通导航工程、土木工程测绘、水利工程测绘、矿山工程测绘、地

理空间信息工程等。根据人才培养目标和研究方向构建科学的培养模式,设置合理的课程与教材体系,对实现人才培养目标至关重要。为此本项目主要研究制定体现领域特色、满足高层次人才培养需要的教材规划。

1. 核心教材规划

专业学位核心教材规划主要兼顾核心教程体系,并有所拓展,主要如下:

(1)测量数据处理理论与方法

本教材应以系统性、实用性为基础,同时兼顾近年来较为成熟的测量平差实用方法,关注研究热点。教材内容应主要包括线性模型、秩亏模型、滤波与配置模型和回归模型等的平差方法,平差系统可靠性分析和平差模型的稳健估计等。

(2)现代大地测量技术与方法

主要涉及现代大地测量前沿技术和尖端方法,通过阐述现代大地测量基准、现代空间大地测量、现代物理大地测量技术、现代海洋大地测量和现代测量数据处理等进展,让工程硕士对大地测量学科有整体把握,对现代大地测量技术前沿有直观认识。

(3)高等应用测量

使工程硕士掌握主要测量仪器、技术与方法的基本理论知识,学习先进实用的测量数据处理方法,掌握大型工程的测量技术方案设计思路和测量信息管理系统建设技术,全面了解现代测绘新技术在国民经济建设和国防建设中的应用和发展。

(4)现代遥感技术及应用

使工程硕士掌握遥感原理、方法和技术,了解遥感平台、传感器、遥感影像处理技术、图像处理系统,并能将遥感技术更好地用于各个行业和领域。

(5)摄影测量原理与应用

使工程硕士系统掌握摄影测量数据获取与处理方法、产品生产与表达以及摄影测量主要应用等。教材应以摄影测量基本原理为主线,结合学科最新发展和多学科交叉趋势,系统阐述空中三角测量理论与方法、数字影像匹配、数字地面模型建立、数字正射影像制作以及数字摄影测量系统等。

(6)地理空间信息技术及应用

依照软件工程原理和技术,结合工程技术和实践阐述 GIS 工程设计方法及其在典型领域的应用。通过课程学习和案例教学,使工程硕士具备从事地理信息工程设计、开发、组织和管理的能力,具备从事数字城市、智慧城市基础地理空间信息公共服务平台设计与开发能力。

(7)地图数据库与地图数据处理

主要包括地图数据库定义与特点、地图数据建模方法、地图数据表达与处理、地图数据库设计等,使工程硕士了解国内外地图数据库和地图数据处理理论的起源和发展,掌握地图数据组织管理技术、地图数据库系统设计等。

(8)当代地图学

主要阐述地图空间认知理论、地图模型理论、地图信息论、地图信息传输论、地图感受论、数字地图制图技术、自动制图综合技术、基于现代数学理论和方法的空间数据多尺度表达、空间信息可视化发展现状和趋势等。

（9）导航技术与应用

研究卫星导航定位原理与技术及其与惯导、天文导航、地磁导航、偏振光导航等的组合应用，以满足各种导航服务需求。教材应包含各类导航传感器、运动载体运动特征、数字地图匹配技术、定位定向与自主导航、多类传感器组合导航、最优滤波与控制技术等。

（10）海洋测量技术

阐述海道测量概念与定位原理、海洋环境知识与海洋测深方法，海洋水文测量、海洋重力测量与磁力测量、海洋工程测量、近海地震测量、海道测量技术设计与数据处理等技术，内容相对自成体系，涉及海洋学、大地测量学、卫星定位技术、遥感、摄影测量、海洋声学、电学等知识，还包括海道测量技术新进展。

（11）数字矿山技术

阐述数字矿山原理、矿山空间信息获取及处理、矿图数字化与矿区三维可视化、数字矿山典型系统与应用、矿山数据仓库技术、矿山 3D 拓扑建模与分析技术、智能采矿机器人"班组"技术及五位一体技术、矿山数据挖掘及应用以及矿山信息管理、分类与编码、查询与共享等。

（12）工程变形机理与控制技术

阐述土木工程变形机理、变形监测与控制，包括弹塑性力学原理、区域地表、岩土工程和工程结构变形一般机理及监测技术、深基坑工程变形控制技术、边坡与滑坡工程治理技术，训练工程硕士将复杂工程变形问题抽象为用于指导工程设计与应用的分析过程与方法的能力，提高在工程变形监测与变形控制技术选择方面的决策力。

（13）全球卫星导航系统（GNSS）原理与应用

以全球定位系统（GPS）和北斗卫星导航系统为主体阐述全球卫星导航系统原理，介绍GNSS 导航定位时空基准，结合工程应用论述差分 GNSS 和实时动态（RTK）定位技术、GNSS 控制网设计与外业测量方法及内业数据处理数学模型等。

（14）测绘生产流程与工艺

系统介绍测绘生产基本流程与主要环节、最新测绘生产工艺与方法、学科发展前沿等，使工程硕士全面了解测绘生产体系。

2. 特色教材规划

特色教材规划主要考虑与测绘结合较为密切的相关行业的高层次人才培养需求，在核心教材规划基础上，形成系列特色鲜明、应用指向明确的教材。主要如下：

（1）应急测绘技术

阐述连续运行参考站（CORS）原理、北斗卫星导航系统、基于 CORS 的应急测绘保障，无人机低空航摄系统、处理流程与应急保障，干涉雷达（InSAR）应急监测技术，三维激光扫描监测技术，国家应急监测系统构成和工作流程，基于地理信息系统（GIS）的应急管理体系，应急测绘应用案例。

（2）矿山开采沉陷预测与控制

阐述矿山开采沉陷变形规律和预测方法、采动区建筑物变形与损害程度评定、条带及充填开采沉陷控制、建筑物采动变形控制与保护、采动区道路管线与高压输电线路变形控制与治理、老采空区地基稳定评价与建设再利用技术。

（3）矿山资源信息学

阐述矿产开发图件技术、矿产信息特点、空间信息统计学及其在资源信息研究中的作用、矿体几何要素及确定、矿体几何制图、矿床数学模型、矿图绘制、矿产储量分类与计算、矿井产量统计与检查、矿产损失与贫化、储量分类边界圈定及采掘接替等。

（4）土地复垦与生态重建

阐述土地整治与生态法规、生产建设对生态环境影响分析方法、土地整治规划设计和预算编制方法、常用的土地复垦工程技术与复垦土壤重构技术及其工程实施等。

（5）地理国情监测技术

阐述地理国情内涵与技术，监测要素及其动态、定量、三维、连续测绘与综合方法，测绘成果统计分析，人口与经济活动合理布局及各类资源优化配置，主体功能区定位及国土空间高效利用技术，行业监测关系等。

（6）室内外一体化导航定位技术原理与应用

阐述室内外一体化导航定位技术、基于 GNSS 和惯性导航系统（INS）等 12 种传感器的定位技术、传感器误差来源及抑制方法、多传感器时空基准统一、室内外时空基准维持、复杂观测环境下室外定位方法及典型应用。

（7）土地生态工程

阐述物种共生与物质循环再生原理、生态工程原理，介绍土地生态工程建设原则、工程技术和工程规划、生态分区等，介绍国际著名的生态恢复工程及我国生态工程研究进展等。

（8）精密工业与工程测量

阐述精密工业与工程测量技术，精密控制网布设与平差、位姿精密测量、数据处理，GPS 短边测量、工业全站仪、激光跟踪仪、工业数字摄影测量、经纬仪交会与准直测量、激光雷达测量、精密高程测量、传感器测量、精密测量标志，典型应用等。

三、实质进展

从行业需求出发，兼顾各培养单位情况，遵循知识内在联系规律，以能力培养和技术创新为主线设置教材体系。此外还综合考虑了本领域发展方向以及正在逐步开展的网络在线课程建设。项目由武汉大学负责起草，8 家培养单位组织专家修改，特别是结合自身特色补充完善，例如海洋测量、数字矿山、工程变形机理与控制、测绘生产流程与工艺等反映测绘新技术和新工艺的核心教材，以及应急测绘、矿山开采沉陷预测与控制、地理国情监测、室内外一体化导航定位与应用等反映测绘新应用的特色教材。

在征求意见过程中，陆续收到其他单位的意见和建议，经过多轮讨论后完成本规划。

四、推广应用成果及贡献

规划内容凝聚了众多学者特别是一线教师的辛勤劳动，成果对本领域教材建设将起到重要的指导和规范作用。为推进教材建设，在规划基础上安排了每门课程的负责和参与单位以及负责人，今后的教材建设可以此为基础，逐步形成全领域教材体系。

推进化学工程领域专业学位研究生教育
深化综合改革，提升工程硕士实践质量

华东理工大学　辛　忠

课题编号：2016-ZDn-10；课题指南：体制机制改革

2009 年全国工程专业学位教育指导委员会提出，专业学位研究生教育中的专业实践是重要的教学环节，充分的、高质量的专业实践是专业学位教育质量的重要保证。各培养单位要以专业实践为导向，基于有利于增强研究生教育服务国家发展的能力；有利于适应产业结构调整的人才需求；有利于学位工作和研究生教育改革的深化；有利于提高人才培养质量、增强学生的就业、服务社会能力，开展专业实践教育。2015 年全国工程专业学位教育指导委员会提出深化专业学位研究生教育综合改革，探索可复制、可推广的成功经验，以点带面推进整体发展，提高工程硕士专业学位研究生运用理论解决工程实际问题的能力，提高工程硕士专业学位研究生教育服务需求的质量。工程实践是工程硕士研究生培养的重要环节，研究并建立校企协同发展机制是全局性、根本性及共同性的迫切工作。

随着 2009 年以来全日制工程硕士实践性环节的不断探索完善，实践基地已成为化学工程领域各培养单位工程硕士实践教学环节的重要依托。化学工程领域各培养单位在推动实践教学基地的可持续发展，细化和完善本领域工程硕士实践过程的培养要求，制定和规范工程实践考核制度和实习成果方面做了许多工作。提高工程专业学位研究生的工程实践质量，注重实践性教学环节的发展，是深化化学工程领域工程专业学位研究生教育综合改革的重要举措，也是本领域专业学位研究生培养的重要内容。

一、主要解决的教育实践问题

工程实践是工程硕士研究生培养的重要环节，研究并建立校企协同发展机制是全局性、根本性及共同性的迫切工作。如何完善工程硕士的实践性环节、提升工程实践规范，通过促进工程硕士实践基地的发展，建立合理的建设和评价机制，培养高水平的工程硕士研究生是化学工程领域亟待研究的课题，对于全国高校解决同类问题同样具有借鉴和示范意义。

提高本领域专业学位研究生的工程实践质量，注重实践性教学环节的发展，是深化化学工程领域工程专业学位研究生教育综合改革的重要举措，也是本领域专业学位研究生培养的重要内容。如何推动实践教学基地的高效可持续发展，制定更完善的实践基地选定要求，细化本领域工程硕士实践过程的要求，对于学生实习成果和考核制定相关规范，是需要深入研究及探索的重要问题。在深化化学工程领域工程专业学位研究生教育综合改革任务中，我们将不断总结与探索更加规范、全面的提升工程专业学位研究生培养质量的方法。

二、解决问题的方法

开展化学工程领域各培养单位 2009—2015 年招收的全日制工程硕士实践教学情况调研，如基地建设、双导师指导、组织建设、过程管理、实践内容、实践成果、毕业生情况等。

在化学工程领域工程专业学位研究生学位标准和基本要求的基础上，提出工程硕士实践教学指导性培养方案，在指导性培养方案中注重在线课堂、工程伦理、化工安全等课程的建设。

建立本领域实践基地选择要求，推进校企联动，规范企业导师资格认定与工作职责。坚持创新应用型人才培养模式、建立双导师组成的实践教学团队。

完善与修订工程硕士实践教学环节系列教学与管理文件，深化和完善工程硕士实践教学过程管理。

推动课程知识体系—工程创新实践—学位论文创新成果—毕业生服务国家工程科技创新需求中研究生知识—能力相关性系统性培养体系建设。

开展化学工程领域工程专业学位研究生工程实践环节教材编写与建设，将优秀的化学工程领域工程实践教材推广到本领域培养单位应用。

开展实践教学案例库建设，建立和优化工程实践信息平台，保证实践教学基地学生工作平台的硬件与软件设施，提高人才培养质量。

探索实践基地发展，提升工程实践规范，对实践基地要求进一步细化，制定更完善的实践基地选定标准，对研究生实习过程要求、实习考核、实践成果等做进一步规范，保障研究生实践基地可持续发展。对已有培养规模较大的全日制工程硕士工程实践教学基地进行进一步建设。

三、实质进展

（1）开展化学工程领域各培养单位 2009—2015 年招收的全日制工程硕士实践教学情况调研，形成化学工程领域各培养单位招收的全日制工程硕士实践教学情况调研报告。

通过调研可以看到大多数培养单位普遍认同实践环节对全日制工程硕士培养的重要性，实践过程获得实践单位高度评价。主要体现在：①提高了学生的动手能力，增进了工程硕士与企业的交流、了解，部分工程硕士被其所在实习的优秀企业直接聘用；②参与工程项目和企业技术改造及研发，提高了解决企业实际问题的能力和创新能力；③通过实践中进行的研发创新等工作，申请了国家发明专利和省级科研项目，尤其是申请专利的数量增加，发表了大量工程研究相关论文；④有多个学校对于实践环节培养给出了典型的案例，这些案例都是学生结合现场情况完成的工艺改进或者产品设计，并获得了企业的认可，从而申请专利或者完成了现场的技术改进。

各培养单位全日制工程硕士就业情况，大部分化工重点院校培养单位就业率均为 100％，部分普通院校就业率仍能大于 85％。各培养单位就业数据反映，除少量继续深造外，全日制工程硕士毕业到国有企业等单位从事所学专业技术与相关管理工作的占 70％以上，其中一些很快成为骨干，专业与行业契合度较高，培养人才适应社会需求，符合工程硕士基础扎实、素质全面、工程实践能力强并具有一定创新能力的高层次应用型人才的培养目标。

各培养单位的特色和可供借鉴的经验主要有：①探索实践基地发展，提升工程实践规范，对已有培养规模较大的全日制工程硕士工程实践教学基地进行进一步建设，建立了相关的规章制度。②建立团队指导机制，聘请高水平校外导师参与包括专业实践、论文指导等工程硕士培养各环节，推进校企联动，规范企业导师资格认定与工作职责；坚持创新应用型人才培养模式、建立双导师组成的实践教学团队。③以产品为导向，开展"产学研"合作，工程硕士参与产品研发、设计、试生产等全过程，以达到基本熟悉本行业工作流程和相关职业及技术规范、培养实践研究和技术创新能力的目的。④以重大项目为主线实施"实践工程师"：参加项目的学生统一送到重大专项研发现场进行一段时间的专业实践，在专业实践中期，统一返回学校集中讲授案例分析。⑤通过与企业的沟通，根据学生情况制定带教计划、细化学生实习过程要求；成立工程硕士企业讲师团，健全"校企合作发展的双导师制"师资队伍。

调研还暴露出全日制工程硕士工程实践环节存在的主要问题集中在几个方面：①关于实践基地的建设，急需稳定的实践基地、实践基地数量有待增加、实践基地经费投入不足；②关于导师队伍，校内导师队伍的工程经验有待提高；③关于评价体系和管理制度，管理制度和案例库的建设有待加强；④其他：部分学生实践时间不足6个月，部分导师和工程硕士对实践意义认识不足。

（2）本课题在化学工程领域工程专业学位研究生学位标准和基本要求的基础上，提出工程硕士实践教学指导性培养要求，在实践培养方案中注重在线课堂、工程伦理、化工安全等课程的建设。注重强化工程伦理和化工安全知识，培养研究生树立化工生产的绿色、环保、安全、健康的观念，开展课程与实践教学案例库建设，开展全国首批工程硕士专业学位研究生教育案例库建设，提高研究生运用理论解决实际问题的能力。

（3）紧密结合化学工程领域的工程实践，推动课程知识体系—工程创新实践—学位论文创新成果—毕业生服务国家工程科技创新需求中研究生知识能力相关性系统性培养体系建设。开展全国首批工程硕士专业学位研究生教育在线课程建设，"高等反应工程"已于2017年3月在全国工程硕士专业学位研究生学堂在线授课，"高等分离工程"已完成制作并于2017年7月在全国工程硕士专业学位研究生学堂上线。

（4）探索实践基地发展，提升工程实践规范，对实践基地要求进一步细化，制定更完善的实践基地选定标准，建立本领域实践基地选择要求，推进校企联动，规范企业导师资格认定与工作职责。坚持创新应用型人才培养模式、建立双导师组成的实践教学团队。建立和优化工程实践信息平台，保证实践教学基地学生工作平台的硬件与软件设施，提高人才培养质量。

（5）深化和完善工程硕士实践教学过程管理。对研究生实践过程要求、实习考核、实践成果等做进一步规范，保障研究生实践基地可持续发展。完善与修订化学工程领域工程硕士实践教学环节教学与管理系列指导文件。

（6）开展化学工程领域工程专业学位研究生工程实践环节教材编写与建设，将优秀的化学工程领域工程实践教材推广到本领域培养单位应用。已出版或正在出版中的有《化工装置工艺设计》（上、下）《石油化工装置配管工程设计》《油气储运工程设计》《石油化工装置设备设计》《石油化工结构工程设计》《石油化工给水排水工程设计》等。

四、推广应用成果及贡献

（1）对化学工程领域全日制工程硕士实践教学情况进行调研，形成调研报告，为总结化学工程领域全日制工程硕士实践教学培养过程中的经验与不足、推进各培养单位工程实践培养中的特色做法、力求探索解决问题的思路及对策、深化研究生教育改革、提高研究生综合水平提供有益借鉴。

（2）在化学工程领域工程专业学位研究生学位标准和基本要求的基础上，提出工程硕士实践教学指导性培养要求，在实践培养方案中注重在线课堂、工程伦理、化工安全等课程的建设。完善与修订工程硕士实践教学环节系列教学与管理系列指导文件，提升工程实践规范。

（3）制定和建立本领域实践基地选择要求，开展实践教学案例库建设，建立和优化工程实践信息平台，建立、提升一批高水平的国家级及省市级工程实践基地。

（4）推进课程知识体系—工程创新实践—学位论文创新成果—毕业生服务国家工程科技创新需求中研究生知识能力相关性系统性培养体系实施。"高等反应工程""高等分离工程"在全国工程硕士专业学位研究生学堂授课，取得令人满意的效果。

（5）组织编写了系列的化学工程领域全日制工程硕士实践教材，将优秀的化学工程领域工程实践教材推广到本领域培养单位应用。

深化地质工程领域研究生教育综合改革，建设共建、共享地质工程领域创新实践基地，构建校—校协同育人培养模式，提高研究生运用理论解决实际问题的能力

中国地质大学　唐辉明

课题编号：2016-ZDn-11；课题指南：联合培养基地

一、主要解决的教育实践问题

专业学位研究生实践能力培养是一个世界性的议题，目前研究专注点集中于校企合作体制、联合培养模式、实践效果等方面，对于校内实践基地在专业学位研究生实践能力培养方面发挥作用的探讨较少。

地质工程领域专业学位研究生实践教学涉及的研究方向多，应用领域广，所面向的行业企业分散，实践教学内容及对应标准差异大。地质工程领域各培养单位，特别是几所传统地质优势学科大学与高水平综合性大学，依托各自的工程中心、国家重点实验室等，拥有大量国际国内技术领先的校内实践场所、实践基地，但这些实践基地大多用于满足本校研究生实践教学工作，从管理及资源共享的角度，还需进一步完善和加强。

地质工程领域工程专业学位研究生教育协作组针对本领域研究生现有实践基地进行了整合，发挥目前各培养高校已建立的实践教学基地各自优势，构建资源共享、互相促进的优质地质工程领域实践教学基地，深入推动本领域研究生教育综合改革。

二、解决问题的方法

依托 8 所地质工程领域培养高校现有实践教学基地，打破高校实践教学基地、工程中心单一面向本校学生实践的壁垒，构建面向地质工程领域所有培养单位的实践教学基地。制定相应的共享管理制度，公开发布各共享实践基地的培养方案、课程设置、实践时间安排等与实践教学有关的信息，搭建共享实践平台，拓宽研究生实习实践领域，提高研究生运用理论解决实际问题的能力。

三、实质进展

在地质工程领域工程专业学位研究生教育协作组的统一协调及各参加单位的积极配合

下，制定了总的《地质工程领域共享实践基地管理办法》，各实践基地建设单位逐一落实，从实践培养方案、实践课程设置、实践课程教学大纲到详细的实践时间安排都——明确，基本构建了涵盖地质工程领域各研究方向及各类实践内容的体系。各参加单位所提供的共享实践基地也基本代表了该校地质工程领域最成熟、最高水平的实践课程，为地质工程领域研究生搭建了高水平的实践教学平台。

联合实践基地管理实行有限开放式管理，各实践基地面向全国地质工程领域专业学位研究生开放。明确了研究生培养单位的相关职责及共享实践基地的有关职责，强调了实践基地对研究生实践的过程管理，对研究生实践提出了基本要求。同时对实践教学的考核和淘汰准入等问题有明确的说明，是今后共享实践基地能顺利推进的保障和基础。

第十四届全国地质工程领域工程硕士培养工作研讨会副组长单位会议讨论决定，由各副组长单位根据本学校学科特点，牵头完成本单位实践基地建设相应部分内容。课题分工充分考虑了各培养单位学科特色，体现对地质工程领域实践教学优质资源的高效利用。

四、推广应用成果及贡献

地质工程领域工程专业学位研究生教育协作组针对本领域研究生现有实践基地进行了整合，构建资源共享、互相促进的优质地质工程领域联合实践教学基地，为我国工程硕士实践能力培养工作开拓工作思路，提出了创新工作方法。

成果之一：出台了《地质工程领域共享实践基地管理办法》（以下简称《办法》），确定了联合实践基地依托单位，提出了详细的组织管理模式，并对实践过程管理和实践考核给出了管理办法，是地质工程领域共享实践基地今后运作实施的重要基础文件。

成果之二：各联合共享实践基地结合本单位工程实践研究方向制定各具特色的符合工程实践类人才培养需求的培养方案，并对方案中的相关课程列出课程大纲，提高和保证实践教学质量和实践效果。

成果之三：联合实践基地的组织架构基本形成。

1. 中国地质大学（武汉）"教育部长江三峡库区地质灾害研究中心"

教育部长江三峡库区地质灾害研究中心（简称"三峡中心"）是教育部于 2008 年批准成立的以地质灾害为主要研究领域的 985 优势学科创新平台，三峡中心在武汉、秭归、巴东三地建设实验室和试验场，主体包括巴东野外大型综合试验场、秭归野外综合试验场等 4 个野外科研教学基地、6 个研究室、多功能地质灾害信息平台以及地质灾害陈列室。主要的研究方向涉及地质灾害区域地球科学背景研究、水岩（土）耦合作用诱发地质灾害研究、地质灾害监测预警与风险管理系统研究、地质灾害与防治工程相互作用研究、地质灾害防治信息化技术以及地质环境演变及保护研究 6 个方面。

目前，三峡中心拥有仪器设备 60 余套，价值 6000 余万元，涉及基础地质、地球物理、工程地质、水文环境等多个学科领域，建有电感耦合等离子体发射光谱实验室、光释光测年实验室、电子自旋共振实验室、MTS 大型岩石力学实验室、非饱和土实验室、ARS 环剪仪试验室和滑坡物理模型实验室等 15 个多学科实验室。

实践课程名称	实践时间安排
地质灾害多源监测预警技术	7～10 月/年
野外地质灾害识别与填图	7～10 月/年
地质灾害与防治工程相互作用研究	7～10 月/年
地质灾害防治信息化技术研究	7～10 月/年

2. 成都理工大学"工程数值模拟与灾害监测预警实践基地"

成都理工大学"工程数值模拟与灾害监测预警实践基地"是依托地质灾害防治与地质环境保护国家重点实验室、地质工程国家级实验教学示范中心、地质与岩土工程国家级虚拟仿真实验教学中心、地质工程国家级工程实践教育中心、地震震中区地质灾害—四川汶川野外基地(国土资源部野外科学观测研究基地)建立起来的,主要研究领域为地质灾害评价与地质灾害防治、人类活动与地质环境互馈作用与灾害控制、地质环境评价与保护、地质灾害监测预警与信息技术等。

目前,该基地现有实验仪器设备总台套数 4520 套,总价值 1.2 亿,主要由三部分组成,地质灾害现场勘测与监测、岩土体力学特性参数测试、地质灾害分析、评价与预测的数值模拟和物理模拟以及"3S"系统;拥有大型岩土离心机系统、崩滑灾害全过程三维物理模型试验装置、地震振动台、大型多功能泥石流模拟系统等大型设备;与北川县人民政府合作在建"泥石流大型野外观测实验基地"。

实践课程名称	实践时间安排	实践注意事项
大型泥石流现场模拟试验	9～12 月	北川泥石流大型野外观测实验基地(在建,预计 2018 年投入使用)
重大地质灾害成灾机理及监测预警	9～12 月	国土资源部野外科学观测研究基地——地震震中区地质灾害—四川汶川野外基地
复杂岩土体工程特性与稳定性数值模拟	3～6 月	地质灾害防治与地质环境保护国家重点实验室

3. 西北大学"大陆动力学国家重点实验室"

西北大学大陆动力学国家重点实验室以 laser-ICP-MS 为手段分析、研究地球动力学,已成为为数不多的世界一流实验室。大陆动力学国家重点实验室有先进的土工实验设备,包括 GDS 循环动三轴系统、GDS 非饱和三轴仪、ARS 环剪仪、美国进口大型剪切仪、大型现场模型试验系统、FSR-20 型非饱和土三轴蠕变仪、环境扫描电子显微镜系统(FEIQuanta400 FEG)、OXFORD IE 350 能谱仪、电子探针、等离子体质谱仪(Agilent 7500a)/ICP;岩土测试自动采集系统、工程地质勘查系统、岩石力学实验系统、数值模拟模拟室安装有 PFC2D、PFC3D、FLAC3D、GEOSLOPE 和 Midas GTS 等土工数值计算软件;拥有土力学、岩石力学、水文地质学、地质工程数值模拟、原位测试、地基基础检测、土动力学和非饱和土等 8 个实验分室，可进行土和岩石常规物理、力学指标测试的试验仪器 500 多件(台)。

实践课程名称	实践时间安排	实践注意事项
土的动力特性及其测试	6～9 月/年	实验涉及大型仪器设备，相关设备操作需提前培训
非饱和土力学特性及其测试	6～9 月/年	需熟悉传统三轴仪的操作和熟悉土的基本物理力学试验
地质工程虚拟仿真实验系统	不限时	网络共享
岩石力学试验系统	9～12 月/年	实验涉及大型仪器设备，相关设备操作需提前培训
岩土体微观测试及其年代测试	6～9 月/年	精密仪器需要提前培训并在老师的指导下操作

4. 吉林大学"复杂条件钻采技术国土资源部重点实验室"

复杂条件钻采技术国土资源部重点实验室，在教育部和国土资源部的支持下，按国土资源部重点实验室的标准进行建设。努力把实验室建成复杂条件钻采技术的研究基地和高层次人才培养基地，加大钻采设备、机具和材料的研制与开发力度，使本实验室在复杂条件钻采技术领域处于国内领先地位，在国际上有重要影响，主要有"大陆深部科学钻探技术与装备研究、多工艺冲击回转钻探技术研究、新能源钻采技术研究、极地钻探技术研究、仿生钻探机具"5 个研究领域。

拥有科研仪器设备 1100 台(套)，其中大型仪器 13 台，科研仪器设备总价值近 9000 余万元，其中大型仪器设备 4800 余万元，设备完好率 98%以上，仪器使用率达到 95%以上。

实践课程名称	实践时间安排
金刚石钻头的设计与制备实践	9～11 月/年
多工艺冲击器设计与实践	9～11 月/年
低温钻井液设计与制备实践	9～11 月/年

5. 长安大学"西部矿产资源与地质工程教育部重点实验室"

长安大学"西部矿产资源与地质工程教育部重点实验室"是在原国土资源部岩土工程开放研究实验室(1997)和国土资源部成矿作用及其动力学开放研究实验室(2000)两个部级重点实验室的基础上建立起来的。

实验室拥有一批具有国际先进水平的仪器设备和试验设施，如电子探针、岩土测试自动采集系统、工程地质勘查系统、工程地质雷达、RMT-150C 岩石力学实验系统、微机控制电液伺服土动三轴试验机、土体三轴流变试验机、GPS 全球定位系统、离散元数值模拟分析3DEC 软件、多波地震数据处理系统、垂直地震剖面数据处理系统、全数字摄影测量系统等，配套设备性能上均处于国内领先地位。此外，实验室还拥有地质灾害大型物理模拟试验中心，该中心内建设有国内一流的大型地面沉降地裂缝模拟试验平台、大型滑坡模拟试验系统等试验设备和系统，为地质灾害防治研究提供了重要的研究平台条件。

实践科研方向名称	实践课程名称	实践时间安排	实践注意事项
地面沉降地裂缝灾害大型物理模拟	地面沉降地裂缝大型物理模拟实验	6～9 月/年	实验涉及大型仪器设备，相关设备操作需提前培训
地质灾害虚拟现实技术与应用	地裂缝地面沉降三维建模与可视化及其应用	6～9 月/年	需要一定的计算机使用和程序编制的基础
降雨条件下黄土滑坡成灾机制大型物理模型试验	降雨条件下滑坡成灾机制大型物理模拟实验	9～10 月/年	实验时需注意降雨量及雨速的控制以及水电安全
非饱和土力学特性及其测试	非饱和土力学特性及其测试	6～9 月/年	需熟悉传统三轴仪的操作和熟悉土的基本物理力学试验
岩土体微结构及其力学特性	岩土体微结构及其力学特性	6～9 月/年	精密仪器需要提前培训并在老师的指导下操作
西安地面沉降地裂缝野外观测及灾害防治	西安地面沉降地裂缝野外观测及灾害防治	6～9 月/年	在西安市区进行现场观测时需注意安全

6. 昆明理工大学"西部优势矿产资源高效利用教育部工程研究中心"

昆明理工大学研究生培养实践教学共享平台（实践基地）以培养具有创新意识、创新能力的高素质应用人才和研究解决资源勘查和工程建设中重大战略性问题为重点，搭建了云南省地质过程与矿产预测创新团队、云南省矿产资源预测评价工程实验室、地质资源与地质工程云南省重点学科和云南省地质资源与地质工程创新人才培养基地。通过国家自然科学基金重点项目、国家科技支撑计划项目、国家自然基金项目、国土资源大调查项目等项目的研发，形成了大型—超大型矿床成矿作用动力学与隐伏矿预测、重点成矿区带典型矿床成矿规律研究、矿产资源潜力快速评价技术和矿床深部勘查技术集成 4 个稳定且具有突出优势的学科方向。

基地拥有实验用房 5030 平方米，实验仪器设备及矿物、岩石、化石标本等价值 3168 万余元，拥有 ICP-MS（电感耦合等离子体质谱仪）、荧光光谱仪、红外显微镜、万能显微镜、光电测距仪、数字声波仪、瞬变电磁仪、地震仪 MapGIS 软件等教学科研设备。

实践课程名称	实践时间安排	实践注意事项
成矿规律与隐伏矿预测实践	7～9 月/年	野外安全
旅游地质与地质遗迹专题实践	3～5 月/年	野外安全
综合信息成矿预测专题实践	7～10 月/年	保密、上机操作相关注意事项

7. 中国石油大学（北京）油气地质领域研究生"校内实践教学平台"

中国石油大学（北京）地质工程领域人才培养以工程实践能力和创新能力的培养为核心，通过构建注重工程实践能力培养的课程体系与工程实践训练体系，着重培养油气田勘探地质工程、油气田开发地质工程、油气勘探开发地球物理工程、地热资源勘查工程领域从事科技攻关、技术开发、工程设计与施工、工程规划与管理的高层次专门型人才。

校内研究生实践教学平台。共投资 3800 万元建立了"五位一体"的油气地质领域研究生系统化的实践教学平台，包括典型野外地质特征实践子平台、实体岩心和数字岩心库系统实践教学子平台、地质分析测试实践教学子平台、测井资料地质解释应用子平台和地震资料地质解释应用子平台。上述教学实践平台的建设，实现了"把野外地质剖面、油田岩心库和油田工作站搬到了学校实验室"，解决了校内实践教学与校外实践基地实训之间实践能力培养脱节的问题。

实践课程名称	实践时间安排	实践注意事项
岩心相分析	9～12 月/年	系统岩心观察与描述 岩心综合图的编制
碎屑岩岩矿鉴定技术与实践	3～6 月/年	薄片鉴定方法 报告编写规范
石油地质综合训练	3～6 月/年	结合全国油气地质大赛赛题
油气勘探地质工程与评价	9～12 月/年	注重油气勘探地质工程案例
油气田开发地质工程	3～6 月/年	大量的油藏描述与开发方案案例
油气工程项目技术经济评价	3～6 月/年	油气工程项目技术经济评价 技术经济评价案例
油气资源评价	9～12 月/年	资源评价方法 资源评价案例

8. 中国地质大学(北京)"地学类研究生联合培养示范基地"和"产学研基地"

中国地质大学(北京)与西安地质矿产研究所(现为西安地质调查中心)建立首个"地学类研究生联合培养示范基地"以来，以地质工程领域为依托，先后与天津地质调查中心、成都地质矿产研究所等11家单位建立了"地学类研究生联合培养示范基地"，此外还与内蒙古地矿局、青海省有色地质矿产勘查局、青海省地质矿产勘查开发局、中国地质科学院等建立了地学研究生"产学研基地"。基地以地质矿产勘查、资源潜力评价为主要研究领域和特色，着重加强研究生科研实践能力的培养，并为研究生完成学位论文提供科研条件。

纺织工程领域研究生教学团队建设实践与探讨

东华大学　徐广标、晏　雄、崔启璐、郭珊珊

课题编号：2016-ZDn-13；课题指南：体制机制改革

一、主要解决的教育实践问题

纺织科学与工程是东华大学传统优势学科，在 2004 年、2009 年、2012 年全国学科评比名列同类学科全国第一，上海高校Ⅰ类高峰学科，2017 年入选双一流建设学科。本项目以培养纺织领域高层次工程应用人才为目标，针对目前纺织领域研究生培养过程中，主要以个体点对点的方式进行，如课程授课以一名教师主讲，课题指导、创新创业以及职业能力培训等都是以个体为主体，未能充分发挥群体的作用，形成研究生培养的合力。同时在已有的团队教学实践探索中，如何发挥校内外导师队伍的积极性，如何明确分工，发挥各自的优点，形成教学合力，避免出现团队带来的合而不强等问题，形成有效的规章制度和运行机制等，不断解决实践过程中的实际问题。项目依托纺织工程领域，探索与实践研究生课程与团队教学，不断加强核心课程建设，探索团队教学模式，提升研究生培养质量。

二、解决问题的方法

以校内和校外导师队伍为主体的核心专业课程团队教学，以"纺织新技术""纺织品开发（系列）""现代纺织检测技术"等核心专业课程为试点建设，建立以案例教学主导，由校内和校外教师队伍共同授课，形成课程团队教学模式。

以纺织工程领域非织造材料团队为试点，探索校内导师团队与研究生培养基地导师团队依托企业课题，共同指导学生从事课题研究的团队指导模式，以提高培养学生质量与培养效率。

以创新创业为主体的导师团队指导，以培养学生创新创业为目标，试点建设富有经验的校内外导师团队，成立创新创业俱乐部，整体提升学生创新创业能力。

依托职场预备役的就业团队指导，以通标标准技术服务有限公司（SGS）职场预备役为试点，充分利用企业资源，帮助学生进行职业生涯规划。

通过团队教学探索与实践，不断发挥校内外教师队伍优势，形成课程教学、课题指导、创新创业以及职业生涯指导等多方位立体的团队教学，提升纺织领域研究生培养质量。

三、实质进展

1. 团队教学方面

开展以案例教学为主题的专硕课程教学，依托全国示范基地导师队伍建设"纺织品开发

（系列）"课程,围绕一门课进行团队教学,形成 16 个教学案例,如表 1 所示。

表 1 "纺织品开发（系列）"课程教学案例一览表

序　号	案例主题
1	纺织的创新和竞争能力
2	纺织面料的创意设计
3	新产品快速进入市场的机遇、条件
4	纺织服装创新
5	家用纺织品的研发
6	纺织新产品开发与营销
7	感悟企业管理,品读海澜文化
8	如何满足客户的需求
9	非织造新品开发
10	羊毛纤维与毛纺面料——毛纺面料设计与技巧
11	木棉纤维及其产品开发
12	纺织检测与产品创新
13	纺织机械业发展
14	海门家纺产品发展
15	产业用纺织品
16	纺织品生态安全及检测技术

围绕实践教学,由青年教师以及实验室老师共同组建校内导师团队开设"化学实验"课程,以国家教学名师领衔纺织工程领域具有丰富实践经验的教授团队开设"纺织新技术"课程,校企导师共同组织团队开设"现代教纺织检测技术"课程,直接在企业围绕检测仪器开展案例教学,逐步形成以专业核心课程为基础的团队教学模式。

2. 课题团队指导方面

以非织造材料团队作为试点,依托基地,以项目为载体,由校内外导师团队共同进行课题指导,全程参与教学,学生全程参与工程项目,采取研讨、头脑风暴和团队现场教学等方式,近 3 年来培养的学生如表 2 所示。采用团队教学,学生培养效果显著提升,已有 2 人获校优秀学位论文,目前周骞的实践成果在积极申报优秀实习获得者称号。

表 2　近三年非织造团队试点团队课题指导

序号	姓名	校企导师团队	课程名称	基　地
1	詹曲	靳向煜、吴海波、王洪、黄晨、韩旭	斜网湿法成型水刺加固非织造工艺及其产品分散性探究	浙江和中非织造股份有限公司
2	周骞	靳向煜、吴海波、王洪、黄晨、赵保军	高速杂乱梳理机的机构特性及产品的性能研究	德润新材料有限公司
4	张麒	靳向煜、吴海波、黄晨、王洪、韩旭	超仿棉聚酯水刺医用非织造材料的研究及性能	浙江和中非织造股份有限公司
5	郭珊珊	靳向煜、吴海波、黄晨、王洪、赵保军	基于载银粒子针刺非织造医用敷料设计技术及性能研究	浙江和中非织造股份有限公司

序号	姓名	校企导师团队	课 程 名 称	基　　地
6	胡征宇	靳向煜、吴海波、王洪、黄晨、赵保军	高速涤粘混纺水刺生产线工程设计及烘燥工艺研究	浙江和中非织造股份有限公司
7	陈银青	靳向煜、吴海波、黄晨、王洪、赵保军	高速非织造梳理机杂乱机构对纤网各向同性的影响探究	浙江和中非织造股份有限公司
8	李志鹏	靳向煜、吴海波、王洪、黄晨、王浦国	玻纤基材加工技术及酚醛树脂固化成型工艺	伟成非织造有限公司
9	邵碧蕾	靳向煜、吴海波、王洪、黄晨、唐守星	基于电池隔膜用聚烯烃非织造材料的辐射接枝改性研究	庄洁无纺材料有限公司

典型案例（一）

周謇于 2014 年 9 月至 2016 年 6 月就读于东华大学纺织工程专业，目前在上海纺织建筑设计研究院从事工艺设计及工程咨询等工作。

读研期间，周謇在山东省德润新材料有限公司从事非织造材料方向高速杂乱成网及水刺生产工艺的研究工作。目前市场众多水刺面膜产品大都以中低端为主，德润公司主营水刺无纺布，希望通过技术创新开发出功能性面膜，从而进入水刺面膜高端领域。

依托于课题采取校企团队方式进行课程指导，周謇全程参与了该生产线的安装与调试工作。在深入学习和研究该水刺设备及工艺的基础上，与公司的技术人员一起完成了高透明高吸附水刺非织造基材的攻关工作。在此过程中，在导师靳向煜教授与校外导师赵保军总工程师牵头指导下，从原料选配入手，选择铜氨、海藻酸盐纤维等原料，经反复试验，克服了海藻酸盐难梳理的困难，调节出最佳的梳理工艺参数，使最终的产品具有轻薄、吸附性能好、手感柔软、贴肤性好、透明度高等特点，填补了企业在高端面膜领域的空白，利于企业打开欧美等高端市场。针对该项目，为企业撰写了技术报告，申报了山东省经济和信息化委员会项目，并成功通过山东省经济和信息化委员会的新产品新技术验收鉴定（鲁经信技鉴字 D016 第 002 号）。

目前，项目已经进行产业化生产，形成年产 6000 吨的规模，产品顺利地打入海外市场，新增收入 2300 万元，新增利税 390 万元。在能耗方面，每吨产品节约用电 19.7%，节约用水 26.9%。

3. 创新创业导师团队指导方面

以创新创业为主体建立校企导师团队，以培养学生创新创业为目标，试点建设富有经验校内外导师团队，成立创新创业俱乐部，整体提升学生创新创业能力。

典型案例（二）

纺织学院硕士生李健男创立以防火阻燃、高强耐切割等高性能纺织品为主打产品的上海曤雀贸易有限公司；2014 届硕士马飞飞，现任上海固甲安全防护科技有限公司技术总监，带领团队率先在国内研制出新型柔性防刺服，并已成功推向市场，用行动为科技创业作出了生动的注解，入围"2015 上海教育年度新闻人物"，人民网、光明网、中国经济网、解放日报、新民晚报、上海电视台、上海人民广播电台、上海教育电视台、中国新闻网、中青在线、东方网、上海教育新闻网、上海科技报、劳动报、上海热线、参考消息、新浪、网易等多家媒体对其事迹进行了专题报道(http://news.dhu.edu.cn/29/05/c523a141573/page.htm)。

4. 就业团队指导

依托职场预备役的就业团队指导,以SGS职场预备役为试点,利用SGS纺织品部的技术优势、人力资源团队,结合未来工作岗位的具体职责和要求,为项目学员提供了包括课程培训、暑期夏令营、实习实践、团队拓展等在内的循序渐进的培训和实践课程、实习实践等环节,对研究生进行系统培训。

已有5届学员接受职场预备役培训,培训内容包括课程培训、暑期夏令营、实习实践等。纺织学院先后有近30多名研究生参与到项目培训中,95%以上的学员毕业后进入相关专业领域知名企业,并正在成为企业的中坚力量。该培训计划获得了社会各界的认可,SGS也先后被评为国家自主创新示范区重点领域人才培养实训基地和上海市高校实训基地,育人工作受到50余家媒体关注和报道。

四、推广应用成果及贡献

通过推动团队教学改革的探索与实践,发挥校内外教师队伍优势,形成课程教学、课题指导、创新创业以及职业生涯指导等立体团队教学,目前在东华大学纺织学院纺织工程领域专业学位研究生中开展实施,每年人数70～80人,提升了纺织领域研究生培养质量,为社会培养大量的高层次应用型人才。

纺织工程领域进入"全国工程硕士研究生教育特色工程领域",连续两届2名研究生获"做出突出贡献的工程硕士学位获得者"称号,2名研究生获首届"工程硕士实习实践优秀成果获得者"称号;与上海纺织集团有限公司共同建立的研究生联合培养基地获"全国示范性工程专业学位研究生联合培养基地"荣誉称号,获评首届中国学位与研究生教育学会研究生教育成果二等奖。

作为国务院学科评议组召集人单位、纺织工程协作组组长单位,同时充分利用网站、微信公众号、会议及发表论文等方式进行该成果宣传与推广。随着纺织工程领域全日制专业学位研究生培养成效的显现,纺织领域工程硕士培养模式通过各种方式为同类高校所知并被采用,培养人才将不断得到行业(企业)认可,纺织领域工程硕士培养所积累的经验也将为其他领域工程硕士培养提供借鉴。

环境工程领域专业学位教育认证的
国际比较和推进策略研究

华南理工大学　张建功、胡勇有

课题编号：2016-ZDn-16；课题指南：体制机制改革

一、主要解决的教育实践问题

2016 年 6 月 2 日，我国正式成为工程教育"华盛顿协议"第 18 个成员国，标志着我国工程教育真正融入世界工程教育，人才培养质量开始与其他成员国达到实质等效，同时，也为今后我国参与国际工程师互认奠定了良好的基础，为我国工程师走向世界创造了条件。近年来，高等工程教育专业认证成为保证高等工程教育质量的重要手段，受到了广泛的关注和讨论。高等工程教育认证是为了构建高等工程教育质量监控体系，提高高等工程专业教学质量，培养质量达到国际互认的重要工作；其目的是为了构建工程教育质量监控体系和工程教育与工程界的联系机制，提升国家高等工程教育的国际竞争力。发达国家开展高等教育认证活动已有 100 多年的历史，积累了较为丰富的经验；而国内开展高等工程教育认证的时间较短，鲜有针对性的深入研究。因此，本课题以环境工程教育专业认证为例，通过对典型发达国家环境工程教育专业认证案例的剖析，以及我国开展环境工程教育专业认证的现状研究，进而探寻我国工程教育专业认证与典型发达国家的主要差距，并提出推进我国环境工程教育专业认证的提升对策。

二、解决问题的方法

本课题以环境工程教育专业认证为研究对象，①通过广泛的文献调研，以美国工程及技术教育认证委员会（ABET）、英国工程委员会（ECUK）和德国工程学科专业认证机构（ASIIN）等的环境工程教育专业认证为例，对发达国家工程教育认证所涉及的认证机构、认证标准、认证程序、认证与工程师资格获取的关系等方面的内容进行了系统的梳理与详细的对比分析；②采用对比分析法，将发达国家工程教育认证的特征归纳为"六结合"：独立性与约束性相结合、权威性与社会性相结合、自愿性与强制性相结合、制度性与灵活性相结合、公开性与保密性相结合和内部性与外部性相结合；③对我国环境工程教育专业认证的实例分析，剖析了我国工程教育认证现状；④基于上述研究成果，分析了我国与发达国家工程教育认证存在的差距，并据此提出了推进我国环境工程领域专业学位教育认证的策略：进一步加大教育认证的"简政放权"力度、逐步加强认证专家队伍的权威性和认证、开展教育认证的全过程质量管理、加快建立工程教育认证与职业资格的对接机制。

本课题主要采取了以下解决问题的方法：

（1）文献研究法。通过查阅中国知网、谷歌学术等国内外相关教育研究期刊和数据库以及有关网站，了解国内外环境工程专业学位教育认证的模式、认证的标准和程序以及工程专业教育认证领域的新进展。

（2）对比分析法。通过文献分析以及在各国相关的工程教育认证网站上的资料查找，剖析美国、英国和德国等发达国家环境工程教育专业认证案例，从认证宗旨、准则、目的和认证标准、程序和机制等方面进行对比分析。

（3）深度访谈法。采用电话访谈、现场深度访问等方式，通过与工程教育认证协会领导和具体开展认证工作的成员、环境工程专业认证分委员会成员、国内环境专业教育相关专家进行访谈调研，对相关环境工程教育专业认证的开展和执行等情况反复确认访谈对象的意见和看法，并进行总结概括，梳理出我国环境工程教育专业认证的现状和存在问题。

三、实质进展

1. 环境工程领域专业学位教育认证的内涵界定

通过国内外相关文献的梳理，结合环境工程和工程教育认证内涵的相关要素和专业学位研究生教育的特点，将环境工程专业认证界定为：环境工程专业认证是专业认证机构或协会与环境类专业领域的学术专家和相关行业技术人员，以动态的环境发展研究现状为背景，以环境工程领域人员素质与技能需要为标准，对环境类相关学校和专业进行评估，认可并提出改进意见的过程。它是一种重要的环境工程专业质量保障手段，用以确保环境类专业输出人才符合社会发展、行业提升的需要。

2. 发达国家环境工程专业学位教育认证的案例分析

选取美国 ABET、英国 ECUK、德国 ASIIN 等发达国家开展环境工程专业认证的具体案例，分别从教育认证的发展历程，认证机构，认证标准、程序和内容，认证机制，认证与资格证获取的关系，认证存在问题和发展方向等方面进行深入剖析。

3. 发达国家环境工程专业学位教育认证的对比分析

从认证主体（包括认证机构的组成、性质，认证委员会成员构成等），认证标准、程序和内容，运行机制等方面内容对美国、英国、德国权威工程教育认证机构展开对比分析。

1）探究发达国家开展环境工程专业认证的异同

（1）美国、英国、德国环境工程教育专业认证的相同点

① 从性质上来看，它们都是独立于政府之外的非营利性组织。认证机构是完全自主的，政府在认证过程中主要起参与和支持的作用，不占有主导地位。

② 从组织结构上看，认证机构都采用董事会制，董事会负责行政和督导的工作，董事会下设或授权专门的认证委员会开展具体的认证工作。

③ 从认证程序来看，它们的认证程序基本都是与国际接轨的，正在形成许多国际领域

的共识,有助于促进各国专业互认,从而推进工程教育国际化的进程。

(2)美、英、德环境工程教育专业认证的不同点

① 具体认证类型不同。美国 ABET 的认证分为专业认证和院校认证;英国 ECUK 主要是针对四种基于学位层次的项目认证;而德国 ASIIN 虽然也是进行项目认证和院校认证,但其认证主体是课程。

② 认证标准的参与制定者不同。其中美国 ABET 和英国的 ECUK 基本都采用了董事会协同相关学术权威、行业协会和专家制定通用标准,再由下设的具体执行专业认证的认证委员会制定专业补充标准;而德国的 ASIIN 则更多地涉及了认证各利益相关者的想法。

③ 具体的认证标准不同。美国 ABET 制定了专业通用标准、共同标准和专业补充标准;英国 ECUK 的认证标准包括一般学习产出、特殊学习产出和专业补充标准;德国 ASIIN 的通用标准完全是以课程为中心建立起来的。

④ 认证与工程师资格获取的衔接关系不同。美国 ABET 认证和英国 ECUK 认证提供的是行业准入和工程师资格获取的准考证;而德国 ASIIN 认证则与环境类工程师资格获取是互认的,完全等效。

2)归纳出发达国家工程教育认证具有"六结合"的特征:独立性与约束性相结合、权威性与社会性相结合、自愿性与强制性相结合、制度性与灵活性相结合、公开性与保密性相结合、内部性与外部性相结合。

4. 我国环境工程领域专业学位教育认证的可行性分析

结合我国环境工程领域专业学位研究生教育的现状,对相关主管部门、高校、企业、产业协会等进行走访和问卷调查,进一步深度剖析目前我国工程教育认证存在的问题和与典型发达国家的主要差距。

1)目前我国工程教育认证存在的问题

(1)我国目前权威的工程教育认证机构是教育部的下属机构,带有明显的行政色彩;

(2)我国现有的工程教育认证标准的制定者主要是行业和协会专家;

(3)我国现行的工程教育认证标准主要是效仿美国 ABET 的认证标准,尚未体现国家和地方办学特色;

(4)我国工程教育认证信息公开的透明度不足;

(5)我国工程教育认证的强制力度不足;

(6)我国的认证体系尚未建立与工程师资格获取的关联;

(7)认证仅限于本科专业教育。

2)我国工程教育认证与典型发达国家的差距分析

(1)认证机构行政色彩较浓,认证水平与发达国家差距悬殊;

(2)认证标准的国家和地方特色相对缺乏;

(3)认证专家水平与发达国家差距较大;

(4)认证结果的公开透明度和维持度远不如发达国家;

(5)国际化程度较低,建立工程教育国际互认道路很漫长。

四、推广应用成果及贡献

本课题从政策、队伍、认证过程、制度衔接等 4 个方面提出了改进我国环境工程教育认证的对策建议,以期为相关管理部门制定政策,高校、企业和协会推进我国环境工程教育认证提供参考借鉴。

1. 政策方面

(1) 政府进一步加大教育认证的"简政放权"力度

简认证之制度,放认证之权利,在对认证机构与人员进行必要的管理和规则制度构建的基础上,降低对认证机构与人员的行政管理,支持并鼓励专业机构和社会组织规范开展教育认证与专业评估,鼓励利益相关者和其他社会关注者参与到认证的过程中来,使认证对社会有益,认证被社会监督。

(2) 加大实施教育认证的宣传和优惠政策

对积极参与教育认证的高校给予一定的国家教育经费支持和重点项目扶持,对民间新兴机构辅以一定的行政支持和经费补助,鼓励更多的高校和机构参与到教育认证的进程中来。

2. 队伍方面

在鼓励更多的学会和机构参与到认证中来的同时,加快建立认证专家队伍的权威性和稳定性。这些稳定、专职的认证专家,可以由来自高校、工程界、企业界的专家组成。同时对认证专家展开系统、科学的培训,不仅让认证专家更加深刻地了解认证工作和掌握认证细则,还应该引领认证专家走在工程发展的前沿,紧跟工程界的需要和国际权威认证机构的脚步,与时俱进,不断发展壮大。

3. 认证过程方面

(1) 开展教育认证之前

① 扩大认证标准制定方的范围,不仅邀请行业专业学界学者参与认证标准的制定,还应鼓励认证的直接受益者学生、企业和其他社会利益相关者与认证关注者参与到认证标准的制定中来。

② 进一步完善认证的具体标准。让认证标准落地,除了专业通用标准外,补充标准不仅要考虑学科专业特色,还应考虑层级特色、地方特色、学校特色,根据不同的被认证的学校专业,要有不同的规范要求。

③ 工程专业教育认证标准,应该积极引入工程伦理的思考、课程开展与应用。

(2) 在开展教育认证的过程中

① 政府应积极发挥引导和扶持的作用,保证认证过程的公开透明,认证过程的执行受社会各界的关注和监督;

② 鼓励社会各界人士参与和监督认证过程,就认证中出现的问题有权利提出质疑,同

时监督认证小组人员；

③ 建立规范的认证报告制度；

④ 以上过程均应形成公开化的书面文件供社会各界参考。

（3）开展教育认证之后

① 各方尤其是高校要自觉做好教育认证的维持工作；

② 被认证高校要定期向认证机构和组织汇报实际进展和改进情况，积极与相关行业专业和协会学者交流，寻求改进的意见和建议；

③ 其他同类型高校要与被认证学校建立协作关系，参考被认证高校专业的认证过程与实际情况，积极做好和完善自身的专业开展和认证准备工作。

4. 制度衔接方面

从进一步改革和完善工程师职业资格制度入手：

（1）在管理体制中，加强政府与行业协会的协商机制，在政府引导、行业协会参与中使工程师资格获取程序进一步完善；

（2）在评价体系中，完善专业认证标准与工程师能力要求的关联，推动高校的人才培养以工程师标准要求为主导的发展方向；

（3）在实际操作中，逐步建立起专业认证与资格获取的联系，逐步把拥有通过专业认证的工程学历作为工程师资格获取的准入证。

《神经工程学》规划教材

天津大学　明　东

课题编号：2016-ZDn-17；课题指南：规划教材建设

一、主要解决的教育实践问题

神经工程(neural engineering,neuroengineering)是生物医学工程领域近年来发展迅猛的一门新兴科学及热门领域,在发达国家已成为科学研究"皇冠上的明珠"。神经工程的两大目标是通过神经系统和人造设备间的沟通来更好地理解、修复、替代和增强人体的功能。自 2003 年于意大利卡普里岛举办的首届国际神经工程学大会开始,国内外知名高校已陆续成立了 100 余家神经工程方向的专业研究中心。目前该方向已经成为国际生命、医学、信息、航天等领域的热点方向之一,近年在 Nature、Science 等期刊上发表的论文数量不断上升。过去 10 年来,神经工程经历了一个快速发展时期,从神经信号处理、神经成像、神经假体、神经形态芯片、人工神经网络、脑机交互等各个方向都取得了有革命性意义的重要成果,在脑科学研究、信息计算、神经疾病防治、康复医学、运动医学、智能控制、航空航天、安全反恐等多个部门行业得到广泛应用,有着重要的科学与社会意义,社会效益和经济效益巨大,因此具有诱人的发展前景。

尽管我国神经工程研究起步较晚,研究机构较少,但各团队的发展速度较快,已经取得了大量具有国际前沿水平的研究成果。《国家中长期科学和技术发展规划纲要》提出了2015 年要实现我国"人人享有康复服务"的国家战略目标,这是神经工程发展的重要机遇,因此迫切需要大量神经工程专业人才投身这一领域的发展。然而,目前国内相关方向的平台建设力度不足,导致具备这方面综合专业素质的人才紧缺。而在人才培养方面,编写高质量的精品教材,是提高教学质量、培养合格人才的重要保证,但目前仍缺乏一部全面、系统介绍神经工程相关知识的专业教材,且国内未有该课程正式教材,国外也未有一部完整可供参考的教程,这严重影响神经工程学的教学与实践,对神经工程学在我国的发展造成一定的阻碍。特别是对于初入该领域的专业学位研究生来说,对该学科的研究领域、发展历史及最新进展的全面了解是非常必要的。同时,随着神经工程的概念不断外延,与多学科交叉融合,越来越多非神经工程领域的科研人员,如计算机、材料、自动化等,也开始加入神经工程的研究,用自己的专业知识为神经工程发展贡献力量。

目前国内急需从现阶段开始加大相关方向的平台建设力度,培养具备这方面综合专业素质的紧缺工程人才。因此,《神经工程学》的编写显得迫在眉睫,本书的出版将成为中国第一部神经工程学领域专业教材,将大大促进该学科的发展,也为我国脑计划的顺利开展提供智力保障,具有较强的学术价值和历史意义。同时对学科教育工作具有明确的开创性贡献,将填补目前国内在教材上的空缺,为我国神经工程及其相关领域的专业学位研究生培养和教学实践提供有力的工具,具有较强应用价值。

二、解决问题的方法

由于神经工程学涉及范围广,要想建设这样一部教材,就必须将神经科学和工程技术中各个相关研究方向中的相关知识进行整合。全书的材料来源于各个领域内权威的书籍资料以及近年来神经工程学的新知识、新理论、新发展和新概念,并将基础知识与前沿成果有机融合起来,以适应培养高素质人才的要求。这是本书最大的特点,也是与国际上同类书籍最为不同的地方。我们所用的材料都紧跟时代,包括百余项新研究的引用和一个关于"神经工程新应用"的章节,从而把握该领域内的最新潮流。本书还将提供媒体 DVD 供教师使用。

本书内容包括《神经工程学》主教材和多媒体教材,计划列为国家级专业学位研究生教育"十三五"规划教材。内容涵盖神经工程的各个方面,较为全面、系统地介绍了这门交叉学科所涉及的重要内容。本书分为 6 个部分共 18 章,计划分上下册出版。

第一部分:神经工程学基础(第 1、2、3、4 章)

第二部分:神经传感与成像(第 5、6、7、8 章)

第三部分:神经接口与康复(第 9、10、11 章)

第四部分:神经刺激与调控(第 12、13、14 章)

第五部分:神经假体与仿生(第 15、16、17 章)

第六部分:神经工程学新应用(第 18 章)

本书包括基础神经科学、临床神经病学、心理学、电子工程学和信号处理等领域,重点介绍了神经工程的应用以及研究方向,例如脑-机接口、功能性电刺激、神经成像等的基本理论知识及应用。我们遵循从微观到宏观、从基础到应用再到未来展望的大纲进行编排,将从最基础的问题开始,例如医学基础知识和计算理论和方法,然后进入该领域内一些重要的应用,同时强调各章节之间的联系。我们的主要目的是强化本书的教学意义,使其更加有益于学生。

本书主要特点:一是医工紧密结合,编写团队成员皆具生物医学工程专业高学历,医工交叉背景深厚,既有医学基础知识,又有工程技术经历,保证了本书的理论与实践交融特色;二是本书内容覆盖面广,基本上涵盖了现在神经工程理论与应用所有领域,为本领域相关的初学者和科技人员提供了基本的知识框架;三是高度开放性,每章内容都紧密结合当今的神经工程研究前沿,由于本领域的发展很快,因此特别在书末设新应用一章,为今后发展方向留一个开放的结尾,以便再版时进行新的补充;四是配套数字化资源建设,结合全国工程专业学位研究生教学指导委员会案例库建设,本书配套开发了相应的数字化教学资源。

本教材主要适用于生物医学工程、计算机科学与技术、自动化、机器人、神经科学与临床等专业本科生、研究生课程的教学,也可作为从事该领域研究人员的参考书以及所有对该领域感兴趣的初学者入门教材,学会建立神经工程学的基本知识体系和框架,进而系统了解或查阅神经工程学的基础和背景知识、神经传感与成像、神经接口与康复、神经刺激与调控、神经假体与仿生及最新的神经工程学应用等知识。

三、实质进展

本课题的研究计划包括：

1. 制定教材编写及修改方案，项目的细化、分工与协作安排，整理材料、调查与分析阶段；

2. 教材整体精简、修订，语言润色阶段。电子教案、学习指导建设；

3. 建立试题库、教学素材资料库以及建设精品课程网站；

4. 出版社校对、修改，整书出版。

研究基本按照计划执行，已经完成《神经工程学（上下册）》主干教材的编写，约67万字。目前正逐步完成教材整体精简、修订和语言润色，为教材的出版做准备。同时也已经完成电子教案（PPT）的制作，课件中有明确的学习目标或教学基本要求陈述（体现到章节），为自学者提供学习方法或内容的建议、帮助。同时与科学出版社签订了出版合同，已经于2017年下半年开始进行校对、修改和整书出版工作。

四、推广应用成果及贡献

目前全国有140多所大学开设了生物医学工程专业，而与脑科学研究相关的研究所、研究人员也日益增多，就目前形势分析，本书的社会需求量大，受益面广，预计读者人数可超10 000人。

1. 本教材相关内容目前已经成为卫计委和教指委联合推荐"十三五"规划教材项目；

2. 在本教材编写过程中，课题完成人在多所高校、研究院所的研究生课程中进行了教育教学实践（2015—2017），取得了良好的教学效果；

3. 课题完成人应用本教材的教育教学理念，指导课题参与人之一杨佳佳参加天津市第十三届高校青年教师基本功大赛，借助本教材，其参赛课程"神经元间的信息传递——突触与突触传递（Synapse & Synaptic transmission）"取得了工科组一等奖第一名的好成绩。

联合培养基地模式下食品工程专业学位研究生的培养机制探索

江南大学　张晓鸣、徐化能、赵　伟、严瑞芳

课题编号：2016-ZDn-18；课题指南：联合培养基地

一、主要解决的教育实践问题

食品工业是我国国民经济制造业第一大产业，并从"十五"以来连续保持 25% 的增长率。食品工业的持续、快速增长对食品专业创新实践型人才提出了更高需求。然而，我国食品企业从业人员中接受高等教育的比例较低，应用型高层次专业人才更是缺乏。食品工程全日制专业学位硕士研究生的培养目标是面向食品行业及相关工程部门的基础扎实、素质全面、工程实践能力强并具有一定创新能力的应用型、复合型高层次工程技术和工程管理人才。全日制食品工程专业学位硕士明确的专业性和定向性要求其在培养过程中应高度重视实践能力培养，广泛推行以解决实际问题为目标、以项目课题为支撑、多层次全方位的实践活动。专业学位研究生的培养由于受传统学术型重理论、轻实践教育模式的影响，未能充分体现其职业性的特点。因此，如何实现从重视知识内容向重视实践能力的转变，构建符合我国国情的全日制食品专业学位硕士研究生培养体系，重点培养学生素质与能力，避免高分低能与眼高手低等问题，已是专业学位研究生培养急需解决的问题。建设和依托校外联合培养基地，对于提高食品工程专业学位研究生的实践应用能力和科技创新水平起着至关重要的作用，在食品工程专业学位研究生的培养中占有及其重要的地位。

二、解决问题的方法

本项目注重联合培养的过程管理，从导师遴选与考核、学生管理、经费管理等方面入手，加强制度建设，逐步形成全过程、多层次和规范化的培养体系。

1. 分析利益相关者视角下的联合培养基地运行机制。

本项目选取联合培养基地的 100 名左右利益相关者进行访谈和调研，其中包括企业决策者、企业导师、高校导师、基地管理者以及专业学位研究生。根据专业学位人才培养目标定位和联合培养基地建设现状，梳理出专业学位研究生联合培养基地重要利益相关者的利益诉求，并制定相应的培养方案。

2. 建立"联动"基地管理模式。为研究生提供科研实践的平台，形成学校—基地管理部门—研究生导师—基地导师—研究生之间的相互联动、相互协调、相互沟通的局面。

专业学位研究生在联合培养基地学习工作期间，要求严格遵守基地单位的各项规章制

度,按照导师要求认真开展教学实践、课题研究与学位论文等工作,并在基地单位承担一定的工作任务。学生须经常向高校导师汇报工作、生活情况,不能擅自改变学习培养计划。研究课题由校内外导师共同协商确定,选题要紧密结合企业的生产实际。研究生进入联合培养基地后,由双方导师及相关管理人员组成考评小组,对研究生在培养基地实践期间的平时表现、学习态度、课题研究的完成情况进行评估,并形成报告。

3. 建立完善的专业学位研究生的考核制度和论文评价方法。

根据导师及合作企业的实际课题需要,学生的毕业作业可以以应用研究、产品研发、工程设计、工程/项目管理、调研报告等多种形式提交,毕业作业水平相应的可以以项目立项运行成果、新产品和工艺专利证书、工程设计实施运行报告、公开发表论文等多种形式体现。具体表现在:

(1)强化学位论文选题的实践导向,论文选题必须来源于社会实践或工作实际中的现实问题,有明确的实践意义和应用价值。论文可以是一个完整的工程项目,也可以是某一个大项目中的子项目。论文要有一定的理论基础,具有先进性与一定的创新性,论文所涉及的课题要有一定的技术难度和工作量。

(2)针对专业学位研究生学位论文工作多样性的特点,制订了应用研究、产品研发、工程设计、工程/项目管理、调研报告等 5 种专业学位不同形式学位论文基本要求及评价指标。论文所涉及的主要内容包括食品工程新产品、新工艺、新方法、新技术、新装备或新材料的研制与开发;工艺工程优化,技术攻关,技术改造,技术推广与应用;引进、消化、吸收和应用国外食品先进技术项目或装备;食品质量控制与安全管理;食品工程应用基础性研究;食品工程设计与管理;食品工程与技术管理;食品工程技术项目或工程管理项目的规划与可行性研究。毕业论文或设计由校企双导师及外聘行业专家共同审核,并对其课题研究水平进行评价。

(3)为检查专业学位研究生论文(设计)工作进行情况,及时取得导师及单位集体指导,在论文(设计)工作过程中一般安排 3 次专题报告,即选题报告、中期报告、论文(设计)答辩。

(4)完善专业学位研究生学位论文的评阅和答辩制度。专业学位研究生单独分组答辩,排名后 20%进行二次答辩。论文答辩成员不少于 5 人,其中必须有企业专家参与。

三、实质进展

本项目组借鉴国内外基于工作过程为导向的人才培养理念,在与美的集团等大型企业紧密合作的基础上,组建了 3 个食品工程研究生联合培养基地("生姜加工技术联合研发中心""美的集团—江南大学健康美食智能烹饪联合实验室""江南大学—安徽强旺生物工程有限公司功能调味食品联合研发中心"),累计完成了近 400 万元的实验实训条件建设任务,开发了不同任务行动导向的科研课题 10 项,并制定了与生产性实训、职业培训相配套的教学和管理文件。

两年来,先后有校内教师 12 人次到联合培养基地实践锻炼。通过建设,教师的教学设计能力、专业建设能力和科研开发能力得到显著的提高。由此产生的项目教学法、任务驱动法、现场教学法等教学方法非常适合食品工程专业学位研究生的培养要求,学生学习的主动性和积极性明显增强,学习效果显著提高,对教学满意率达到 98%。

从招生情况来看,社会、行业对我校食品工程专业认可度高,因此生源充足、报考人数与录取人数之比接近 3∶1；从其就业情况来看,全日制食品工程硕士的培养质量得到行业和社会的普遍认可,大部分学生通过在研究生联合培养基地的学习与合作研究,毕业后即与美的集团、光明乳业、中粮集团、雨润集团、鲁花集团、海通集团等多个国内外知名食品企业签订了就业协议；从研究生培养质量来看,近 40% 的学生毕业论文达到优秀。

四、推广应用成果及贡献

本项目以课题研究为导向,以职业能力培养为目标,按照基础领域能力培养、单项职业能力培养、工程设计创新能力培养 3 个阶段,构建了新的培养体系(图 1)。探索形成了以解决实际工程问题为导向的"情境化模块式"人才培养模式。该模式突出了职业能力培养,实现了培养体系由传统的知识传输模式向以工程实践创新模式的转变。

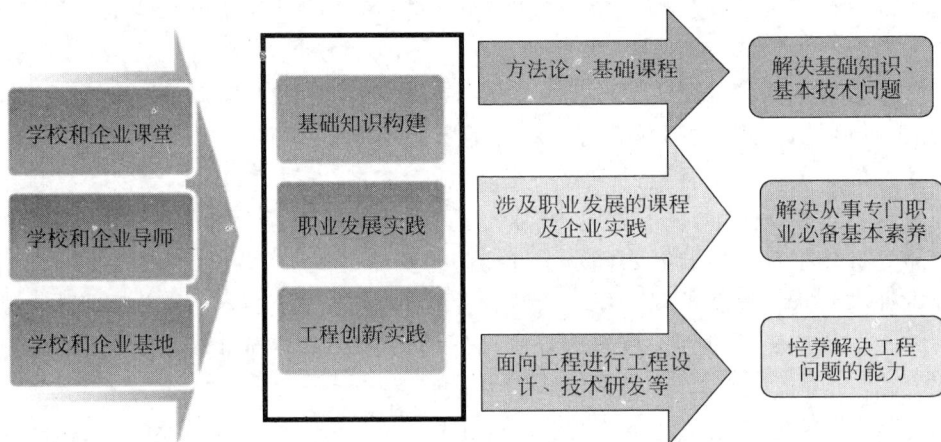

图 1　基于基础领域能力、单项职业能力和工程设计创新能力构建的
"情境化模块式"专业学位研究生培养体系

该培养体系以工程实践任务分析为起点,实现了教学内容知识与完成工作任务所需职业技能相一致,实现了实验研究条件由以验证性、模拟性为主向生产性、综合性的转变,形成了校企合作共建、共管、共享型的研究生联合培养新机制。通过企业的积极参与,研究生联合培养基地已成为双方实现共赢的有效途径和载体。实践证明,在教学环节中,把传授知识为主的学校教育与直接获取实际经验、实践能力为主的生产实践有机结合,能从根本上实现研究生培养与社会需求相衔接,提高研究生实践能力和整体素质,从而达到培养创新人才、服务社会生产力的目的。

基于"产学研"结合的航天工程专业学位研究生联合培养基地建设的探索与研究

北京航空航天大学　姜志国、常方圆

课题编号：2016-ZDn-19；课题指南：联合培养基地

一、主要解决的教育实践问题

航天工程领域专业学位研究生是与航天工程领域任职资格相联系的专业性学位，主要为国民经济和国防建设等领域培养应用型、复合型高层次工程技术和工程管理人才。航天产业对人才的专业度和水平要求高，人才培养的指向性明确，加强与航天企业、研究院所的"产学研"结合是提高航天专业人才培养质量的必由之路。

首先，"产学研"结合联合培养研究生使得高校和航天单位在教学过程中共同合作，培养学生的实际工作能力、创造能力，有助于解决学生理论素养与实践能力相脱节的矛盾，更好地帮助学生学习，同时也能使学生尽早适应从学校的学术环境到航天产业的科研环境这一转变，培养他们较强的适应能力，更好、更快地适应航天事业发展的需要。

其次，通过"产学研"结合联合培养研究生，把高校的人才优势转移到用人单位，对航天单位的技术创新将起到很好的促进作用。同时，还能提升航天单位的人才积聚和储备能力，从而实现资源整合，提升高校和企业的社会声誉，加快技术的创新和产业发展。

再次，"产学研"结合联合培养研究生，有利于高校向培养应用型、创新型人才转变，提高培养质量。同时通过与航天单位的合作，还能够拓展科研的领域及方向，有助于将科研成果向航天产品、型号转化，实现产、学、研协同发展。

由此可见，联合培养基地是对研究生培养新模式的一种探索，有利于整合高校及企业资源，提高研究生培养的质量和水平，加快知识创新和科技成果转化，促进经济、社会发展。因此，如何开阔视野、创新思路，在航天工程领域专业学位研究生培养环节中加强联合培养基地的建设是亟待解决的问题。

二、解决问题的方法

为提高航天工程专业学位研究生的培养质量，北京航空航天大学（以下简称北航）宇航学院希望通过前期与航天院所搭建的良好的合作关系与平台，整合现有资源，与部分航天院所通过"产学研"结合，构建联合培养基地，以培养高层次的应用型人才。将航天院所的需求贯穿课程学习、开题、实践、答辩整个过程，全过程、全方位参与学生培养，形成"产学研"相结合的人才培养模式，提高培养质量的同时，进一步提高学生在航天领域中的认可度和竞争力。

（1）单位的联合：发挥区域优势，抓住北京地区航天院所众多的特点，整合现有资源，寻找符合航天工程专业学位研究生专业培养需求的航天单位，搭建联合培养基地。

（2）功能的整合：寻找航天单位与高校联合办学的合作点，吸引航天单位优质的资源参与航天工程专业学位研究生的教学工作，增强研究生的问题意识，提升研究生主动学习的能力，探索、研究"产学研"结合的新模式。

（3）人员的融合：搭建航天单位与高校联合办学的新平台，通过双导师制，加强企业导师与学校导师之间的相互了解，拓展、挖掘航天领域内的研究资源，拓宽校企合作的深度和广度。

三、实质进展

2015 年 5 月《教育部关于加强专业学位研究生案例教学和联合培养基地建设的意见》中指出，要创新建设模式，构建长效机制；健全标准体系，规范基地管理；严格培养过程，创新培养模式；加强导师队伍建设，构建"双师型"团队；建立激励机制，加强示范引领。按照教育部的要求，北航宇航学院在航天工程专业学位研究生联合培养基地建设上进行了初步的探索。

1. 紧扣定位，合理选择

航天工程专业学位研究生是与航天工程领域任职资格相联系的专业性学位，主要为国民经济和国防建设等领域培养应用型、复合型高层次工程技术和工程管理人才。要求掌握航天器总体设计、航天控制技术、航天推进技术的基本概念与理论，能以航天器、空间系统为研究对象，在设计与实现过程中运用航天科学的理论与技术，进行系统总体设计、控制系统设计与分析、有效载荷及应用的设计与实现、推进系统设计、实验与测试的高层次综合性研究。根据对航天工程专业学位研究生的这一培养定位，北航宇航学院立足北京，抓住在京航天院所众多、功能划分强、研究内容涵盖面广的特点，整合现有资源，发挥区域优势，有选择性、针对性地与多家航天单位进行接洽，探讨搭建联合培养基地的可能性，为航天工程专业学位研究生提供实习实践乃至择业时理想的单位。

通过走访、调研、洽谈，选择了与北航宇航学院航天工程专业学位研究生培养定位相契合的航天单位，并与北京航天飞行控制中心、载人航天总体部、北京航天动力研究所、北京航天试验技术研究所及上海航天 509 所在人才培养、选派学生、科学研究、成果转化、知识产权等方面达成共识，签订合作协议，共建航天工程专业学位研究生联合培养基地。

联合培养基地通过制度建设，双方分别架设管理机构，选定负责人，明确机构职能、机构设置及机构运行机制等，保障及规范航天工程专业学位研究生联合培养基地正常、有序地运行。

航天工程专业学位研究生联合培养基地的建立，改变了之前只能将学生选送到一家单位的局限性，不仅降低了实习单位的接收压力，更丰富了学生在专业需求、业务岗位、实习内容等方面的选择。联合培养基地建立以来，运行平稳、有序，目前已有两届航天工程专业学位研究生进入基地实习，进入基地实习的学生数占总人数的 1/3 左右。

2. 紧抓培养，注重过程

运用实证研究的方法，对航天单位总师总工以及人力资源负责人进行访谈，寻找与北航宇航学院联合办学的合作点，探索如何将航天院所的需求贯穿培养的整个过程，使其全过程、全方位参与航天工程专业学位研究生的培养。目前，部分航天企业十分重视与高校进行"产学研"合作，联合培养研究生。

北航研究生培养方案改版后，加大了航天工程专业学位研究生实验课的比重，同时新增专门为该类学生开设的"实践讲堂"课程。北航宇航学院通过发放调查问卷、组织需求座谈会等手段收集学生的需求，通过中国运载火箭技术研究院长征学院聘请航天工业部门专家，针对需求定制化地开发课程，课程围绕航天总体设计、控制系统、动力系统及航天管理等，确保内容系统、全面、科学、权威。同时增加"翻转课堂"、航天博物馆及试验厂房现场课环节，教学内容更丰富、直观，形式创新、多样，打造高品质的课程。截至 2017 年 6 月，累计授课航天工程专业学位研究生共计 207 人。

依托航天工业部门丰富的专家资源，以长征学院研究生院导师为主，结合课程模块优选师资。课程内容上，既充分考虑宇航学院的专业设置，又结合了航天一院的工程实践范围；课程形式上，既进行课堂教学，又引入了案例研讨、现场教学、座谈讨论等多种形式；课程时间上，按照不同专题，有综合也有分系统，分次推进，共进行 10 余次专题讲授。构建了突出实践的教学体系，培养了学生工程设计的思路，并深入了解航天系统与分系统设计及型号研发过程，增加了自身工程性的背景知识。现场课部分形式新颖、方式灵活，让学生们见到了型号实物，加深了对航天各系统工程的印象，让航天知识变得触手可及，深受学生欢迎。

3. 紧接需求，突出实践

通过联合培养基地的建设，加强校外导师与校内导师之间的相互了解，在航天工程专业学位研究生培养的过程中，实现理论与实践的互补。同时，通过科研项目的合作，又可拓展校企合作的深度与广度。

作为联合培养基地的校外导师，承担着在科研活动中联合培养研究生的指导工作，同时作为航天院所的一线科研技术人员，更掌握着行业发展的技术需求。从技术需求入手，带领学生进行技术难点攻关，最终将研究成果运用到航天产品中，从而产生实际的应用价值。校内导师则在课程选择及论文的学术性、前沿性等方面进行引导和把关。校内、校外导师定期沟通，优势互补，共同商议学生的培养问题。

近几年，航天工程专业学位研究生通过进入联合培养基地实习，培养质量明显提高。校级优秀实习实践奖获得者每年保持在 10 人左右，连续两届有毕业生荣获国家级优秀实习实践奖，发表的各类论文、专利等成果数量也有所上升。近两年航天工程专业学位研究生在航天系统单位的就业率也提高至近五成。

四、存在的问题及建议

1. 发扬所培优势，创新培养模式

北航于 2012 年开始在博士层级探索院所联合培养模式，即由航天院所提供招生指标、

招生需求以及校外导师，并根据研究内容在学校内指定相应的博导为校内导师。根据学校培养方案与研究方向，双方导师与学生共同制定课程培养计划。根据院所具体情况及学生意愿，安排学生提前进入院所实习。可见，与航天院所联合培养博士的培养模式更适合于航天工程专业学位研究生"产学研"的培养。如何将这种优势应用于航天工程专业学位研究生培养上，是今后尚待研究的问题。

2. 开拓国际视野，拓展联合培养

近几年，北航在国际上的声望日益提高，国际交流日趋频繁，与众多高水平大学签订了合作协议。如何促使学生参与海外实习，开拓国际视野，是今后需深入研究的课题。

3. 发挥政府导向，实现共同发展

政府应发挥宏观调控的能力，制定鼓励政策，投入专项经费，一方面鼓励导师将学生送入联合培养基地，另一方面不断提高用人单位的参与度，积极导向，推动联合培养基地的建设。比如在高校中，增加研究生招生指标、减免科研管理费等；在航天院所中，接纳学生实习减免单位纳税额度，由财政给予补贴等。

制药工程领域核心课程系列教材建设和实践

全国制药工程领域专业学位研究生教育协作组

唐燕辉、赵广荣、杨　军、刘伟强、郑金旺、仇昭君、田　禾

课题编号：2016-ZDn-21；课题指南：规划教材建设

一、主要解决的教育实践问题

全国制药工程领域专业学位研究生培养始于 1998 年,20 年来培养单位从最初的 2 所学校发展到目前 67 所学校。按照全国工程教指委提出的"思想政治正确,社会责任合格,理论方法扎实,技术应用过硬"的全面育人观,各校围绕"为制药领域培养基础扎实、素质全面,具备从事制药领域科学研究、工程设计、项目开发和管理的应用型、复合型高层次工程技术和工程管理人才"的办学目标,积极探索教育教学改革。通过开展"制药工程领域核心课程系列教材建设和实践",旨在指导和帮助各校在教学中把握领域核心课程的知识点和教学深度,提高教学质量。

二、解决问题的方法

全国制药工程领域专业学位研究生教育协作组依托领域协作组平台,研究和总结领域核心课程"药物制剂工程""制药工艺与工程""药品生产质量管理规范"的教学实践和改革情况,积极组织领域专家可持续推进 3 门核心课程建设和相关规划教材建设。

三、实质进展

领域核心课程"药物制剂工程"配套教材《药物制剂工程与技术》2009 年入选"全国工程专业学位研究生教育核心教材",2013 年修订再版;领域核心课程"制药工艺与工程"配套教材《现代制药工艺学》2015 年入选"全国工程专业学位研究生教育国家级规划教材";2017 年 6 月由行业专家领衔启动了领域核心课程"药品生产质量管理工程"的配套教材编写,该教材编写工作将于 2018 年 12 月完成。

四、推广应用成果及贡献

1. 领域核心课程"药物制剂工程"课程实践和教材建设（华东理工大学领衔）

华东理工大学"药物制剂工程"课程教学实践始于 1998 年,与全国制药工程领域专业学

位研究生招生同步。

（1）课程目标和教学内容

药物制剂工程是制药工程的一个分支，是研究各种药物剂型的生产以及与之相关的设备和工程学的学科，与药物制剂的生产过程密切相关；其教学内容涵盖药物制剂生产工艺及技术，是一门综合了药剂学、药品生产质量管理规范和工程学等学科理论与工程技术的实践应用性课程。课程目标是通过课程学习使学生掌握药物制剂生产工艺和方法，了解生产设备的基本原理和构造；掌握药品生产质量管理规范对生产过程和生产环境的要求；掌握药物制剂工程设计的基本原理和方法；了解学科发展和前沿。

（2）课程教学实践和探索

对课程结构和内容的考查，一是围绕教学大纲的要求，注重系统讲授经典剂型的生产、设备和技术；二是紧密结合工程实践注重知识更新，反映学科发展前沿内容，讲授制剂新技术及工程化，并进行专题交流讨论；教学中以药物制剂生产工艺为主线，以单元操作为核心，理论联系实际阐明基本概念、生产原理和设备构造等；教学内容循序渐进，教学中注意课程内容与其他先修课程的相互渗透与衔接。

工程设计是一个多目标的优化问题，不同于常规的数学问题，不是只有唯一正确的答案；工程设计中在做出选择和判断时常常要考虑各种经常是相互矛盾的因素，要在允许的时间和空间范围内选择一个兼顾各方面要求的方案，满足技术、经济和环境保护等的要求。通过工程案例的学习引导学生多维度思考和判断，逐步培养学生综合分析问题的能力。

（3）课程教材建设

围绕课程体系和课程内容，以药物制剂生产工艺和工程为主线贯穿药品生产质量管理规范、药剂学等学科理论与工程技术编写了课程教材《药物制剂工程与技术》，全书 35 万余字，2009 年由清华大学出版社出版，并入选"全国工程专业学位研究生教育核心教材"；教材工程特色鲜明，实用性强，是目前教材市场上为数极少的工程实战型教学用书。

2. 领域核心课程"制药工艺与工程"课程实践和教材建设（天津大学领衔）

制药工艺是把药物产品化的一个技术过程，是现代医药行业的关键技术领域。2000 年天津大学与国家食品药品监督管理局培训中心（现培训学院）合作，开启了高校与行业联合培养在职制药工程硕士的时代。

（1）课程目标和教学内容

课程目标是以先进和适用技术为引领，以主体原料药技术为核心，充分反映国内外新思路和新技术，突出最新研发动向、研究方法、研究成果及其具体应用，重点阐述生物制药和化学制药工艺原理和关键技术。通过课程学习，使学生系统掌握最新的原料药工艺的基本理论和基本技术，了解原料药工艺的最新研发方法及技术进展；培养学生主动获取知识的能力，并能够综合运用所学知识进行制药工艺的创新和集成研究、旧工艺的革新和新药工艺研发。

课程体系由生物制药和化学制药两个模块、众多知识单元和知识点 3 个层次组成。第一模块为合成生物制药工艺，第二模块为先进的化学制药工艺，每个模块进一步分解成若干个知识单元，每个知识单元又包涵若干个知识点，最后形成现代制药工艺学课程体系。

（2）课程教学实践和探索

借助天津大学研究生院建设的研究生教学 E-learning 平台，进行互联网＋共享模式教学。在 E-learning 平台上，课程的网络教学资源较丰富，包括所授课程内容的电子课件、基础知识资料、拓展学习参考资料、原始文献等。根据教学进度，要求学生课外在线自主学习，拓展性阅读参考资料。在课堂上，针对学生的提问和重点、难点，结合制药工艺的原科技文献，进行精讲和深度研讨式教学。

（3）课程教材建设

在优化教学内容的基础上，教材建设体现三大特点：以生物制药和化学制药技术为主体，充分体现知识领域及其核心知识点，满足我国目前原料药行业的技术改造和产品升级的需求，具有较强的适用性；以制药新技术、新方法为教材的核心内容，以原料药产品与工艺的研究过程为主线，具有较强的先进性；将国内外最新科研成果融入教材，与国际学术前沿接轨，是一部内容与时俱进、风格新颖的硕士生教材。

3. 领域核心课程"药品生产质量管理规范"课程实践和教材建设（行业专家领衔）

医药行业是法律高度监管的行业。在药品生产过程中存在各种各样的风险，最为关键的风险为污染风险、交叉污染风险、差错风险、混淆风险，以及不能按照注册工艺生产出符合预定目的的药品的风险；如何了解这些风险的存在以及如何在生产质量管理实践中识别、评估、控制这些风险对于药品生产质量管理规范的实践有着重要意义。药品生产质量管理规范（Good Mannfacturing Practices，GMP）是法规要求，但还包含了科学知识和应用实践，涉及了法律法规、企业管理、制药工艺、质量管理、风险管理、工程设备等多方面的知识和应用。

课程的实践性强，又涉及法律法规的解读，目前许多学校是邀请行业专家授课。本教材的编写主要依托行业专家，高校教师也参与其中。

（1）课程的目标和难点

通过课程学习，熟悉国内药品监管法规；了解国外监管机构或组织及相关法规；认识药品生产过程中存在的风险，理解在 GMP 中引入质量管理体系的意义；理解风险管理的理念和流程，掌握和熟练运用风险管理的工具；熟悉 GMP 的相关内容，理解 GMP 的关键基础内容并能在生产质量管理实践中应用；认识到数据不可靠的风险，掌握控制数据可靠性的措施；了解药品监督检查的方式、流程，并熟悉缺陷风险判定原则。

（2）课程教材建设进展

2016 年 11 月第七届全国制药工程领域工程专业学位研究生培养工作研讨会上酝酿并研讨了 GMP 课程教材编写工作；2017 年 6 月成立 GMP 课程教材编写工作组，依托行业专家开展教材的编写工作。行业专家提出了教材编写大纲（讨论稿）。2017 年 7 月教材编写组就教材编写整体设想、时间节点等具体工作进行了讨论，并启动该教材的编写工作（预计2018 年 12 月完稿）。

以上课题相关研究内容已撰写成论文《基于提升工程实践能力的药物制剂工程课程建设》和《制药工程领域现代制药工艺学课程建设》，发表在《化工高等教育》杂志（ISSN 1000-6168）2017 年第 6 期上。

全日制工程硕士项目制培养模式探索

清华大学深圳研究生院　杨格丹、蔡文慧、赵　晶、宋晓光、袁博
李丘林、马永斌、马文渊、田雅芳、蔡志辉、王蒲生、王晓浩
课题编号：2016-ZX-001；课题指南：体制机制改革

一、背景、问题与改革方向

当前，经济和社会疾速发展，产业升级和转型不断加速，不同学科之间相互交叉、融合、渗透已成趋势，新兴学科、交叉学科层现迭出。项目制培养理念的提出并日益引起重视，正是基于这种经济社会发展对人才需求的变化以及多学科间的交叉融合趋势。项目制主要指突破传统学科边界，根据社会发展和市场需求，设立多学科交叉融合的硕士生项目，引入产业资源，基于项目平台开展研究生招生培养，其目的是培养具有创新能力、广泛适应能力的复合式人才。国内外对于此培养模式仍处于初步探索阶段，尚未形成清晰、完整的培养体系。

清华大学深圳研究生院自 2009 年开始招收全日制工程硕士研究生，多年沿袭工程硕士按专业领域培养的路径，每个工程领域基本还是对应了一个工学专业，与传统工学硕士培养没有形成鲜明区分，存在师资配备雷同、培养过程接近、学位评价相似等问题。因此有必要在现有基础上优化工程硕士学科结构，围绕产业和社会发展需要，开发综合性、跨学科的工程硕士培养新项目，探索建立项目制培养模式。

二、研究工作实质性进展及改革成果

1. 面向需求，设计"项目制"工程硕士培养

清华大学深圳研究生院充分发挥清华大学的多学科交叉优势，以及深圳市和珠三角地区新兴产业、未来产业快速发展的区域优势，目前已按"项目制"设立交叉学科工程硕士培养项目 6 个，其中工程硕士培养项目 3 个：数据科学与工程、智能制造、海洋科学与工程；交叉学科硕士培养项目 3 个：新能源交叉学科、互联网＋创新设计、BIO³ 生物技术。

数据科学与工程专业硕士学位是应大数据时代产业经济、商务管理、政府决策、社会运行等模式变革而诞生的工程硕士学位项目，主要培养掌握大数据获取、存储、计算、管理、分析、应用方面坚实的基础理论和宽广的专业知识，具有较强的解决实际问题的能力、良好的职业素养和发展潜力的高层次应用型专门人才。智能制造项目主要优化整合机械工程、仪器仪表工程两个专业领域，并涉及材料工程、环境工程、计算机技术、控制工程等多个专业领

域,项目的目标是培养出一批具有跨领域交叉与协同研究背景,拥有优良的创新思维和前瞻预测能力,具有国际视野及全局系统眼光的智能制造领域领军人才和创新型的高层次人才。海洋科学与工程项目主要依托环境工程、仪器仪表工程、机械工程和控制工程领域进行学生培养,通过科学、工程和管理培养模式的大跨度融合,培育我国海洋产业大发展急需的国际化、创新性和复合型全球海洋领军人才。

2. 学科交叉,按项目制开展招生培养

对于涵盖多个工程领域的新项目,采用"多个入口,多个出口,一个平台"的人才培养模式,即从多个工程领域中录取学生,在一个项目平台中培养,学生可从多个工程领域申请学位。

数据科学与工程项目 2014—2016 年已累计招生 105 人,共有 55 位同学完成项目要求课程学习,获得《清华大学大数据能力提升项目证书》。

智能制造项目通过举办暑期招生夏令营活动,对申请智能制造项目的机械工程、仪器仪表工程领域考生同批进行综合考核,试行按培养项目招生的新举措。首届 33 名研究生已于2016 年 8 月入学,2017 级新生招生工作已完成,预计入学 40 人。

海洋科学与工程项目主要依托环境工程、仪器仪表工程、机械工程和控制工程领域进行学生培养,首批 30 名研究生将于 2017 年 8 月入学。

3. 推陈出新,优化课程体系建设

系统梳理了全院公共课程及各学科专业课,2016 年共开设课程 268 门,已开设课程满足研究生培养需求的各种类型,形成既有基础理论课、研究和分析方法课、前沿动态课,又有案例分析课及实验教学课的多层次、学科交叉课程体系。覆盖多学科的工程硕士项目正继续调整、优化专业课程,以更符合学生培养目标。

(1) 开展 MOOC 课程和混合式教学建设

积极探索混合式教学模式,开发课程资源,通过融合"在线教育""翻转课堂""雨课堂"等创新教学模式实现教学生态的创新以及为传统课堂教学注入新的活力。获批建设清华大学在线课程(MOOC)7 门,其中两门已于 2016 年 9 月正式上线,单门选课人数达万余人。2017 年初两门课程又以自主模式在学堂在线及 edX 平台再次上线,社会影响力进一步扩大。2017 年将要新增拍摄两门 MOOC 课程。课程"大数据科学与应用系列讲座"开展翻转课堂并入选 2016 秋季学期清华大学混合式教学试点名单。部分课程利用智慧教学工具"雨课堂"实现因材施教和个性化教学,通过探索"课上+课下"相结合的学习模式,极大地增强了学生学习的主观能动性,提高了课堂学习的效率和质量。

(2) 强化实验实践课程体系建设

建立了系统、规范的实验教学管理和支撑保障体系,搭建了涵盖多学科和跨专业的实验平台,包括基础型实验平台、专业实验教学平台和创新综合实验平台。探索"集中与分散相结合""室内与室外相结合""校内与校外相结合""教学与科研相结合"的资源共享式实验实践教学模式。在实验教学平台建设及政策的引导下,2015—2016 学年全院教学实验课时数增加到 1022 学时,比前一学年翻一番。主要学科实验课时比例大部分超过 15%,部分系所

达到 30％以上,平均为 16.5％。实验教学覆盖 12 个工程领域。

（3）吸收社会资源充实课程

鼓励课程教学走出课堂,在企业中开展阳光课堂,开拓校园外的第二课堂。邀请企业家来院授课,并聘任部分企业家作为课程行业导师。将课堂理论知识与产业现状结合起来,增强课堂实务教学,开阔学生视野。

（4）推行校园开放课程

为助力知识型、创新型社会建设,拓展高校社会服务功能,鼓励具备条件的课程逐步开展对外开放。2016—2017 学年两门课程"创业启蒙""中国金融实务课堂"尝试对社会开放,单门课程听课人数突破 200 人。将人才培养放在更大的平台,为社会开放教学资源,同时吸纳更多社会资源,提升人才培养质量,参与社会创新系统建设。

4. 校企联合,建立双创型研究生联合培养基地

以创新创业为导向,以学科交叉为手段,以培养复合式应用型人才为目标,构建了复合式、创新创业型校企联合培养基地模式;建立了校企联合培养基地的遴选标准、运行机制和保障措施;突破了学科交叉融合的现行障碍,实现了专业实践的跨学科、交叉性培养。

首批共建双创型研究生联合培养基地 7 个:光大环保(中国)有限公司、福建柒牌集团有限公司、深圳榕亨实业集团有限公司、中国工程物理研究院材料研究所、深圳华大基因研究院、深圳市银宝山新科技股份有限公司、广东电网责任有限公司。联合培养基地面向多个工程硕士培养项目学生提供专业实践平台。在前三届全国"工程硕士实习实践优秀成果获得者"评选中,我院共 8 名学生获奖。

2016 年我院学生创业团队获得包括"第五届中国创新创业大赛总决赛新材料行业一等奖"在内的各级创新创业奖项 6 项。

2017 年我院获批深圳市首批十大双创示范基地。

5. 制度保障,建立项目指导委员会负责制

为更好地培养高层次应用型人才,每个培养项目由行业中实践工作经验丰富、具有高级专业技术职务的行业专家与我院相关学科教师共同组成项目指导委员会。目前我院共建立了 10 个全日制工程硕士项目指导委员会,并新增智能制造工程硕士培养项目领导小组及工作小组。各指导委员会负责项目设计、培养方案制定、课程开设、培养环节监管,并参与招生、学位审议等各培养环节。

6. 多维评价,改革工程硕士学位论文评审标准

制定科学的学位论文评审方式和标准,建立适应项目制的学位论文质量评价体系。

清华大学现已在部分院系试点开展专业学位硕士优秀学位成果评选,以"优秀实践成果、优秀毕业设计、最佳政策分析"等形式替代单一的"优秀硕士学位论文"评选。深圳研究生院初步设计了多维度的学位论文评审方式和标准,尝试采取实践论文、创新产品说明书、发明专利、软件说明书等多种形式代替研究型学位论文进行毕业答辩,计划在 2019 年毕业生中试行。

三、改革探索经验总结

在课题开展期间,项目组面向清华大学深圳研究生院现有的 12 个工程硕士专业领域进行培养模式改革,改革内容涉及项目设立、招生、教学、实践、论文等多个工程硕士培养环节,是对全日制工程硕士培养模式的综合性改革探索。在以下几个方面取得了初步经验:

1. 做好项目设计

突破现有工程领域界限,以"需求侧"为导向,"定制化"设计研究生层次的人才培养项目。

2. 改良招生机制

试行按项目制招生,开放接收多学科专业背景生源。

3. 丰富课程体系

对现有课程进行系统的梳理,积极推进教学创新,开拓教育资源,促进学生理论知识与工程实际、院校教师与行企专家、课堂传授与实践操作、线下课堂教学与在线课程紧密结合的混合式教学模式。

4. 强调专业实践

建立具有创新性、创业型的"双创型"研究生联合培养基地。

5. 制定学位标准

改革工程硕士论文评审标准,实现多维评价。

6. 建立制度保障

成立项目指导委员会,对项目设计、招生、教学和毕业评审全培养过程负责。

目前项目制刚刚起步,尚处于探索和尝试阶段。如何完成新培养项目与原学科体制的对接,妥善解决学生入口和出口,将是今后要着力解决的关键问题。

复合式、创新创业型校企联合培养基地模式探索

清华大学深圳研究生院　　赵　晶、刘虹豆、王　瑶、刘　琳、
郭莹莹、韩　娟、钟万里、马文渊、李丘林、王蒲生
课题编号：2016-ZX-002；课题指南：联合培养基地

一、背景与理念

　　近十年来，一些国际一流大学正经历着从研究型大学转向创业型大学的变革，大学的知识生产与传承功能不断向知识应用与服务产业经济的创新创业功能扩延。清华大学是国内最早开启创新创业教育的高校，清华大学深圳研究生院（简称深研院）是清华大学唯一的异地办学直属学院，充分利用深圳及珠三角地区产业升级转型迅速、创新创业气氛浓厚的地缘优势，清华大学将深研院作为全日制工程硕士培养的主要学术机构，全校近60％的全日制工程硕士培养由深研院承担，而工程硕士是创新创业教育的主要对象，所以在深研院建立"复合式、创新创业型人才联合培养基地"（简称"双创基地"），是培养复合式、创新创业型工程硕士的最佳场所。

　　目前各高校专业实践基地的模式大致分为3种：校企项目合作、校企双导师制、校企共建研究生联合培养基地。这些模式中依然使用企业与学科一对一的合作方式，普遍存在基地固定不灵活、建设理念不统一、规模水平参差不齐、学生专业实践效验不彰等问题。本项目通过充分的调查研究、对比分析、跟踪评估、动态调整等手段，以创新创业为导向，以学科交叉为手段，以培养复合式应用型人才为目标，构建了双创基地，旨在突破学科交叉融合的现行障碍，实现专业实践的跨学科、交叉性培养；本项目还建立了校企联合培养基地的遴选标准、运行机制和保障措施，通过完善和新建各类配套设施、规章制度、激励机制，确保"双创基地"顺利运行。

二、结构与机制

　　"双创基地"是一个有机整体，其中包括"一个平台、两个纽带、四大要素"。一所高校与多家企业构成一个流动式平台，共同组建联合培养基地和联合工作组；高校设置两个专职部门——"深研院实验实践教学中心"和"深研院创业教育中心"作为纽带，负责"双创基地"的管理和运营，发挥统筹与联动功能，协调三方合作；双创基地中含有企业、课题、导师和学生四大要素，四大要素在平台中流转，实现高度匹配，多方共赢，完成人才创新能力培养全过程。同时，"双创基地"的运行围绕着以下3个机制。

1．遴选制——择优竞争机制

双创基地对入选企业、科研课题、实践岗位、校外导师和实践学生精心遴选,实现高度匹配。入选企业分为3类,高新技术领域的民营龙头企业、有重要影响力的大型国有企业和代表产业升级转型趋势的新创企业。通过综合考量企业产业属性及行业地位、研究课题的前沿性、创新创业环境以及既往合作成效等因素,遴选出目标企业加入基地。入选企业每年提供科研课题,联合工作组遴选合适的学生到企业开展与课题相关的专业实践,同时在企业提供的人员名单中,选择背景、工作经历适合的人员担任学生的实践导师。由此开创企业、课题、导师、学生高度匹配、多方共赢的联合培养基地新机制。

2．流动式——进入退出机制

双创基地不仅有建立、维护等环节,还有考核评价、退出等环节。遴选出目标企业加入基地,与企业签订《共建联合培养基地协议书》,其中明确校企双方的责任和义务,并共同组建联合工作组,定期对合作企业进行考核,依据校外导师、科研课题、专业实践岗位等综合因素进行评价,不合格者退出基地。引入退出机制使基地运行更高效。

3．多对多——资源整合机制

传统专业实践基地多采用企业与学科一对一的合作方式,培养的学生很难满足产业技术的快速变化。双创基地则尝试创建"多对多"机制,在基地中多家企业提供多样化的课题,多专业领域学生和导师可以选择与自己研究方向相同的或感兴趣的课题,有时同一课题由来自2～3个学科的学生共同完成;一个企业可接受不同专业的学生,一个学生也可在多个企业实习;充分利用了双创基地多领域交叉融合的特色,以此培育适应性更强的复合式人才。

三、激励与保障

1．设立专项奖学金,奖励实践优秀成果

为鼓励研究生高质量完成专业实践,我院与多家联合培养基地签订专业实践奖学金,用于奖励专业实践中表现优秀、成果突出的全日制专业学位研究生。目前已分别设立"洪肇设专业实践奖学金""榕亨杯专业实践奖学金""银宝山新杯专业实践奖学金",每年奖金额度为30万元,奖项面向全院专业学位研究生设立,部分名额向在双创基地进行专业实践的学生倾斜。2016年共近500人参评,49人获奖。学生总结自己的专业实践成果,通过答辩的方式展示自己在企业创造的价值。答辩会邀请企业专家担任评委,从企业的角度评价学生专业实践的实际意义和价值。

2．建章立制,提供制度保障

基地先后制定《共建联合培养基地协议书》《联合培养工作组章程》《校外导师聘任管理

办法》等规章制度，明确双创基地中学院、企业以及校内外导师各自的职责；出台《研究生专业实践管理办法（试行）》《关于加强专业实践环节的意见》，编印《全日制工程硕士专业实践指南》等，细化学生专业实践流程及各环节；制定《专业实践奖学金评定办法（暂行）》和《景芝鹏程奖学金（创业及西部就业）评定细则》奖励专业实践中表现优秀、成果突出的学生。完备的制度设计，为双创基地提供了制度保障。

3. 创建网络信息平台，实现信息共享

为更好地提高工作效率，实现各主体的协调运行，创建了实验实践网络信息平台。共包含三大功能：一是专业实践信息多学科共享。企业可在信息平台上注册，发布专业实践科研课题及实践岗位需求。学生和老师均可登录查寻，有意愿者可在平台上投递简历。教师和学生也可以发布自己的研究方向，主动寻求合作企业。二是专业实践全过程动态跟踪监管。定期了解学生实践项目进展，及时处理学生实践中的各类问题。三是教学实验室网上预约开放。教学实验室对学生全面开放，信息平台可实现教学实验室、实验设备在线查询，方便学生了解实验室、实验设备当前使用情况。

4. 完善配套设施，加强实验教学

为使校内外实验实践平台相呼应，清华深研院建立了系统、规范的实验教学管理和支撑保障体系，搭建了涵盖多学科和跨专业的实验平台，包括基础型实验平台、专业实验教学平台和创新综合实验平台。已建设两期教学实验室，首期投入经费 630 万元，建成 11 个集中教学实验室，包括 1 个鼓励学生自主创新实验的创业孵化器和 8 个分散在学部的教学实验室。二期投入经费 400 万元，支持一期建设的 5 个教学实验室扩建，并新建 5 个集中教学实验室，包括一个公共创新平台——创新创造工坊和一个公共服务平台。出台制度文件，鼓励实验教学，保证实验教学课时不少于学科专业课总学时的 15%，并给予经费支持。

5. 培育创业能力，打造多层次的创新创业教育体系

一是充分利用社会资源联合创业，与南山区人民政府合作共建"清华南山协同创业中心（简称 i-Space）"，与共青团深圳市南山区委员会（以下简称"南山区团委"）合作共建创新创业基地。i-Space 旨在通过整合创新创业的各种资源，形成各类创业要素的高度聚集，促进跨学科创新团队的融合和协作，为清华在校学生和校友提供专业的创业辅导和支持，促使源自清华的优秀创业项目顺利转化。南山区团委将国际大学生驿站作为支撑场地，用于发展创业意识、创业技能和创业实践的全过程培养和扶持。2017 年获评"深圳市十大双创基地"，获深圳市政府资金支持。二是围绕"广参与、育英才"的目标，开设创业英才班。英才班每年招生 30 人，一方面开设创新创业类素质课程启蒙学生的创新意识，另一方面通过开展训练活动全力挖掘创意点，培养创新思维，组建创客团队，落地创业项目。三是开展各类创业活动，通过举办创业大讲堂、承办创业赛事、成立"创投俱乐部"等活动，营造浓厚的创业氛围。

四、成果与成效

深研院始终将创新创业作为工程硕士培养和实践基地建立的基本逻辑,一以贯之,自始坚守,并经过几届学生的培养,验证了模式的科学性与合理性。现已将经验总结,形成双创基地这种新模式,终获成效,硕果累累。

1. 国家级大奖年年获评

在前三届全国"工程硕士实习实践优秀成果获得者"评选中,我院共 8 名学生获此殊荣。

典型成果 1:2014 届环境工程领域全日制工程硕士李波,在专业实践期间完成了《A2O 工艺运行性能诊断优化和综合评价技术》的实践项目,建立了完整的污水处理工艺技术性能诊断方法,识别出工艺硝化时间过长和反硝化速率低等特点,并提出运行优化方案,该项实践成果为实践单位污水处理厂的实际优化运行提供了技术支撑,实现了较好的经济效益。李波同学研究生期间发表期刊/会议论文 5 篇,获全国第三届"工程硕士实习实践优秀成果获得者"荣誉称号,毕业论文被评为清华大学优秀硕士学位论文。

2. 专利论文成果丰硕

双创基地发挥优势平台作用,让学生参与到重点创新型项目中,学生不仅提升科研能力,更将科研能力转化为实际应用能力,解决了现实问题。学生大都取得了丰硕的技术创新成果,其中包括专利、软件著作权、高水平论文多篇,多名学生获国家奖学金及获评优秀硕士学位论文、优秀毕业生等。

典型成果 2:电气工程领域全日制工程硕士白伟利,在广东电网公司实习期间,参与《设备表面状态对绝缘试验影响的抑制技术研究》项目研究,围绕电气设备表面状态对外绝缘影响的抑制技术展开研究,通过表面处理技术,研究提高其防污闪能力措施,最终研制出一种清洁防护涂层 RS-80。该项研究成果已发表论文 1 篇(EI 收录),申请专利 1 项,并获南方电网科技进步三等奖、广东电网公司科技进步一等奖。

3. 创业项目估值过亿

双创基地注重培养学生创业精神、创业意识和创业能力,同时致力于培养适应市场需要的高层次创业人才,累计推出创业项目 40 多个,其中 5 项获得融资,金额总计 1300 余万元,项目总估值过亿元。

典型成果 3:电子与通信工程领域硕士研究生鄢傲同学,在校期间凭借项目"众股交易所"成功晋级创新南山"创业之星"创业大赛决赛,毕业后放弃多家业内公司的高薪聘请,创立互联网金融企业"招股金服",致力于区块链技术研究和服务,主要业务是为中小微企业和创业项目等提供众筹交易一体化服务。鄢傲将同班同学张国勇、程超、项忠胜纳入麾下,公司原创团队中大多为我院工程硕士。该公司已获得 1500 万元天使轮融资,目前整体估值达2 亿元。

4. 职业胜任力就业竞争力强

学生专业实践期间，由于承担企业的各类研究项目，多数学生论文选题源自于专业实践课题，理论与实践的有机结合，极大增强了学生的职业胜任力和就业竞争力。

典型成果 4：电子与通信工程领域全日制工程硕士张浩，因其突出的技术创新贡献，毕业后被其实践所在公司高薪聘用，担任设计部数字设计工程师。电气工程专业硕士白雨，在广东电网公司实习期间，参与了《大型发电机定子铁心绝缘故障诊断关键技术研究》项目，获得专利 1 项，发表核心期刊论文 1 篇（EI 收录），毕业后被广东电网聘用，并继续负责该项目的研究。

五、经验与启示

1. 注重调查研究，把握人才需求

通过长期的调研与探索，把握产业经济发展趋势，充分利用大力践行"大众创业、万众创新"的地缘优势，了解企业创新驱动的人才现实需求，把握就业市场的用人规律，为联合培养基地的人才培养提供科学的理论依据。为探索创新创业人才培养的理论、模式和路径，深研院设立了 10 个有关创新创业教育的研究课题，成果汇编成《转型与驱动：高校创新创业人才教育汇编》，为校企联合培养奠定了坚实的理论基础；双创基地作为人才供给侧，还通过调查研究对企业的需求侧做出分析研判，为各高校的培养部门调整培养方式，加强对于社会就业需求的适应度提供了参考依据；为了解学生培养质量及校企合作情况，分别对深研院已完成专业实践的 2013、2014 级工程硕士以及基地企业开展调研，重点了解专业实践环节开展情况，通过各方反馈，不断优化专业实践模式。

2. 优化运行机制，实现多方共赢

在准确把握人才需求的基础上，形成思路清晰、可操作性强的运行机制是构建联合培养基地的助推剂。从人才需求出发，探索切实可行的联合培养机制。"双创基地"模式具有"遴选制、多对多、流动式"三大特点，由此开创了一种企业、课题、导师、学生高度匹配、多方共赢的联合培养基地新机制。企业在产业升级发展中面临很多技术难题需要破解，参加实践的学生及导师可以利用前沿科学理论与技术特长，帮助企业进行研发，提升企业的产业竞争力，因而受到企业的欢迎。另一方面，企业所设的课题通常体现出当前产业或行业的热点问题、前沿问题，这些课题不但解决了学生的学位论文选题，也能做出有突破性的学术成果，同时对校内导师科研方向的选择也有重要价值。由于满足彼此的利益诉求，企业、学生、导师才能各出其力、各守其分、各得其所。多元主体共同受益，是实践基地建设的恒久动力。

3. 完善支撑环境，建立切实保障

建立切实的保障和激励机制，为双创基地的顺利运行提供坚实的保障。一方面，完善基地运行的保障体系，设立"实验实践教学中心"和"创业教育中心"两个管理机构，负责管理、

运营,做好沟通、协调;出台及完善一系列制度,提供政策保障;创建网络信息平台,实现专业实践信息共享、过程动态监督、教学实验室预约开放等功能,推动信息最大化利用;完善配套设施,加强实验教学,提高学生的实践应用能力;培育创业能力,充分利用社会资源联合创业,开设创业英才班、开展各类创业活动,形成多层次的创业体系。另一方面,构建激励机制,设立专项奖学金,奖励实践优秀、成果突出的学生,鼓励学生将理论与实际相结合解决企业实际问题。

基于混合式学习理论的在职工程硕士
在线课程建设模式研究

北京交通大学研究生院　孙　强、郭雪萌、马丽霞、
王翠芝、李俊阳、蓝　宏、李　娟、赵星雨
课题编号：2016-ZX-003；课题指南：在线课程建设

一、主要解决的教育实践问题

信息技术高速发展并在教育教学领域中的广泛应用,使得传统的课堂学习形式已经不能满足学习者的学习需求,加入各种教育技术形式的混合式学习已成为学习者学习的普遍方式。尤其针对高层次应用型人才来讲,混合式学习将是一种非常有效的学习方法。

我国专业学位教育发展至今二十余年,已经为社会培养了一大批高层次应用型人才。在职工程硕士培养中存在的首要问题就是工作和学习之间的矛盾,有效地解决"进校不离岗"导致的工学矛盾是提高在职工程硕士培养质量的关键。建设适用于在职工程硕士的在线课程、促进混合式学习的开展是解决"工学矛盾"的重要途径之一,对其建设模式进行研究具有重要的理论意义和实际意义。

二、解决问题的方法

1. 在职工程硕士学习特征研究

对在职工程硕士的学习特征进行调查分析,为准确把握在职工程硕士在线课程的需求提供理论支持。主要采用问卷调查法、访谈法和观察法进行研究,研究在职工程硕士的特征、学习方式、学习喜好、学习过程影响因素以及学习效果等。同时,利用案例分析法对在职工程硕士解决教学问题的过程进行分析,以完成对学习者学习过程的客观评价,从而了解学习者的学习效果。

2. 教师制作在线课程的影响因素研究

教师是制作在线课程和开展混合式教学的主要实施者,教师对在线课程制作技术的了解程度、精力投入以及参与的积极性,都是影响在线课程建设效果的重要因素。通过问卷调查、访谈、案例分析等方法,统计分析教师录制在线课程中遇到的困难以及期望的组织实施方式等。

3. 在线课程平台模式对比研究

通过文献与网络调研,综述国内外在线课程平台发展状况,利用比较研究法研究有代表性的国内在线课程平台,从学习者体验、平台基本状况、课程学习资源、课程交互和考评功能等方面进行对比,进而为建设或选用适合高校在职工程硕士的在线课程平台提供参考。

4. 在线课程建设模式研究

通过问卷调查、访谈、案例研究等方法对上述研究成果进行综合分析,提出基于混合式学习理论的在职工程硕士在线课程的建设原则、建设框架和实施方案。

三、实质进展

1. 高校在职工程硕士学习特征调查与分析

通过调查,深入剖析高校在职工程硕士的学习特征、学习过程中存在的问题,收集对开展基于在线课程的混合式教与学的建议。本课题调查的对象为北京交通大学在职工程硕士研究生,随机抽取来自 7 个学院的 143 名在职工程硕士研究生。通过对调查结果分析,综合专家访谈,得出以下结论:

(1) 学生更倾向于面授与在线学习相结合的混合式学习方式,在线课程的加入会带给学生更多的灵活性,也有助于拓展知识面。面授有助于领略教师的魅力、深入交流、感受学校氛围环境、增进同学情谊,是重要的学习体验,也不可缺。

(2) 在线课程学习时间灵活,理论上能缓解工学矛盾,但也会遇到各种干扰,需要强化约束和自控,确保学习进度。

(3) 面授课间或课上学生可以结合工作实际随时和老师进行交流,而在线课程内容是预设好的,老师无法及时调整,这对线上课程内容设计和实时沟通提出了更高的要求。

(4) 师生共同参与在线课程设计策略。在职工程硕士来自行业企业一线,了解行业发展状况。在职工程硕士课程设计要以解决实际问题为导向,师生共同参与设计可以让在线课程内容更具针对性。

(5) 面授的评价方式让学生有约束感,在线学习的评价存在较多的未知性和不确定性,使得学生存有投机取巧的心理,需通过现场考试促进在线学习的效果,使得重复观看和时间灵活的特性真正发挥作用。

2. 教师制作在线课程影响因素调查与分析

通过调查,深入分析在职工程硕士教师制作在线课程的影响因素,收集整理教师对建设在职工程硕士在线课程的建议。调查的样本包含在职工程硕士的任课教师与教辅人员,随机抽取北京交通大学 7 个学院的 98 名教师与 41 名教辅人员,以及 52 名其他高校教师。通过调查结果分析,得出以下结论:

（1）近半数的教师认为一门在线课程从策划到制作完成需要的时间为 13～18 个月，制作经费因课程性质而异，一般认为 10 万～20 万元比较合适，主要用于视频录制和后期编辑，教师付出的时间精力没有计入。

（2）教师制作在线课程过程的困难排序：课程策划、视频后期制作、视频脚本设计、课程资源后期维护、知识点设计、辅助资源设计、视频拍摄、团队组建、课程选题、宣传片拍摄。

（3）与专业课相比，公共课知识面广、专业性低，更适合采用在线课程方式，根据专业领域特点增加公共课的特色是关键问题；而专业课相对受众较小，在线课程制作单位成本较高，大面积建设需要一定的政策支持。

（4）对于在线课程建设比较有效的支持措施中，教辅人员认为资金支持、硬件设置支持、计入工作量、成果纳入年终绩效考核是排在前四位的支持措施，教师的调查中排在前四位的是资金支持、计入工作量、成果纳入年终绩效考核、硬件设置支持。二者都将资金支持作为最重要的支持措施。

3. 在线课程建设平台建设模式对比分析

目前，国内外在线课程平台逐渐发展成熟并具有鲜明的特点。通过文献和网络调研总结部分国内外知名在线课程平台总体发展情况，针对国内 MOOC 平台学习者体验，对平台的基本状况、平台首页和课程首页的呈现方式、课程学习资源、课程交互和考评功能等方面进行对比分析，分析结果详见表 1～表 3。

表 1　Coursera、Udacity 和 edX 基本情况比较

	Coursera	Udacity	edX
创始人	斯坦福大学教授	斯坦福大学教授	麻省理工学院与哈佛大学教授
公司性质	营利性	营利性	非营利性
成立时间	2012 年 5 月	2012 年 1 月	2011 年 11 月
起源	斯坦福"机器学习"和"数据库入门"两门课	斯坦福"人工智能入门"	基于 MITx
院校支持	斯坦福大学、普林斯顿大学、哥伦比亚大学、加州理工学院和多伦多大学等	圣荷西州立大学、佐治亚理工学院	麻省理工学院、哈佛大学、加州大学伯克利分校和得州大学等
用户数量	2300 万	400 万	千万级
课程数量	超过 1700 门	约 170 门	约 1300 门

表 2　国内 MOOC 平台主页对比

平台	呈现形式	板块分类	搜索引擎	首页导航	体验效果
学堂在线	上下	分界不明显	有	选框式，横向导航	较好
中国大学 MOOC	上下	分界明显，不同板块使用不同背景区分	有	选框式，横向与纵向导航	方便
好大学在线	上下	分界明显，不同板块使用不同背景区分	有	选框式，横向与纵向导航	方便

表 3　课程视频资源对比

	学堂在线	中国大学 MOOC	好大学在线
视频字幕	✓	✓	✓
字幕定位	✓		✓
音量调节	✓	✓	✓
语速调节	✓	✓	✓
暂停	✓	✓	✓
视频拖动、全屏	✓	✓	✓
播放条自动消失	✓	✓	✓
完成标识		✓	✓
视频下载	✓		

4. 在职工程硕士在线课程建设模式研究

针对在职工程硕士学习特征,提出基于混合式学习理论的在线课程建设原则、建设框架、实施方案如下:

（1）建设原则

课程内容与工程实践紧密结合,互动的设计与及时沟通,线上与线下内容一体化设计,课程考核以线下评价为主,营造实施混合式教学模式氛围,资金投入与激励考核政策引导教师投入等。

（2）建设框架

在线课程建设主要包括策划阶段、录制阶段、后期编辑阶段以及上线运行阶段,涉及的因素比较多,主要是教师团队、学生、教辅人员、录制单位、学校管理者以及平台方。他们的工作内容与关系如图 1 所示。

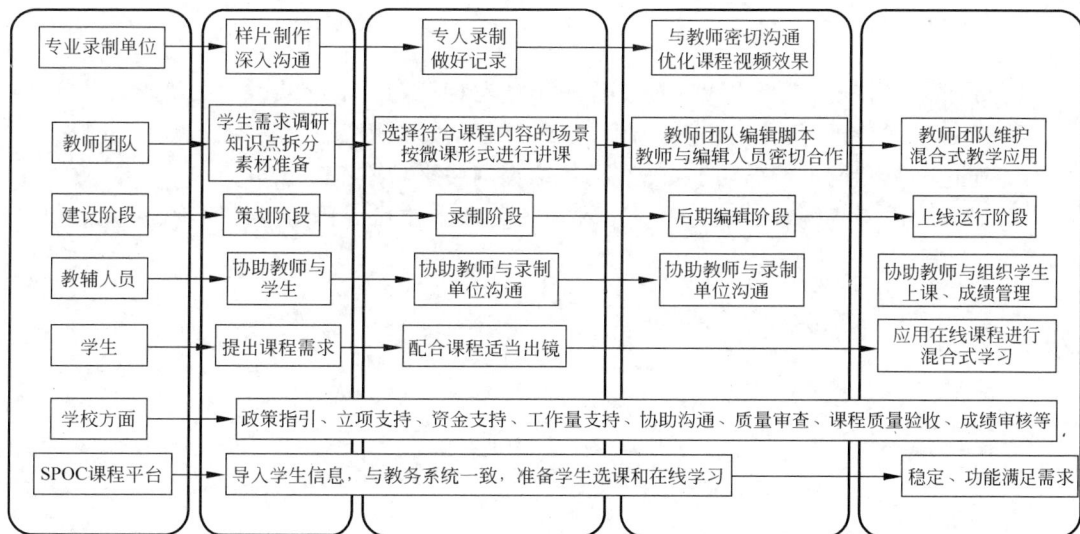

图 1　在线课程建设框架

（3）实施方案

组建参与建设在线课程的教师团队，结合课程内容进行学生需求调研，确定合适的选题，进行知识点拆分，建立在线课程的知识树，团队分工协作准备课程的素材，录制样片、微课，设计测验、练习、作业等，实施混合式教学，组织学生讨论，设计线下活动，完善在线课程资源；专业录制单位由学校或教师选择，需有专业的制作团队参与到课程的设计和后期编辑；教辅人员在策划、录制和编辑阶段，协助教师与录制单位沟通，为师生应用在线课程进行混合式教与学提供咨询支持和服务；学生在策划阶段，配合教师需求调研，在录制阶段配合出镜，在应用阶段参与线上视频学习、测验、讨论，完成线下的讨论和考试等，根据线上和线下学习体验，提出对课程的完善意见；学校要给予在线课程建设足够的重视，要有明确的政策指引，以课题立项、资金支持和计入工作量等方式给予教师支持，激发教师的动力，成立质量审查小组，对样片质量进行审查，并提出建设性意见。

四、推广应用成果及贡献

1. 推广应用成果

将调查问卷结果与分析、访谈内容加以整理，把一些具有代表性的意见、观点在分析问题时加以引用，使本研究中所要表达的观点更具真实性、有效性，同时以受访者的代号标明被引用的观点和意见。在此基础上，经过研究，提出在职工程硕士学习特征、教师制作在线课程影响因素，并对比分析在线课程建设平台建设情况，提出基于混合式学习理论的在职工程在线课程的建设原则、建设框架、实施方案。研究取得的成果来自一线教师、学生和管理人员，是对在线课程建设这一教育管理实践的全面分析与总结，对高校进一步推进研究生混合式教学工作有一定的借鉴意义。

2. 主要贡献

（1）通过调查分析，研究得出在职工程硕士学习特征和对混合式教学的需求；

（2）通过调查分析，研究得出教师制作在线课程的影响因素；

（3）通过文献和网络调研，选取现有在线课程网络平台进行对比分析；

（4）研究提出基于混合式学习理论的在职工程硕士在线课程的建设原则、建设框架、实施方案。

创建"大工程观"教育理念下的建筑与土木工程领域研究性教学体系

北京工业大学　李永梅

课题编号：2016-ZX-007；课题指南：体制机制改革

一、主要解决的教育实践问题

针对当前建筑与土木工程领域在培养专业学位研究生的创新能力和创业能力上存在明显缺陷，且专业特点又要求研究生遵守规范等技术条文，极大限制了专业学位研究生创新能力的培养等问题，本课题主要解决的教育实践问题如下：

（1）构建基于"大工程观"教育理念下的建筑与土木工程领域工程硕士专业学位研究生创新型人才培养体系；

（2）构建"多元化、多层次、开放式"的建筑与土木工程领域研究性教学课程体系和实验体系。

二、解决问题的方法

实施工程素质教育和创新教育，开展研究性教学，是土木工程学科发展和土建建设实践的迫切需求，是培养具有创新精神的卓越土木工程师的必由之路。为满足当今社会及现代土木工程对人才知识和能力结构的发展需求，针对目前高等院校建筑与土木工程领域专业学位硕士研究生教学现状及教学模式的弊端，围绕"培养卓越土木工程师创新型人才"这条主线，将"知识教育、素质教育、工程教育与创新教育"相结合，提出构建基于"大工程观"教育理念下"四位一体"创新型人才培养体系；"四位一体"依次是研究性课堂教学平台、研究性实践教学平台、课外研究性学习平台以及研究性学生学业评价平台。构建了基于"建构主义"学习理论和"人本主义"现代教育观念的建筑与土木工程领域"大工程"研究性教学模式；创建了科学优化的多元化、开放式、分层推进的建筑与土木工程领域"大工程"研究性实验教学体系；营造了分层次自主型"大工程、大土木"课外研究性学习教学体系；将"研究性教学"贯穿于课堂教学、实验教学及氛围教学全过程中，切实提高教学质量，将工程硕士专业学位研究生培养成为有知识、高素质、懂工程、能力强的现代工程技术应用型和复合型人才，实现建筑与土木工程领域专业人才培养由"继承型"向"工程创新型"的根本转变，促进我国专业学位研究生教育持续健康发展。

（1）重构建筑与土木工程领域知识体系，开展基于"大工程观"教育理念下的工程硕士专业学位研究生的研究性课堂教学，注重教学设计；

（2）构建建筑与土木工程领域工程硕士专业学位研究生自主型实验教学体系,开展基于"大工程观"教育理念下的研究性实验教学;

（3）开展基于"大工程观"教育理念下的建筑与土木工程领域工程硕士专业学位研究生自主型课题研究性学习,着力培养工程硕士专业学位研究生的自学能力和知识迁移能力;

（4）开展工程硕士专业学位研究生研究性教学评价,增强教学创新实效;

（5）编制理论与工程案例相结合的双语教材,为建筑与土木工程领域教学发挥基础性作用,助力工程硕士专业学位教学改革。

三、实质进展

（1）构建基于"以学生为本"现代教育观念和"建构主义"学习理论的建筑与土木工程领域"大工程"研究性教学模式;将先进的教育教学理念融入于培养工程硕士专业学位研究生创新精神和实践能力中。

（2）基于"大工程观"教学理念,重构建筑与土木工程领域课程知识体系,打破现有土木工程专业框架,更新专业学位硕士培养的教学内容,降低专业知识的理论深度,增加专业学位研究生的专业实践能力。丰富、整合、优化课程内容,分层次开展建筑与土木工程领域研究性教学,满足不同层次学生的知识需求。让工程硕士专业学位研究生在发现中学习、在学习中发现;尊重、接受、宽容、培养不同个性的学生,促进创新人才培养。

（3）创建以"基本理论为基础、概念设计为理念、工程实践为导向"的"大工程"建筑与土木工程领域研究性课程教学体系改变。以"讲授、启发、讨论式"为主的传统教学方法,转变为以"问题为中心"的"情境式、互动式、探究式、开放式"等研究性教学方法;应用"开放式"教学,创设问题情景,发布"开放题",激发专业学位硕士研究生自主探究的潜力,培养学生终生学习能力和创新能力。

（4）创建多元化、开放式、分层推进的建筑与土木工程领域"大工程"研究性实践教学体系;以"项目教学法""项目案例法""情景讨论法""专题讲座法""任务驱动法"引领教学,构建科学、优化、与理论教学环节相辅相成、设计性与研究性相对独立的"基本训练—综合训练—实际工程—创新设计"高素质土木工程师的训练。

（5）构建"点、线、面、体"结合、分层次的"大工程"建筑与土木工程领域"自主型"研究性学习教学体系,为工程硕士专业学位研究生在发现中学习、在学习中发现提供学习、演练、创新平台。激发研究生"研究性地学",真正让研究生实现自主、协作的研究性学习,提高研究生的学习能力、创新精神和实践能力。

（6）建立过程与结果相结合的多元化、动态化的教学评价标准,改革建筑与土木工程领域工程硕士专业学位研究生考试评价机制。

（7）编制理论与工程案例相结合的双语教材,为建筑与土木工程领域教学发挥基础性作用,助力专业学位研究生教育教学改革。

四、推广应用成果及贡献

（1）构建基于"大工程观"教育理念下的建筑与土木工程领域"四位一体"研究性教学的

创新型人才培养体系,创建建筑与土木工程领域四大教学平台,将知识教育、素质教育、工程教育与创新能力培养相结合,为培养学生成为"有知识、高素质、懂工程、能力强"的现代工程技术高层次应用型和复合型人才提供了全新的教学手段和教学内容支撑。

（2）构建基于"建构主义"学习理论和"人本主义"现代教育观念的建筑与土木工程领域"大工程"研究性教学模式,将先进的教育教学理念融入于培养学生创新精神和实践能力中。

（3）构建科学优化的多元化、开放式、分层推进的建筑与土木工程领域"大工程"自主型研究性实践教学体系;具有"验证、综合、实践、自主、创新"五大功能,与理论教学环节相辅相成,为"培养具有工程素质的创新型人才"提供全新的教学实践平台。

（4）构建"点、线、面、体"结合、分层次的"大工程"土木"自主型"课外研究性学习教学体系,为学生在发现中学习、在学习中发现,提供学习、演练、创新平台。

（5）基于"大工程观"的建构主义学习理论和人本主义思想,以培养研究生创新精神和实践能力为核心,编制北京工业大学建筑与土木工程领域专业学位硕士研究生相关课程双语讲义,具有理论与工程案例相结合的研究性特点。

（6）编制北京工业大学建筑与土木工程领域专业学位硕士研究生相关课程的研究性教学大纲。

（7）在核心期刊上发表与课题相关的研究性教学教改论文 2 篇,发表会议论文 1 篇。

李永梅,孙国富.2016.基于"大工程观"教育理念的土木工程专业研究性实验教学体系[J].武汉理工大学学报(社科版),29 卷:173-176.(核心期刊)

李永梅,李玉占,孙国富,等.2016.钢筋混凝土双向板静力非线性分析的辅助教学[J].实验室研究与探索,35(10):80-84.(核心期刊)

李永梅.2016.土木工程学科研究性实验教学体系的构建[C].北京高教学会实验室工作研究会 2015 年度学术年会论文集.北京:111-114.

（8）与课题相关的研究性论文《土木工程学科研究性实验教学体系的构建》,获得北京高教学会实验室工作研究会 2015 年度学术年会论文征集活动一等奖。

校企协同创新工程硕士培养模式的研究与实践

北京石油化工学院、北京工业大学、中国化工教育协会

唐广军、李翠清、李　娟、李建刚、于红军、李艳东

课题编号：2016-ZX-042；课题指南：体制机制改革

一、主要解决的教育实践问题

工程硕士是支撑国家创新驱动发展战略的高层次工程科技人才，是专业学位研究生教育体系中培养规模最大、最具代表性的专业学位类别。工程科技人才培养质量与行业企业人才需求规格之间存在较大的偏差是制约我国从工业大国向工业强国转型升级发展的难题之一，其中一个重要原因是校企协同育人的广度、深度和效度不够，从而影响包括工科研究生教育在内的高等工程教育质量。校企协同是提升工程科技人才创新实践能力的有效途径和重要方式。在我国加入《华盛顿协议》和新工科、"双一流"建设背景下，提高研究生层次工程教育质量的重要性和紧迫性越来越突出。《国家中长期教育改革和发展规划纲要（2010—2020 年）》提出："创立高校与科研院所、行业、企业联合培养人才的新机制""大力推进研究生培养机制改革""加快发展专业学位研究生教育"。2013 年《教育部、人力资源社会保障部关于深入推进专业学位研究生培养模式改革的意见》中指出："以实践能力培养为重点，以产学结合为途径"，构建具有中国特色的专业学位研究生培养模式。因此，从校企协同育人的路径研究和探索全日制工程硕士专业学位人才培养模式具有重要的理论价值和实践意义。

二、解决问题的方法

基于文献研究和案例研究，对校企协同的工程硕士培养模式、成效进行较为系统的研究、变革和梳理，探索如何完善校企合作制度来提高工程硕士创新意识、实践能力、工程伦理、职业素质的培养成效，形成与行业企业共建、共享的产教结合、协同育人机制，探索符合教育规律和观照现实的校企协同育人模式和实践。

三、实质进展

本课题分成 4 个相对独立又有机融合的模块分别展开，4 个模块之间在逻辑上层层递进，同时又可相互形成反馈和联系。具体进展及成果：

1. 工程教育校企协同研究进展

通过文献研究法,对工程教育校企协同研究进展进行了分析。国外学者主要从校企协同价值、校企协同类型等两个方面进行了研究。国内方面,以篇名包含"校企合作"在中国知网(CNKI)进行检索,发现国内研究者对校企合作的关注度在 2010 年之后快速上升。1990—2000 年,平均每年的文献为 8 篇;2001—2010 年,平均每年的文献为 435 篇;2011—2015 年,平均每年的文献为 2243 篇;2016 年的文献为 2277 篇。这些研究总体而言归结为案例研究、比较研究、调查研究和政策研究等 4 个方面。

2. 工程硕士校企协同的实践困境分析

从高等工程教育整体层面分析,理想的校企合作体系和模式在现实中实现存在诸多困境。由于缺乏吸引企业参与高校人才培养的政策环境,没有形成校企合作可持续发展的动力机制,因此高校在开展校企协同进行工程人才的培养实践中存在多方面的困境,校企协同对人才培养的支撑作用有限。从研究生层次的工程教育分析,全日制工程硕士的实践能力培养要求比本科生更高,是在高深专业知识基础上的实践能力培养,而且期望将企业实践、企业技术问题与学位论文能有机结合,因此对校企协同育人的标准、规格更高。在工程教育校企合作育人整体上处于表面化、形式化的发展阶段,工程硕士校企协同育人要取得实质性成效必须要有理念上的转变和相应的制度安排。

3. 工程硕士校企协同的理想体系构建

校企协同的相关研究与实践有力促进了研究生层次的工程教育人才培养质量,同时也促进了对校企协同本质的认识,如何构建理想的或有效的、合适的校企协同模式成为工程硕士教育的重要议题。尽管校企协同涉及高校、企业、政府等多个主体,相关政策环境尚不完善,但从高校自身的角度,仍然可以在现有的政策环境下构建出理想的校企协同体系,尽可能发挥校企协同对人才培养的支撑作用。从院校层次构建校企协同培养工程人才的体系,应把握一条主线、落实两项机制、整合三个层面,即保证学生工程实践能力提升是校企合作的主线,落实保障机制和激励机制使校企合作可持续发展,有机整合理念层面、制度层面、操作层面的各项内容提高校企合作的实效。

4. 校企合作的院校案例研究

校企协同是培养高层次应用型工程科技人才的重要途径,注重工程实践的全日制工程硕士研究生培养成效在很大程度上取决于校企合作的制度设计。以行业特色背景地方高校——北京石油化工学院为案例,总结、提炼了校企合作的动力机制,分析了工程硕士人才培养如何借鉴和发扬本科教育所形成的校企合作基础和机制,以及二者之间的互动关系。

(1)校级层面的校企合作制度与机制分析

北京石油化工学院在校企合作育人方面有良好的传统和特色。2000 年之前学校长期由中国石油化工集团公司办学,与石油化工行业企业有着天然的联系,2000 年之后学校划转到北京市,由中央和地方共建,成为以北京市管理为主的地方高校。在近 40 年的工程教育实践中,学校与以北京燕山石化公司为代表的行业企业建立了紧密的合作育人机制,形成了"校企融合、共生共赢"的工程人才培养模式,是校企合作育人的倡导者和实践者。学校于2007年挂牌成为北京地区首个"全国产学研合作教育实验基地",2008年成为教育部首批CDIO工程教育模式试点高校,2010年入选教育部第一批"卓越工程师教育培养计划"高校,2011年经国务院学位委员会批准为"服务国家特殊需求人才培养项目"试点培养工程硕士(机械工程、化学工程)的高校,使校企合作育人机制通过人才培养项目不断强化,并在二者之间形成良性循环。以校企合作育人机制为核心内容的工程教育改革实践在2009年和2014年连获国家级教学成果奖二等奖,为校企协同培养工程硕士建立了较好的平台。

尽管已经在本科人才培养阶段形成了有效的校企合作机制和特色,但如何转化为工程硕士的育人优势仍需在实践中进行深入探索。就理念而言,校企合作可以而且应该在高等工程教育的研究生层次和本科层次之间实现机制共享、成果共享和相互促进,同时又要"和而不同",体现人才培养层次和目标的差异性。基于上述认识,学校不断寻求校企合作的契合点和共赢点,拓展和深化校企合作内涵,使学校工程硕士培养源自企业需求,培养出的高层次、应用型人才扩展了企业的选才用才空间。学校寻求企业合作的动力机制源于大学职能,企业则基于社会责任、人才需求、技术需求和资源需求与学校合作,参与工程硕士培养全过程,包括人才培养目标定位、培养方案制定、课程体系设置、课程授课、实习实践、学位论文选题、导师指导等所有培养环节。不同的企业需求不同,与学校合作的契合点、共赢点也不尽相同,与学校的合作层次与程度存在一定的差异,既有战略层面的合作,也有实施层面的合作,但最大的共同点还是在于联合培养人才。学校优先选择与人才培养专业领域对口的企业作为合作对象,基于长远利益建立稳定的合作关系,开展多形式、多层次的合作,取得共赢的合作会形成反馈强化合作机制。在校企合作范围和格局方面,学校已经与60多家企业在不同层次(学校、院系、教师)、不同程度上建立了协同培养工程硕士的合作关系,为人才培养实践提供了有效支撑。为做好实践保障,学校按生均1万元进行实践经费预算。

(2)院系(工程硕士领域)层面的校企合作案例分析

以北京石油化工学院化学工程领域为例,该领域以工程教指委《化学工程领域工程硕士专业学位标准》为指南,以合作企业为载体,制订了从共性到个性、从集中到分散、从基础到综合的"三阶段四实践,专业实践不断线"实践教学计划,企业全过程参与人才培养。经过企业实践,学生对石化相关企业的文化、安全、化工设备与工艺等的了解加深,通过模拟仿真、模拟装置实训、化工设计、岗位实习等环节,提高了运用所学化工理论知识解决实际问题的能力,获取了从事工程职业所需的工程应用背景知识与工程实践技能。

四、推广应用成果及贡献

1. 课题贡献

在分析高等工程教育校企协同政策与实践困境的基础上,提出了高校构建校企协同全日制工程硕士人才培养的理想模式,即把握实践能力培养这一主线,落实保障和激励两个机制,在理念、制度、操作等3个层面形成有效整合。从院校研究的视角,分析了行业特色背景地方高校北京石油化工学院校企协同培养工程硕士的机制和成效,对深化工程硕士校企协同培养的现实路径提出了建议。

2. 成果推广应用

（1）成果发表与交流

与课题研究内容相关的 2 篇论文在《学位与研究生教育》期刊发表，1 篇课题成果论文被编入 2016 年《中国高等工程教育峰会论文集》，并在 2016 年第九届全国化学工程领域工程硕士培养工作会上进行主题报告交流。

（2）形成实践案例

实践教学特色案例。2013 年 7 月，在教育部学位中心举办的"服务国家特殊需求人才培养项目"工作培训与经验交流会上，工程教指委秘书长在大会报告中将北京石油化工学院"基地建设体系化、全过程实践教学"的实践教学特色作为示范案例予以介绍。

应用《学位标准》实践案例。北京石油化工学院应用工程教指委《化学工程领域工程硕士专业学位标准》为指南的育人实践受到国内高水平大学同行专家的认可。华东理工大学、浙江大学、北京化工大学等 3 校共同的教学成果《标准建设，深改推动，质量监督——化学工程专业学位研究生培养体系构建与实效》在联合申报 2016 年中国学位与研究生教育学会成果奖时，将北京石油化工学院作为典型实践案例用于支撑教学成果奖申报。

（3）课题成果获奖

本课题 2 篇论文获评协会、学会优秀论文。《校企协同创新工程硕士培养模式的研究与实践》于 2016 年获评中国石油和化学工业联合会、中国化工教育协会第四届中国石油和化工教育科学研究论文奖二等奖。《需求导向的工程专业学位研究生培养实践与反思》于 2017 年获评第十届北京市高教学会研究生教育研究会优秀论文奖。

（本成果也是国家自然科学基金面上项目"基于'投入—产出'的专业学位质量评估模型的构建与实证研究"（编号：71473011）的阶段性成果）

高校与企业联合培养基地的
建立及运行机制的研究

天津大学　王宝国

课题编号：2016-ZX-054；课题指南：联合培养基地

一、主要解决的教育实践问题

通过对天津大学研究生实践教学基地和联合培养中心持续的跟踪、调查、收集各项工作指标，量化数据，总结规律，充分发挥了教师和学生及学科的优势，更高效地为企业解决需求。通过对高校与企业共建研究生工作站进行的调查研究，分析现有实践基地的优势和劣势，为改革、改进研究生教学与考核方式提供了借鉴，通过研究适合国家、社会发展的校企联合研究生实践基地框架体系、管理模式等，为教育管理部门提供参考建议。

二、解决问题的方法

重点跟踪、调查、收集我校已建立的研究生实践基地运行情况，广泛收集数据，包括近年来已经建立的天津大学研究生联合培养中心及全国示范性全日制工程硕士专业学位研究生联合培养实践基地。根据研究的内容及目标，进行研究性归纳总结，得出结论、建议，界定概念，在理论上提出解决目前非全日制工程硕士培养存在问题的方式、建议，以期研究出的理论在今后实际教育中能付诸应用。通过分析大量的数据进行全面系统的了解和分析，从而得出我国全日制教育硕士专业学位教育的发展现状与存在的问题。对所得到的文献以及数据进行比较与研究，从中寻找相同的规律，从而得出结论。

三、实质进展

以天津大学为例，对所取得的成果进行实际说明。2012—2016年中，天津大学分别与天津九安医疗电子股份有限公司、国网天津市电力公司、潍柴动力股份有限公司等公司进行合作，共同搭建联合培训基地平台。根据调研我校已成立的4个基地单位，综合各方面情况，目前在双师队伍建设，工程实践项目与科研条件，合作建立创新实践基地、创新实验室、境外创新实践基地，组建校企实践教学联盟，建立工程实践教育中心等多个方面取得较大进步。

研究生进入企业后进行生产实践，通过与技术人员的交流与学习，会对本专业的问题和国内外发展情况有更加深入的了解与认识，对企业产品的真实情况有着更加深刻的体会，不仅有利于解决公司的实际产品需求,而且有利于学科研究的创新,因此越来越多的研究生开始参与到这一平台的培训中。在校导师具有较高的学术水平,对研究生的学业、课程方面的培养具有较大的帮助;而企业中具有经验的高级工程师虽没有较高的学术水平,却有实际的工作经验,有利于学生实际工作能力的提高;另外,在实践中对企业导师进行了严格的筛选以及培训。企业通过与高校建立长期稳定的合作关系,使在校师生直接参与到企业的工作项目当中去,可降低企业的项目运行成本,增加企业对高校教育方法的了解,降低科研项目延时的风险。

高校与企业联合培养基地的建立为培养研究生提供了新的思路,带来了积极的效应,但这种培养基地的建立并不成熟,目前还没有一套行之有效的管理方案对各项活动进行约束。在实际中已遇到了新的问题,要使得培养基地的建立发挥更好的作用,解决这些问题显得尤为重要。

高校对研究生招生指标的限制加强,考生报考某些专业的人数会因此下降,研究生教育中心的招生指标相对减少,无法满足科研任务的增长。研究生进企业后需要长时间熟悉企业环境,学习企业的相关制度与课题背景知识,浪费了研究生在企业工作的大量宝贵时间,降低了学习效率。另外,研究生受学制的限制,学校课程以及科研任务的压力使得一些学生不能完全投入培训基地当中;由于高校与企业联合培养基地刚提出来不久,学校导师、企业导师和研究生等存在认识问题。例如,企业在学生的培养方案中参与并不充分,培养方案的设计没有考虑研究生的特殊性;企业导师无法掌握学生课程知识储备,对研究生所掌握的知识了解不够深入,从而对研究生的指导不能深入、具体。此外,有的企业不愿让学生参与核心技术的研发;有的在校导师认为学生进入企业会影响学生论文质量,不愿让学生花费时间进入企业进行实践学习;有的学生认为研究生进入企业是廉价劳动,不愿进入企业进行学习;由于受到资源、资金、环境等方面的影响,难以达成与国外的合作。目前,与国外合作对研究生进行培养才刚刚起步,国内与国外加强合作建立联合培养基地的制度、结构尚未明朗,需要在进一步的实施中进行完善。

为进一步规范高校与企业联合培养基地的建设,更好地发挥培养基地的作用,实现利益的最大化,对存在的问题提出了以下建议:

增加宣传力度,创新研究生招录的方式。联合培养基地是一种新型的研究与学习合作平台,必须增加在学校与企业的宣传力度,使研究生招录过程透明化,增加合作项目、项目经费,扩大研究生招收名额,使更多的学生与老师包括企业深入了解这一个平台的意义所在。加强企业与高校的联系,鼓励越来越多的学生、老师、企业参加培养基地的建设,增加合作人的机遇意识和责任感;增加经费投入渠道,促进培养基地的发展;设立研究基地突出项目奖项,对优秀的项目成果进行表彰与经费支持,降低企业对项目的技术与经费的投入,减小企业的风险;提高全日制专业工程硕士研究生的待遇,创造更好的培养环境。提高企业、学校的积极性,吸引更多的师生团队投身联合基地的建设;完善运行机制,加强学校与企业的联系。联合培训基地采取"双导师机制",即校内导师与企业导师共同负责培养学生。导师在一定程度上影响着基地研究项目的进度与结果,完善运行机制,改革导师的招聘准则,聘用在相关领域表现杰出的导师对项目的研究具有重大意义。应充分吸收企业导师的实践水平与校内导师的理论知识,必要时可以对导师进行培训,加强导师之间的联系,发挥导师的最大水平;改进教学方式,完善考核机制。应该要围绕高校与企业联合培养基地的运行机制的特殊性,灵活的改变教学内容,选择关联性强的教学内容,减少教学内容陈旧的科目,增加教学内容与研究项目的关联性。注重教学内容与实践的结合,在课堂上讲解企业中常见的问题和解决措施,充分调动学生的创造力,培养学生的实践能力;加强对培养基地相关工作人员的管理,制订确实可以实现的工作计划。制订计划后需要各相关人员严格遵守,对相关人员进行包括政治、生活、纪律等方面的教育与管理,保证在培养基地学习期间可以有秩序的完成相关课题的研究。确保研究生在离开培养基地的时候可以到达预期的目的,更加完美的实现企业项目的任务;实现科技研究成果的共享。在高校与企业的研究基地进行的研究课题所产生的研究成果应该属于高校与企业双方共同的研究成果。研究生在研究课题的时候需保证不泄露企业的技术秘密的情况下完成论文的编写。明确利益相关的条约,避免高校与企业之间产生不必要的误会与纠纷。

四、推广应用成果及贡献

学校和企业在培养人才方面具有各自的特色,学校在理论教学、科研等方面具有强大的优势,但企业在资金支持、培养学生生产实践等方面具有优势。通过建立联合培养基地,研究生可以在学校认真学习理论知识,打好基础,在企业中密切地联系实际,参与项目的生产实践,在提高研究生培养水平的同时,也为企业注入新鲜的血液,提供专业人才,提高研究成果的质量与水平。越来越多的高校与企业建立联合基地,使学校、企业和学生均受益颇深。我校已成立的 4 个基地,目前在双师队伍建设,工程实践项目与科研条件,合作建立创新实践基地、创新实验室、境外创新实践基地,组建校企实践教学联盟,建立工程实践教育中心等多个方面取得较大进展。在培养体系、基地管理模式与制度建设方面,通过进一步总结、完善,形成了我校基地建设的特色及示范性经验,陆续出台包括《国网天津电力公司—天津大学研究生联合培养中心管理办法》《天津大学精仪学院校企合作实践教学基地管理办法》《天津大学动力工程专业研究生实践教学基地建设规划与机制》《天津大学专业学位研究生实践基地建设及管理办法》等制度文件。在天津大学与天津九安医疗电子股份有限公司(简称九安公司)的联合基地建设中,仅在 2012—2014 年,仪器仪表工程专业硕士总计申报专利 22 项,发表论文 132 篇。2013 年,九安创新实验室主办了天津大学首届"健康杯"创新设计大赛。九安公司对创新实验室投入运行经费并提供相关仪器设备,以支持实验室学生课题的开展和日常设备的维护、运行等,还在高校设立专业奖学(教)金,奖励参与创新实验室工作的学生及参与校企合作的教师。目前,九安公司每年捐赠奖学金、奖教金 12 万元,科技创新基金 10 万元,累计捐款已超过百万元。2014 年,天津大学与九安公司合作海洋经济创新发展示范项目"海洋声学探测成套装备产业化",总经费 2000 万,天津大学主要负责技术研发工作,九安公司负责产业化过程和市场开拓。该项目所开发的海洋声学探测成套装备能解决水下声学探测的众多关键技术问题,推动我国水下声学探测技术的发展。

基于提高专业实践教学质量视角下的实践基地建设机制探索

天津科技大学、中科院天津工业生物技术研究所
梁珍淑、李学静、梁候明、刘　忠、王艳萍、刘少华、
杨　华、李昌模、史丽华、胡淳罡
课题编号：2016-ZX-058；课题指南：联合培养基地

一、课题研究背景（主要解决教育实践问题）

工程专业学位作为专业学位研究生的一个培养类型，其学位获得者应具有从事专业领域工程研究、工程设计、工程实施和工程管理等能力，并具有良好的创新精神，能够运用所学知识解决工程实际问题的能力。在培养过程中，实践教学是重要培养环节之一。

实践基地作为知识成果转化成生产力的重要平台，有利于加强高校和企业间的"产学研"合作。实践基地也是校企双方合作建设的研究生培养模式改革的载体，是高层次应用型人才培养的示范平台。一方面，高校聘用合作企业内具有丰富工程实践经验的高级人员作为研究生导师，指导研究生开展工程实践，保障了研究生实践教学的质量；另一方面，实践基地为研究生提供了大量参与业务实践的机会，不仅丰富了研究生职业实践经验，在实践过程中还提高了研究生分析问题、解决问题的实际能力，并进一步强化了理论联系实际的理念，提高了研究生的综合科学素质，保证了全日制工程硕士研究生的教育质量。

二、解决问题的方法

通过此课题的深入研究，修订并完善校外导师聘任及管理办法、实践经费划拨管理办法，对实践基地进行分类管理的同时深化实践过程管理，不断鼓励各领域积极与企业及研究机构接洽，找到更加恰当的合作方式，完善机制，保障培养质量。

首先，为工程专业学位研究生能够有更多的基地平台，研究制定激励政策，鼓励各领域导师走出校园、走向基地，在更好地解决基地技术疑难问题的同时，为工程专业学位研究生提供宝贵的实践机会。

其次，目前在工程专业学位研究生培养过程中，校内导师尽心尽责履行着导师的义务，但是基地导师的职责以及履行程度无从考察，为使工程专业学位研究生能够在基地中也能够像校内一样有导师指导，出台研究校外导师管理办法，以此推动校内导师与基地导师对指导研究生的无缝衔接。

再次，为让工程专业学位研究生能够到相关领域及研究方向接近的企事业单位实践，出台实践基地管理办法，并在经费上给予一定的支持。

最后，为鼓励工程专业学位研究生走出校门，探索向走出校门走进实践基地的研究生划拨经费的实施办法。从 2015 级起我校所有工程专业学位研究生每学年划拨实践经费，于实践过程中所需要的费用。

三、实质进展

1. 探索多种形式的专业学位研究生实践基地建设模式

围绕研究生开发创新潜能、培养创新能力、强化工程训练、提高运用现代科学技术解决工程实际问题能力的培养目标，结合实践基地建设模式将我校基地建设分为以下 4 种典型类型。

（1）"产学研"合作培养模式

我校轻工技术与工程领域与中国科学院工业生物技术研究所于 2009 年签署了战略合作协议，签订协议以来双方单位全面合作，资源共享，作为我校与科研研究机构进行"产学研"合作培养模式，于 2015 年获批天津市研究生校外教育实践创新基地。基地建设以来，紧密依托生物工程学院和中国科学院天津工业生物技术研究所，成立了工作领导组、导师选聘工作组、导师指导工作组、合作科研工作组、学生管理工作组和日常保障工作组等部门，将建章立制工作放在首位，在校所双方已有规章制度的基础上进一步梳理整合，为基地的运行提供了制度保障。双方合作 7 年多以来，共同建设了"工业酶国家工程实验室"，并在课题申报、研究生创新实践领域开展了广泛的合作，多项联合攻关的项目正在进行中试或已投产。

基地始终围绕"科学研究、技术创新、产业培育、研究生教育"四位一体的发展模式，形成了一些符合双方发展定位和合作目标的特色并取得一些经验。

（2）技术服务培养模式

我校化学工程领域与天津长芦汉沽盐场建有长期基地合作，以为企业提供技术服务的形式为工程专业学位研究生提供实践机会。基地建设过程中，强化"海洋化工、制盐与盐化工"的优势和特色，加强基本实践技能训练，注重全面素质培养，促进工程和创新意识，进一步加强实践基地建设、师资队伍建设，构建适应现代工程化教学需要的创新教学体系、工程实践体系、绩效管理体系，发挥实践基地资源共享的教学功能、科研功能、开放功能和培训功能，创建一流的海洋化工研究生教育校外创新实践基地。

该基地围绕研究生开发创新潜能、培养创新能力、强化工程训练、提高运用现代科学技术解决工程实际问题能力的培养目标，结合我校海洋化工专业人才培养的定位，以及为国家和地方经济建设服务的要求，对现有实践项目进行整合和更新，向综合性或创新性延伸，增加设计性、综合性、创新性实践项目，促进相关学科的交叉融合，使不同内容有机联系、相互衔接，满足教学目标对学生工程能力、创新能力的要求。

基地实行"开放、流动、联合、共享"的开放政策，形成了面向全校甚至社会的海洋化工校外创新实践服务平台，成为"适宜于培养化工工程师的技术服务型创新实践基地"。

（3）订单式培养模式

我校食品工程领域与天津尖峰天然产物研究开发有限公司建立实践基地以来，共同建设天津市植物废弃物再利用技术工程中心、天津科技大学天然产物产业化基地、天津市滨海新区大学生实习基地,积极开展天然产物分离纯化工作的前期科研及中试研究,为后续下游企业扩大生产提供基础。

在人才培养方面,多年来,天津科技大学食品学院注重培养研究生从实际出发的研究思维方式,鼓励学生在实际问题中探求创新、归纳思路,培养学生从实际问题出发、发现问题、思考问题、解决问题的科研意识,要求学生熟练掌握天然活性物质的分离提取方法和技巧。尤其是对于专业学位研究生的培养,针对其入学初期知识基础相对较弱,在对其进行初期基础知识的学习巩固之后,明确要求其尽早进入企业一线进行实习实践。同时,借公司优势力量给予指导,手把手、一对一进行交流、学习、指导。待工程专业学位研究生实践结束后,研究生与企业(基地)进行双向选择留与否,目前为止有近 10 名研究生选择留在企业继续进行技术研发工作。

(4)认知实践培养模式

我校机械工程领域与中国汽车技术研究中心汽车工程研究院成立研究生校外创新实践基地,为工程专业研究生提供了连续性或阶段性的认知实践平台。工程专业学位研究生根据课题研究需求,可进行短暂课题实践,或进行半年以上的长期连续性实践,平台为工程硕士研究生提供了灵活的实践岗位。

该基地经过建设,已具备完善的培养研究生创新实践技能的能力,建设成专业理论学习与社会实践相结合、研究生专业素质与提高认知实践技能逐步提高的特色创新实践基地。该基地重视学术交流制度建设,营造浓厚学术氛围,合作双方努力创造条件定期组织学术研讨会,并最终形成制度化,鼓励学生参加学术会议,提高研究生的创新意识。合作双方积极拓展合作渠道,在汽车技术相关领域继续加深合作,在实践过程中注重认知实践能力的培养。

2. 规章管理制度建设以及实践过程保障机制

(1)规章制度建设

学校与基地(企业)共建管理机构,完善管理机制。建立实践基地管理机构,由双方共同制定从进站、在站、出站以及日常管理,科研成果管理,在站期间津贴以及奖助学金管理,在站期间双方导师职能管理等各项管理制度。

(2)实践过程经费支持

为提高全日制专业学位硕士研究生实践能力,保障全日制专业学位研究生培养质量,为工程专业学位研究生设立了每人 2000 元的实践专项经费,该经费仅限用于工程专业学位研究生实践过程,含参加专业实践过程中实际发生的住宿费、交通费、伙食补助、校外导师津贴等,专款专用。

(3)实践过程安全保障

为保障在校外实践期间安全,为工程专业学位研究生投了为期一年的意外伤害保险,为工程专业学位研究生送去了一份安全与保障。

(4)与基地共同制定培养方案

为工程专业学位研究生培养方案突出实际应用,并以职业需求为目标,各领域制定培养方案时,每个领域或方向的培养方案至少有两个以上实践基地参与。

课程设置强调理论性与应用性的有机结合,突出案例分析和实践研究,教学过程重视运用团队学习、案例分析、现场研究、模拟训练等方法。

（5）设置专业实践类选修课

工程领域的课程设置分为公共学位课、专业学位课、必修课、专业选修课和专业实践类选修课程。专业实践类选修课程要求以实践基地为平台,聘请企事业单位导师或专家与校内任课老师共同来为研究生授课。通过实践基地专家参与授课,呈现真实的案例材料,为专业学位研究生创设一个良好的宽松的教学实践情境,对案例提供的客观事实和问题进行分析讨论,做出判断和决策,既能培养学生独立思考、自主学习的能力,又能提高学生分析问题和解决问题的能力。

四、推广应用成果及贡献

为工程专业学位研究生培养更加专业化,实行以校内导师指导为主,吸收有丰富实践经验的基地专业人员作为校外导师的联合培养制度,草拟了校外导师聘任及管理办法。规定中明确了校外导师上岗的基本条件、职责以及校外导师的管理过程,此规定的出台不仅保障了工程专业学位研究生的培养质量,并且规范了校外导师过程管理。

2016年天津市对市级研究生校外创新实践基地进行了验收工作,我校有3个基地通过验收,专家对3个基地给予了良好评价。我校为表扬该3个基地在工程专业学位研究生培养过程中做出的贡献,以及在我校研究生校外基地实践中做出的良好带头作用,经研究给予了一定的经费支持。目前与我校各学院（领域）签订实践过程合作培养基地数量达近50个,完全可以满足我校工程专业学位研究生实践环节的教学需求。下一步我校计划对部分优秀校外实践基地进行校级示范基地的评选,并对优秀的实践基地从经费与制度上给予支持。

机械工程专业学位研究生校企协同培养模式的研究与实践

天津工业大学　李　博

课题编号：2016-ZX-060；课题指南：联合培养基地

一、主要解决的教育实践问题

（1）工程专业研究生缺乏接触重大工程项目实践

具有较大规模的协同企业往往能够承担国家重要工程课题，如本课题中的合作企业中国石油集团工程技术研究院，目前已经开展"远距离隔岸能源输送管道的设计与研发"等国家重特大工程的建设工作，为专业学位研究生提供了了解大型工程实践的机会。

（2）高校教师结构组成相对单一，缺乏工程应用经验。

（3）工程专业研究生知识结构与工程实际不相匹配。

（4）高校缺少足够的实习场地和实验条件。

（5）专业学位研究生在教学、培养模式等方面双向反馈不及时。

（6）在校学生学习氛围需改善。

一线员工往往具有认真、严谨的工作态度以及善于发现并解决问题的工作能力，能够有效改善培养单位学生的整体学习风气。

（7）在校学生因缺乏工程实践经验而就业难。

（8）学生缺乏实践创新能力。

二、解决问题的方法

1. 依据本单位机械工程学科的特点，构建企业"全程参与完整培养环节"模式

在专业研究生的所有必修环节中（开题报告、中期检查、毕业答辩），设立"培养订单"，提高专业学位人才培养的针对性和适应性。必修环节中的选题报告和阶段性检查集中、统一进行，把企业导师分配到每个考核小组中，采取末位淘汰制，被淘汰的学生进入下一轮二次答辩。

2. 培养单位与企业共同商定课程设置的研究与实践

设置"企业课程试讲"和"企业实践课程表"，定期进行课程设置的研讨与更新。针对专业型硕士的每一门必修课进行讨论，重点关注课程内容与实际工程实践的关联度和实用性，

设置重点项目结题后的课堂分享环节。

3. 流动性导师选择制度的研究与实践

建立企业培养小组,在整个环节中设置"导师访问"和"学生问卷调查",依据企业导师选拔条例,保证每年增列 20％以上。同时,依据培养环节和学生调查反馈定期更换已在岗企业导师。

4. 增加企业实践环节为专业硕士研究生培养计划的必修课程

定期聘请国内外高水平工程应用专家来基地进行教学实践讲座,在专业硕士研究生的培养方案中,增加 2 门(合计 4 学分)的工程实践课程,由专门聘任的企业讲师进行实地讲解与操作演示。

5. 企业导师对学生进行绩效考评制度的研究与实践

在毕业答辩前的预答辩环节中,由企业导师对学生整个培养环节的工作进行绩效考评,并将考评意见提交答辩小组,形成分析报告和相关细则。

6. 逆向沟通"选题库"制度的研究与实践

在现有的定期沟通制度基础上,增加企业到培养单位的逆向沟通,由培养团队结合前一个培养周期企业亟待解决的技术、科研问题,建立下一个培养周期的"协同选题库"。

三、实质进展

培养单位已与合作企业在部分领域进行了相关合作

1)已建立天津市高校研究生校外创新实践基地

2015 年与合作单位联合申报天津市高校研究生校外创新实践基地,并于 2016 年 12 月 28 日通过天津市教育委员会的验收。

2)与合作单位建立面向多领域、"产学研"并举的联合实验室

与合作单位建设"中石油工程技术研究院—天津工业大学机械工程学院机电系统及自动化联合实验室",着眼点指向机械装备制造领域的科学技术创新与成果转化的机制体制创新,探索高校与企业、科研院所协同创新模式,建立高校—行业企业深度融合的协同创新体系。

联合实验室每年针对基地建设、师资引进、技术攻关、工程应用、学生培养等内容召开两次联合实验室学术委员会会议。

3)已开展机械工程专业研究生的联合培养

根据基地建设的相关规划,基地成立的第 1 年(2015 年),接纳学生 10 人;在基地成立的第 2 年(2016 年),新接纳学生 25 人(不含第 1 年接纳的 10 人)。

图1　机电系统及自动化实验室铭牌

图2　联合实验室入口全景

图3　2016年联合实验室专家研讨会

图4　2016年联合实验室学术委员会会议

合作单位提供2000平方米以上的实践教学场地,目前已经形成了波流水槽、结构力学、海洋钢结构焊接质量评估、海洋钢结构特种自动焊、海洋钢结构焊接接头力学性能测试分析、水下井口稳定性、水下结构物安全检测、水下结构物拆除辅助迁移、海洋地基土常规分析测试、海洋地基土的动力参数试验分析、深水高压环境模拟、数值计算分析等12项实验实践环境。

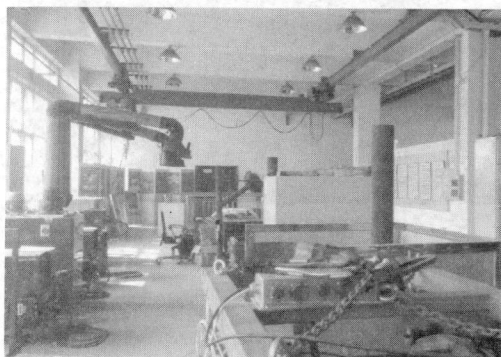

图5　基地内部工作车间

图6　研究生现场实践操作

图 7　企业导师指导讲解

图 8　基地室外实验场地

4) 已开展多项目合作

在原有合作基础之上,结合专业研究生联合创新实践基地的培养要求,开展多项纵向、横向项目的合作。

(1) 开展"焊接电弧跟踪系统"项目,已研究出焊接电流的信号处理方法及其与各焊接参数的关系,为下一步进行窄焊缝脉冲电弧跟踪控制系统设计打下了基础;

(2) 开展了"焊接电弧感应加热"项目,已研究出各参数对感应加热的影响规律,为下一步进行感应加热装置的优化设计奠定了基础;

(3) 联合申报天津市科技支撑计划重大项目"长输管道全位置双焊炬焊接电弧跟踪系统"。

5) 已建有一定规模的双师队伍

学校和企业共同选派研究生培养指导教师(依托单位 41 人、合作企业 20 人),实施双导师制,基地内研究生课题选择均来自企业工程项目,校企双方导师共同选题、共同指导。

图 9　企业导师聘任证书

图 10　企业导师为学生讲授实践课程

6) 合作双方为基地正常运行提供各种配套、保障设施(场地、仪器等)

(1) 合作单位可提供的实践条件

中国石油集团工程技术研究院共有实验研究人员 50 人,专业涵盖机械结构设计、海洋工程、焊接工程、土力学、流体力学等,其中教授级高工 6 人、高级工程师 23 人、工程师 21 人。研究院拥有 CNPC 海洋工程重点实验室、CNPC 石油管道工程重点实验室、涂层材料与保温结构研究室等功能完备的研究试验平台,配备有海工结构物冲刷实验系统、全尺寸疲劳试验机、土工动三轴循环剪切仪、深水压力模拟系统等各类仪器设备 73 台(套),其中标志性设备 4 套,设备总值 4700 万,为双方合作培养研究生提供了良好的科研实践条件。

图 11　合作单位力学实验室

图 12　合作单位机房教室

(2) 依托单位可提供的实践条件

以天津工业大学机械工程学科为依托授权点,设有机械系统及自动化联合实验室。实验室和设备条件:

① 依托单位已经为联合实验室投入超过 3500 平方米的相关场地;

② 依托单位为现有的多个综合实验室和科研中心配备了从高精度微型仪器到大型生产设备的各类装置及相关配套设施近 179 台(套),仪器设备总值 2600 万元。

③ 代表性仪器设备(表 1)

表 1　机械系统及自动化联合实验室代表性仪器设备

序号	主要仪器设备名称	数量	单价/万元	总值/万元	添置方式
1	五轴加工中心	1	220	220	国外定购
2	万用机械臂及灵巧手	1	115	115	国外定购
3	机械传动系统故障诊断综合实验台	1	76.9	76.9	国内定购
4	产品设计套件	5	14.8	74	国内定购
5	ABB 工业机器人	1	60	60	国外定购
6	ABB 工业机器人 IRB1410	2	27	54	国外定购
7	大型结构件无导轨焊接机器人系统	1	52	52	国内定购
8	ABB 工业机器人 IRB6640	2	25	50	国外定购
9	FUNC 机器人	1	42	42	国外定购
10	振动噪声模态分析系统	1	35.2	35.2	国外定购
11	中频感应加热系统	1	35	35	自己研制
12	激光视觉跟踪系统	1	32	32	国外定购
13	少自由度空间并联机构实验装置	1	30	30	国内定购
14	焊接机器人	1	27	27	国内定购
15	空间变胞并联机构实验装置	1	25	25	国内定购

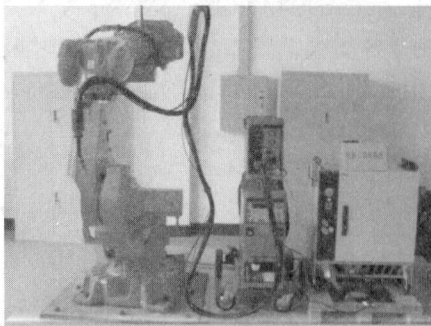

图 13　瑞士焊接机器人

图 14　CMT 焊机 wse-400

图 15　X 射线应力仪

图 16　电源测试台

7）开展基地内部的思想政治与社会责任教育

基地每月定期开展主题座谈，针对马克思列宁主义、毛泽东思想、邓小平理论、三个"代表"和科学发展观重要思想，采取心理教育、道德教育、责任教育、素质教育等多种教育手段，采用课堂教学、社会实践等多种形式，对基地内的学生进行社会责任感的培养。

图 17　指导教师座谈会

图 18　基地师生思政主题讨论

8）基地基础生活保障设施的建设已经形成规模

基地设有 2000 平方米的办公、教学、生产实践等多个培养功能区域，同时也设有运动场、食堂、学生宿舍等多种生活必须设施，全面保障了基地内研究生的工作、学习和生活要求。

图 19　基地露天运动场

图 20　基地餐厅

图 21　基地研究生宿舍(1)

图 22　基地研究生宿舍(2)

9）在原有管理体系中，建立了完善的导师选拔、师生安全保障、知识产权保护、成果分配制度等规章条款。

四、推广应用成果及贡献

1. 代表性文章（表 2）

表 2　代表性文章

序号	研究生作者	论文题目	刊物名称	时间/年	备注
1	秦凯旋	基于外加高频交变磁场下向 MAG 焊熔池成型控制	机械工程学报	2016	EI
2	姚福林	复合材料单边缝合机械手线迹稳定成型技术研究	机械工程学报	2016	EI
3	赵娜	复合材料单边缝合机械手线迹稳定成型技术研究	机械工程学报	2016	EI
4	张立栋	双机器人协调焊接过程无碰路径规划	焊接学报	2016	EI
5	李天旭	重力对全位置 TIG 焊熔池温度场与流场影响的有限元分析	焊接学报	2016	EI

2. 代表性横向项目(表3)

表 3　代表性横向项目

序号	姓名	项目名称	金额/万元	类别	获批时间/年
1	刘文吉	焊接电弧跟踪系统测试分析	24	中国石油集团工程技术研究院	2016
2	刘海华	中频加热电源性能试验检测	14.8	中国石油集团工程技术研究院	2016
3	袁鹤然	焊接熔池形貌远程观测技术研究	19.5	中国石油集团工程技术研究院	2016
4	岳建锋	无线传输通信及转码压缩传输技术研究	19	中国石油集团工程技术研究院	2016
5	王天琪	曲线焊缝自动规划及快速标定技术研究	9.7	中国石油集团工程技术研究院	2017

3. 研究生科技创新项目(表4)

表 4　研究生科技创新项目

序号	研究生姓名	学科专业	编号	项目名称	年份	金额/元
1	李菊峰	机械工程	15122	基于模态柔度的复合材料结构脱层损伤识别研究	2016	3000
2	侯仰强	机械工程	16128	基于焊接机器人的焊缝提取及路径规划技术研究	2016	3000

4. 代表性已授权发明专利(表5)

表 5　代表性已授权发明专利

序号	专利名称	专利号	学生发明人	授权时间/年
1	一种 K/Y 型管接头相贯线焊缝焊接机器人系统	201510855883.3	刘　鹏	2016
2	一种整体穿刺钢针阵列布放装置	201310228228.1	陈晓飞	2015

5. 代表性项目应用

与中国石油集团工程技术研究院合作,研究了基于熔滴过渡弧压特征信号试验分析与处理过程,以低成本、高可靠性的焊接电弧传感器来提取焊接参数,解决了双焊炬管道自动焊设备中焊缝跟踪的关键环节,加快双焊炬管道自动焊设备在长输管线施工中的推广应用。

基于以上技术的"ZS-THP29-6300 汽车纵梁数控生产线"和"汽车薄板冲压自动化生产线"分获天津市科技进步二等奖、三等奖;相关研究成果发表学术论文 11 篇(其中 SCI 收录 3 篇、EI 收录 6 篇),获授权发明专利 1 项、软件著作权 3 项;培养博士研究生 2 人、硕士研究生 15 人。

图 23　管道自动焊接试验台

图 24　电弧焊接现场

"中频加热电源性能试验检测项目"依托创新实践基地的资源,开展了性能检测研究,为优化中频感应加热的各参数,提高感应加热效率,最终在海洋管道的防腐和耐磨工程应用上提供了支持,为相关企业带来直接经济效益达 4200 万元。

相关研究成果发表学术论文 7 篇(其中 SCI 收录 2 篇、EI 收录 5 篇),获授权发明专利 1 项、软件著作权 1 项;培养博士研究生 2 人、硕士研究生 8 人。

图 25　中频加热电源性能试验现场(1)

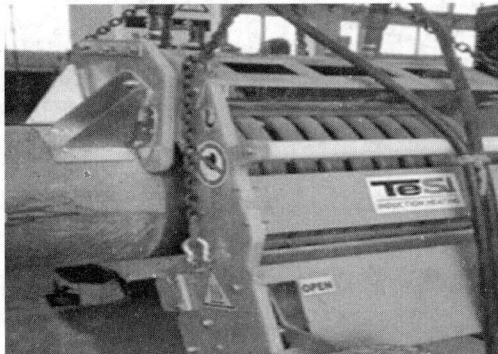

图 26　中频加热电源性能试验现场(2)

6. 相关科研获奖(表 6)

表 6　相关科研获奖

序号	类别	等级	获奖名称	获奖人	编号	时间/年
1	天津市科学技术进步奖	二等	ZS-THP29-6300 汽车纵梁数控生产线	李亮玉	2015JB-2-024	2016
2	天津市科学技术进步奖	二等	滨海新区高端制造数字化集成攻关应用	于鸿彬	2015JB-2-003	2016

基于高校科技特派制度的全日制
工程硕士培养模式创新研究

天津工业大学　魏　黎

课题编号：2016-ZX-071；课题指南：体制机制改革

一、主要解决的教育实践问题

全日制工程硕士培养是研究生教育体系中的重要组成部分,培养目标是为工矿企业和工程建设部门,特别是国有大中型企业,培养应用型、复合型高层次工程技术和工程管理人才。创新全日制工程硕士培养模式,对于提高研究生培养质量、促进"产学研"合作、实现校企双赢具有重要意义。目前全日制工程硕士培养过程普遍存在3个主要问题：一是培养过程与硕士学位研究生趋同;二是培养内容缺乏实践性;三是培养手段单一,难以达到培养目标。这些问题导致专业硕士的特色不明显,应用性和技术性亟待提高。如何打通校企合作渠道,建立校企联系,是提高全日制工程硕士培养质量的根本。

本课题研究的核心问题：如何通过拓展高校科技特派制度来创新全日制工程硕士的培养模式？

具体分解为3个问题：

(1) 高校科技特派制度怎样实现"产—研"对接关系？

(2) 高校科技特派制度为全日制工程硕士培养提供了哪些条件？ 如何通过高校科技特派制度来实现"产—学—研"协同？

(3) 如何创新全日制工程硕士培养模式来实现培养目标？

高校科技特派制度内含由政府推动的"产—研"对接的有效机制,具备向研究生群体拓展的可能性和可行性,为全日制工程硕士培养提供了实践通道和培养机制,也为企业增加了科技输出。

本研究将高校科技特派制度向全日制工程硕士的培养过程进行拓展,设计"全日制工程硕士科技特派计划",形成政府推动、学校主导、双导合作、学生实践、校企管理的"五位一体"培养模式。一方面突出了全日制工程硕士培养的实践性,促进培养目标的达成;另一方面也为"双导师"制度的建立、健全提供了新的思路,进一步深化校企之间"产学研"合作。

二、解决问题的方法

1. 研究思路

首先基于"产学研"合作理论,建立本研究的分析框架;其次,对我国高校科技特派制度进行梳理和比较,建立制度模型;再次,选取天津市为研究区域,通过定量和定性相结合的方法,对全日制工程硕士研究生及其指导教师、研究生管理人员、高校科技特派员和企业有关工程技术人员进行调查,分析高校科技特派制度的"产—研"对接关系,并得出基于高校科技特派制度的"产学研"协同机理;最后,构建基于高校科技特派制度的全日制工程硕士培养模式,并对其运行条件和配套措施进行讨论,提出政策建议。

2. 研究方法

针对研究问题,本课题采用定性与定量相结合的研究路径,具体使用3种研究方法:文献法、调查法和政策分析法。

（1）文献法

文献法是科学研究使用的基本方法,围绕"高校科技特派制度""产学研合作"和"全日制工程硕士培养"3个方面查阅了大量国内外文献,构建本研究的分析框架。

（2）调查法

对全日制工程硕士研究生及其指导教师、研究生管理人员、高校科技特派员和企业有关工程技术人员进行调查,归纳当前全日制工程硕士培养过程中存在的问题,并广泛收集有关政策改进的意见和建议。通过问卷调查,对高校教师参与科技特派活动的意愿进行调查,为高校科技特派政策的推广和拓展提供可能性,综合得出基于高校科技特派制度的"产学研"协同机理。

（3）政策分析法

政策分析法广泛应用于社会科学领域,特别是教育领域的研究。收集我国高校科技特派制度的政策文本,通过政策分析法,对我国高校科技特派制度进行梳理和比较,建立制度模型,分析高校科技特派制度的"产—研"对接关系。

三、实质进展

1. 完成的研究内容

（1）高校科技特派制度的"产—研"对接关系;

（2）基于高校科技特派制度的"产学研"协同机理;

（3）基于高校科技特派制度的全日制工程硕士培养模式的构建;

（4）运行条件与配套政策。

2. 得出的主要结论

（1）就调查情况来看,目前全日制工程硕士培养过程普遍存在3个主要问题:一是培养过程与硕士学位研究生趋同;二是培养内容缺乏实践性;三是培养手段单一,难以达到培养目标。

（2）高校科技特派制度内含由政府推动的"产—研"对接的有效机制、合适的制度环境、合理的关键要素以及协同的实施机制保证了"产—研"合作的实现。

（3）高校科技特派制度具备向研究生群体拓展的可能性和可行性，为全日制工程硕士培养提供了实践通道和培养机制，也为企业增加了科技输出。

（4）全日制工程硕士培养的创新思路：一是以培养目标为导向，从过程、内容和手段上全面提升全日制工程硕士的实践能力培养；二是将高校科技特派制度向全日制工程硕士进行拓展，设计"全日制工程硕士科技特派计划"，形成政府推动、学校主导、双导合作、学生实践、校企管理的"五位一体"培养模式；三是重视激励机制设计，政策应为学校和"双导师"提供有效激励，促进校企合作和提高全日制工程硕士培养质量。

3. 研究工作取得的主要成果

研究报告《基于高校科技特派制度的全日制工程硕士培养模式创新》紧扣课题，从理论、政策、实践三方面考察了高校科技特派制度和全日制工程硕士培养的现状及问题，借鉴科技特派制度提出对全日制工程硕士培养模式进行创新式的改革探索，所提出的"五位一体"培养模式具有一定的创新性，成果将为全日制工程硕士培养模式改革提供参考。

从生源特点来看，全日制工程硕士具备工作经验，即具备较强的动手能力和社会适应能力，符合产业单位的需要；全日制工程硕士在校学习的理论需要在实践中检验，或者需要在生产实践中寻找研究的实际问题，也有去到产业单位实践的必要。加上全日制工程硕士的培养目标就是应用型专门人才，如何体现"应用"二字？因而，全日制工程硕士具备科技特派的可能性与可行性。

"高校科技特派制度"在制度环境、关键要素和运行机制的共同作用下形成"产—研"对接关系。其中，制度环境是"产—研"对接的前提，关键要素是"产—研"对接的核心，运行机制则为"产—研"对接提供不竭动力。总之，已有的高校科技特派制度在产业和高校之间搭建了"产—研"对接的通道。基于此，"产学研"合作模型得以形成。其中，政府从外围推动，高校发挥主导作用，研究生获得实践机会并向产业机构提供服务，双导师进行合作指导，校企联合管理研究生培养过程。

全日制工程硕士创新型培养模式是基于培养过程中存在的突出问题，结合现行高校科技特派制度所产生的交叉培养模式，如图1所示。其理念是激励导师创造科技特派通道，培养研究生实践能力。在全日制工程硕士创新型培养模式中，"培养层"是核心层，功能性最强，是实现全日制工程硕士培养目标的关键环节。其中"双导师"起到重要作用，因而对"双导师"的激励必不可少；其次是强化对全日制工程硕士实践培养过程的监控与评价；最后，需要为参与科技特派的企业予以政策支持。

课题研究过程中有两位研究生参与，在本人和其导师（孙涛，副研究员）联合指导下完成了两篇与课题内容相关的硕士学位论文，答辩成绩良好，是课题成果的重要组成部分。因而本研究工作也实现了人才培养的功能。

4. 具体成果列表

（1）研究报告（1份）

《基于高校科技特派制度的全日制工程硕士培养模式创新》

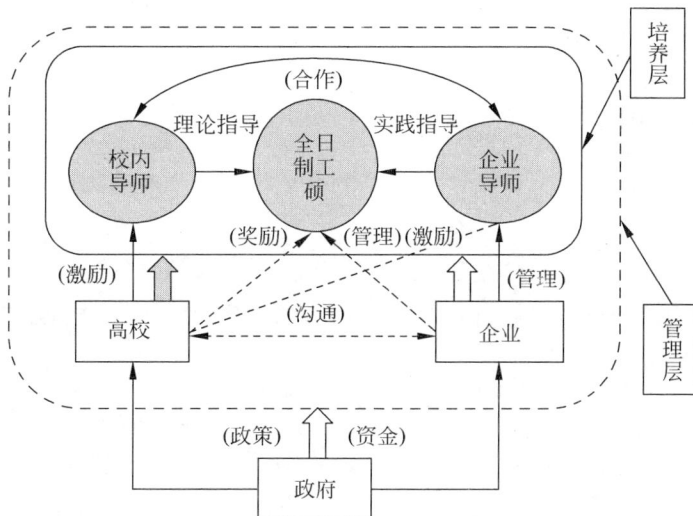

图 1　全日制工程硕士创新培养模式

（2）期刊论文（1 篇）

孙涛,李尧茹,魏黎,等.基于三因素理论的高校教师激励模型构建[J].商情,2016(45)：242-244.

（3）其他

研究生学位论文 2 篇。

李尧茹.高校科技特派员激励机制研究——以天津工业大学为例[J].天津工业大学图书馆,2016,12.

赵松林.我国高校科技特派制度比较研究[J].天津工业大学图书馆,2016,12.

四、推广应用成果及贡献

1. 成果的价值及贡献

在"中国制造 2025"的重大战略部署以及我国高等教育结构优化的改革背景下,工程硕士特别是全日制工程硕士的培养成为实现产业升级提速和应用技术型高校转型过程中的关键一环。创新全日制工程硕士培养模式,对于提高研究生培养质量、促进"产学研"合作、实现校企双赢,乃至带动区域经济发展、促进产业升级等方面都具有重要的现实意义。

高校科技特派制度是政府主导和市场驱动两者相结合的双重机制。借助其所创造的校企合作渠道,输送研究生进入企业,将在"产—研"对接的基础上,全面实现"产—学—研"合作,既是对高校科技特派制度的深入实施,同时也是对全日制工程硕士培养模式的创新。成果将为全日制工程硕士培养模式改革提供参考。

国内外研究中"产学研"合作理论的内容比较丰富,但在全日制工程硕士培养领域尚未加以很好的应用,相关研究也较少。对于高校科技特派制度的研究仅停留在制度本身的运行及存在的问题上,并未涉及研究生培养。有关专业学位研究生培养的研究主要集中于特征分析和现有问题的发掘,对策建议缺乏创新性和可行性。因而,本研究具有一定的创新性,将丰富"产学研"合作理论。

2. 成果推广应用情况

一方面,通过1篇论文发表和两篇学位论文答辩,成果在学术界得以公开和扩散,接受同行评议,具有一定的学术影响。

另一方面,成果得到学院和学校研究生管理部门的重视。目前已参与到学院全日制工程硕士培养模式的改革过程,将对全日制工程硕士培养和管理政策的制定提供数据支持和决策参考。

面向"一带一路"沿线国家来华留学生的工程专业学位研究生人才培养模式研究

天津工业大学　羊隽芳

课题编号：2016-ZX-072；课题指南：体制机制改革

一、主要解决的教育实践问题

"一带一路"倡议中的"设施联通"是建设合作的重点，"一带一路"规划和目前在建的基础设施工程规模浩大，迫切需要不同类型、不同层次的工程专业人才。据亚洲开发银行的评估报告显示，2010—2020 年，亚洲各国累计需要投入 79 700 亿美元用于基础设施的建设与维护，涉及 989 个交通运输和 88 个能源跨境项目。这些项目的建设完成，需要数以十万乃至百万计的铁路、管道、电力、公路、港口与通信等产业的工程建设、设计施工、质量控制与保障、经济管理人才。当前，"一带一路"沿线国家对各类工程技术人才的潜在需求被激发出来，来华留学并选择工程专业学位研究生教育的人数快速增长。"一带一路"人才发展规划中，工程专业学位研究生教育不但不可或缺，还当大有作为。

本研究基于"一带一路"倡议背景下来华留学研究生教育的新动向，深入剖析了工程专业学位研究生教育在"一带一路"人才培养工作中承担的独特使命，论证了为"一带一路"沿线国家培养工程专业学位研究生人才的必要性及可行性，探索了扩大来华留学工程专业学位研究生规模的路径，分析研究了来华留学工程专业学位研究生培养模式，提出工程专业学位研究生教育应该对"一带一路"国际化人才培养早做打算和准备，以更加主动的姿态为沿线国家培养高质量的工程人才，以谋求更大的工程专业学位研究生教育事业发展空间。

本研究着重解决如下问题：

1. 为"一带一路"沿线国家培养工程专业学位研究生人才的必要性的论证

基于"一带一路"沿线国家工程人才需求的视角，课题通过实际调研和对相关文献的收集整理，分析了"一带一路"沿线国家社会经济发展状况、基础设施状况、工业化和工程教育总体发展情况以及来华留学规模变化等方面的情况，通过研究发现，"一带一路"沿线国家工程人才需求与人才培养现状不相适应，而中国高校为"一带一路"沿线国家培养工程专业学位研究生人才是解决问题的关键，也是工程专业学位研究生教育在"一带一路"建设中应有的担当。

2. 为"一带一路"沿线国家培养工程专业学位研究生人才的可行性分析

我们研究了我国工程专业学位研究生教育发展现状和来华留学生教育现状。我国工程教育发展迅速,拥有较为雄厚的实力,为"一带一路"沿线国家培养工程人才并与之开展工程教育合作提供了充足的条件与保障。可行性研究另一方面是为了更深入探究现有工程专业学位人才培养存在的问题,以便于完善为"一带一路"沿线国家培养工程专业学位研究生人才的培养工作。

3. 面向"一带一路"沿线国家来华留学生的工程专业学位研究生人才培养模式的构建

"一带一路"沿线国家大多是多民族、多宗教聚集区域,在这种复杂的环境中顺利开展工作,要求我们培养既懂汉语又有母语优势,通晓国际规则,具备跨文化沟通能力,能够在工程领域大显身手的"应用型"人才。我们需要从人才培养目标与模式、专业设置与建设、教学方式和实践环节等方面更新观念。在人才培养目标上应体现国际化、复合型、应用型"三要素";在专业设置上考虑是否满足"一带一路"倡议对工程人才的急需和特需;在培养模式上采取分类分段的进阶式培养,在教学内容安排上应该科学规范而且具备国际性特色;实践环节与境内外的"一带一路"工程项目现场对接,更好地为"一带一路"人才发展规划服务。

第一,在专业领域设置上考虑是否满足"一带一路"倡议对工程人才的急需和特需。目前铁路、公路、航空、电力电网、油气管道、海洋开发、港口码头等与互联互通建设相关的工程技术及研究开发领域急需人才,高校应该结合本校的优势工程领域,优先发展"一带一路"沿线国家急需的学科专业(工程领域),从学科专业建设、人才培养、教育交流与合作等方面做出具体计划,为招收硕士及博士层次的工程专业学位留学生做好准备。

第二,在人才培养目标上应体现国际化、复合型、应用型"三要素"。国务院学位委员会办公室《关于制订全日制工程硕士研究生培养方案的指导意见》所规定的培养目标:"工程硕士专业学位是与工程领域任职资格相联系的专业性学位,培养应用型、复合式高层次工程技术和工程管理人才;能掌握所从事领域的基础理论、先进技术方法和手段,在领域的某一方向具有独立从事工程设计、工程实施、工程研究、工程开发、工程管理等能力。"我们培养的各国高级应用型技术人才走向国际经济建设第一线后,势必要与国际同类企业开展技术交流、产业合作甚至品牌竞争,具备国际视野,具有国际技术交流、沟通的能力已经是必不可少的基本技能,因此,从人才培养目标上应体现国际化、复合型、应用型"三要素",不仅要具备工程技术人才必须具有的知识、能力和素质,而且还要包含未来在沿线国家和区域从业必须具有的知识、能力和素质,包括沿线国家的法律法规、工程实践的标准规范、国际视野、多元文化环境下的交流沟通能力等。我们应该以此为指导,根据"一带一路"建设的需要,创新人才培养理念和培养机制,针对性地制定留学生工程技术人才培养标准。

第三,落实"一带一路"工程人才培养标准的各项要求,改革现有课程体系与教学内容。扩大留学生的知识面,优化课程教学内容,将国际前沿成果、国际规则和技能、异域文化等诸多要素融入一门课程之中,培养学生国际化观念、视野和技能。开设与对象国和汉语文化研究有关的专业课程,比如汉语与其母语及区域社会文化比较研究的课程或讲座,开设与"一带一路"倡议相关的"一带一路"国家概况和当代中国国情系列课程。在课改的基础上,对实验、实习、设计等实践教学环节进行强化,提高学生动手能力,使学生能够运用所学的专业理论知识解决实际技术问题。通过对课程的整合、重组和设置,形成新的课程教学体系,核心是打造来华留学生工程教育品牌课程,使他们来华学得好,回国用得上,培养知华、友华的

"一带一路"倡议急需的国际化人才。

第四，采取分类分段的进阶式培养模式。针对来华留学硕士研究生的语言文化背景、知识理论水平、汉语基础、综合素质差异较大的状况，首先按是否在中国完成本科阶段分类，对未在中国完成本科阶段且专业基础薄弱者进行课程补修；再根据学生能接受的汉语或英语授课语言进行分类，开设汉语授课和英语授课教学班。采取"理论＋实践"分段式培养模式，前一阶段学生主要在学校上课，学习理论知识，后一段留学生可以在设立于境内外的"一带一路"工程项目实习基地实习，通过实习项目参与企业生产、研发活动，解决技术难题，并完成毕业设计。

二、解决问题的方法

为"一带一路"沿线国家培养人才是一项系统性、全局性的工作，国家要从发展高度统筹规划高校招收"一带一路"沿线国家来华留学生的工程领域，进一步扩大"一带一路"沿线来华留学生的工程专业学位研究生的规模。地方政府集中优势资源，支持"一带一路"倡议密切相关的特色学科专业建设，满足"一带一路"倡议对工程人才的急需和特需。

国家应该支持高校与企业合作办学，支持各类高校与我国高铁、电信运营等"走出去"的行业企业实行合作办学。提高在"一带一路"沿线国家的中方企业设立实践基础的积极性并形成机制和制度上的保障，需要政府的积极推动、协调与引导。实践环节与境内外的"一带一路"工程项目现场对接，其目的在于培养学生的国际视野，了解他国的工程规则和标准，提升学生的应用能力，满足"一带一路"建设对人才的全面要求。

承担工程专业学位研究生人才培养的高校切实将日常教育实践转变为质量保障行动，持续提高教育质量，加强校内导师的工程实践能力，建设"双师型"师资队伍，争取更多的渠道，派遣相关教师到国外进修、访学，增加教师国际教育经历，丰富教师国际教育经验，扩大中国高校在"一带一路"国家的影响力，吸引"一带一路"国家学生来华留学。

三、实质进展

课题完成的研究内容：
（1）工程专业学位研究生教育在"一带一路"人才培养工作中承担的独特使命；
（2）为"一带一路"沿线国家培养工程专业学位研究生人才的必要性及可行性；
（3）来华留学工程专业学位研究生培养模式；
（4）实现来华留学工程专业学位研究生人才培养目标的保障措施。

四、推广应用成果及贡献

完成了《面向"一带一路"沿线国家来华留学生的工程专业学位研究生人才培养模式研究》课题报告。

相关研究成果可为"一带一路"工程专业学位研究生人才培养和工程教育国际化提供参考和借鉴。

京津冀一体化视域下工程专业学位研究生协同培养模式研究

天津工业大学 尹艳冰

课题编号：2016-ZX-073；课题指南：体制机制改革

一、主要解决的教育实践问题

本研究基于京津冀区域教育协同发展新视角，按"一二三一"的思路，即"一个背景(京津冀一体化)、两个基础(区域经济理论和教育职能论)、三个模式(增长极、梯度推进和网络开发)、一个目标(区域工程专业学位人才协同培养)"的思路(图 1)进行了深入研究，相关研究成果可为促进京津冀地区研究生教育"深综改"和教育可持续发展提供理论解释和方法工具，为我国其他区域研究生协同培养以及经济与研究生教育和谐互动提供参考和借鉴。

本研究着重解决了如下问题：

1. 区域工程专业学位研究生协同培养必要性及可行性的论证

课题通过实际调研和对相关文献的收集整理，从招生制度、课程体系、教学模式等方面深入研究了京津冀区域工程硕士专业学位教育的培养现状，通过研究发现京津冀地区工程硕士的教育培养过程仍然存在着缺乏科学的综合质量评价体系、缺乏完善合理的双师型师资管理机制、资源配置不均衡、人才培养模式单一等问题，而区域协同多元化培养是解决这些问题的关键。在此基础上，以人才培养与区域适切发展这一新视角，论证了京津冀工程专业学位研究协同培养的可行性与必要性。

2. 区域工程专业学位研究生培养与区域经济发展的适切程度的测度

立足于工程硕士的分布差异和经济发展水平差异的相互关系，运用 Pearson 及 Spearman 等相关统计分析方法测度了京津冀工程专业学位研究生人才培养模式与区域经济发展的适切程度，研究京津冀地区地方高校与机构工程专业学位人才培养与区域经济发展的适切性，是为了更深入探究现有工程专业学位人才培养存在的问题，使这类高校和机构在人才培养改革与创新活动中重视适切性发展，以便于在今后更有针对性地在人才培养的某一方面补全不足，从而达到培养高素质人才、推动区域协同发展的目的。通过测度发现工程专业学位研究生培养与区域经济发展具有较高的相关性，但现有京津冀区域工程专业学位人才培养模式尚不能很好地服务区域经济发展。

京津冀工程专业学位研究生培养现状分析

招生制度　—　课程体系　—　教学模式

人才培养
存在的问题

京津冀工程专业学位研究生培养与区域经济发展的适切性测度

非均衡
发展现状　⇒　Pearson相关性
Spearmna等级相关分析　　人才培养与区域经济适切性测度　　京津冀工程专业学位研究生协同培养的必要性与可行性

基于教育合作的国外工程专业学位人才培养模式借鉴

美国　　英国　　德国　　法国

先进理念与经验

京津冀工程专业学位研究生协同培养模式构建

国内外成功
经验借鉴　　增长极
协同培养模式　→　梯度推进
协同培养模式　→　网络开发
协同培养模式

对策与建议

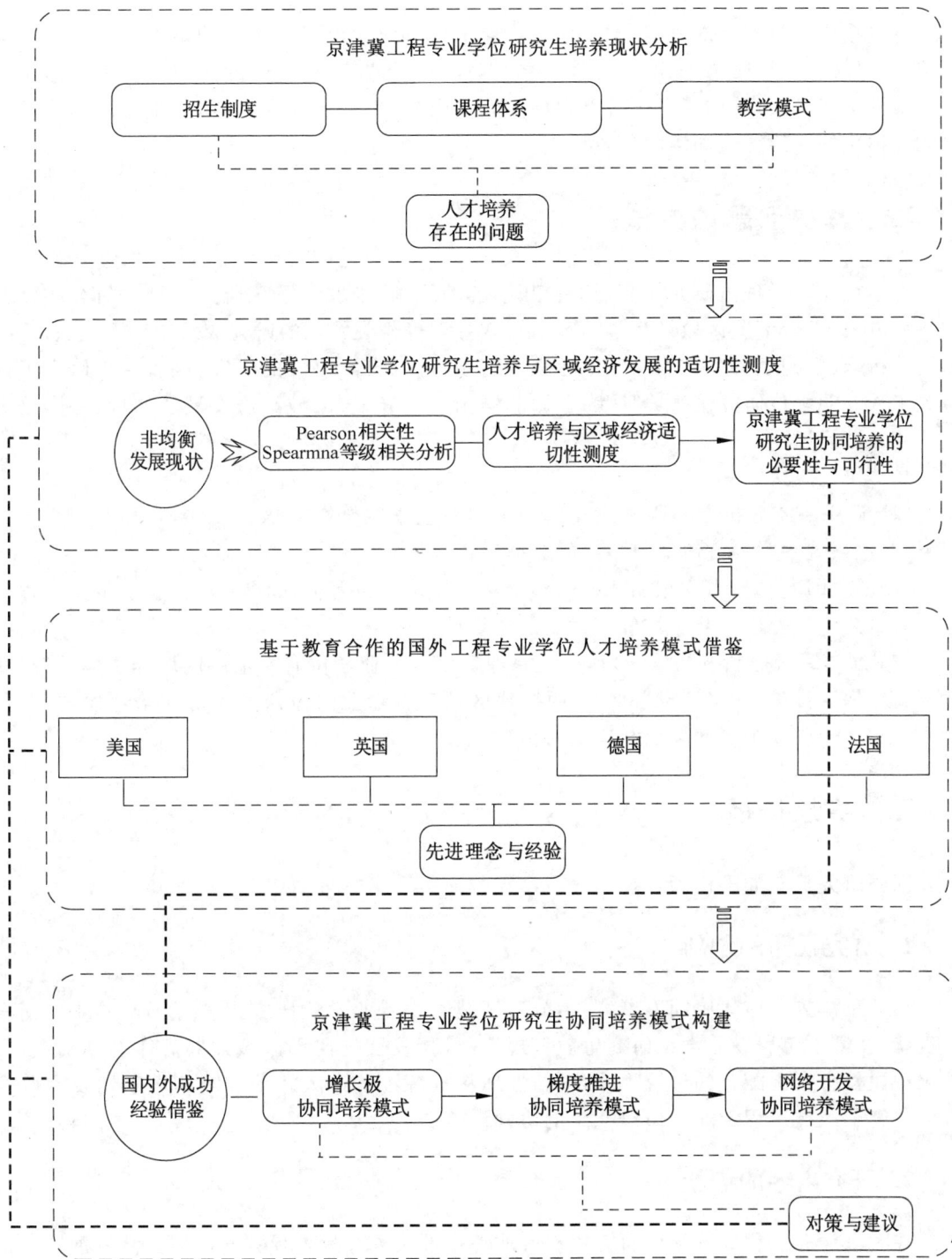

图 1　研究技术路线图

3. 京津冀工程专业学位研究生协同培养模式及运行机制的构建

通过系统分析和层次分解,确定了京津冀工程专业学位研究生协同培养的多元化主体系统,从"增长极、梯度推进、网络开发"3个层面构建了"三位一体"的区域工程专业学位研究生协同培养模式,并构建了包含宏观层面政府引导、中观层面纵横推进、微观层面激活主体的立体化的京津冀协同培养运行机制。

二、解决问题的方法

本研究立足于理论研究与实证分析相结合的原则,采取了系统研究与重点研究相结合的研究方式,综合借鉴区域经济学、管理学、教育学等相关领域的研究成果和理论方法,采用系统分析、数学建模、比较、参与实地考察等管理科学、自然科学的研究方法,深入研究了京津冀工程专业学位研究生培养现状、资源非均衡性差异、与区域经济发展适切性、协同培养模式等关键问题。

具体研究方法:

(1) 运用系统分析方法科学梳理区域工程专业学位研究生培养现状,并综合利用模糊聚类、灰色系统关联等方法对收集到的数据进行分析;

(2) 采用Pearson相关性和Spearman等级相关分析等方法深入分析了京津冀工程专业学位研究生培养模式与区域经济发展的适切性;

(3) 通过系统分析和层次分解,确定京津冀工程专业学位研究生协同培养主体系统,从"增长极、梯度推进、网络开发"3个层面构建区域工程专业学位研究生协同培养模式,并从宏观、中观、微观3个层面提出相应的对策建议。

三、实质进展

课题研究具有如下创新:

1. 研究视角的创新

结合京津冀一体化协同发展背景,分析区域工程专业学位研究生教育资源的非均衡发展现状,在遵循工程专业学位研究生教育规律、科技发展规律和区域发展规律的基础上,突破仅关注教育资源配置的传统思路,创新性地从资源配置和人才培养与区域适切发展两个维度研究了区域工程专业学位研究生的协同培养。

2. 研究内容的创新

在对京津冀工程专业学位研究生教育非均衡性及人才培养模式与区域经济发展适切性分析的基础上,创新性的从增长极、梯度推进、网络开发3个层面构建服务于京津冀一体化背景的跨区域的"三位一体"的工程专业学位研究生协同培养模式。

3. 研究方法的创新

课题采取系统研究与重点研究相结合的研究方式,引入 Pearson 相关性和 Spearman 等级分析等方法,对京津冀工程专业学位研究生教育资源配置状况进行评价,分析各地区工程专业学位研究生培养与区域经济发展的适切性。

课题研究取得了如下进展:

1. 京津冀工程专业学位研究生培养现状分析

通过对大量文献的对比分析和实际调研,从招生制度、课程体系、教学模式等方面对京津冀工程专业学位研究生培养现状进行客观评析,通过对京津冀部分高校工程硕士培养现状的对比研究发现京津冀地区在工程硕士的教育培养过程当中仍然存在着缺乏科学的综合治理评价体系、缺乏完善合理的双师型师资管理机制、资源配置不均衡、人才培养模式单一等问题。

2. 京津冀工程专业学位研究生培养与区域经济发展的适切性测度

京津冀各地工程专业学位研究生教育资源的差异性使研究生协同培养成为可能,然而协同发展并不意味着均衡的同一化发展,区域工程专业学位研究生协同培养既是一种发展状态的描述,更是一个持续的动态改进过程。协同意味着资源共享、利益共赢,以实现区域系统整体功能的最大化及其各子系统的相互促进,从而推进京津冀区域经济的健康、可持续发展。为此,本研究运用定量化模型测度京津冀各地工程专业学位研究生培养与区域经济发展的适切状况,并对不同区域的适切发展状况做进一步的比较分析,探究现有工程专业学位研究生培养模式与区域经济发展的非适切性,进而论证京津冀工程专业学位研究生协同培养的必要性与可行性。

3. 国内外区域工程专业学位研究生协同培养模式借鉴

对国内外工程专业学位研究生协同培养模式进行实证研究,寻找国内外工程专业学位研究生协同培养的成功经验,为京津冀地区工程专业学位研究生协同培养模式构建提供参考。

4. 京津冀工程专业学位研究生协同培养模式构建

在以上研究的基础上,根据京津冀教育发展的特点,科学确定京津冀工程专业学位研究生协同培养主体系统,宏观层面上推动政府间合作,微观层面上推动学校、企业、科研院所等机构的协同合作,并根据不同省市的工程专业学位研究生教育资源水平及其与区域经济发展的适切性,在区内分别构建"增长极、梯度推进、网络开发"三位一体的区域工程专业学位研究生协同培养模式(图 2),并针对具体培养模式提出相应的对策与建议。

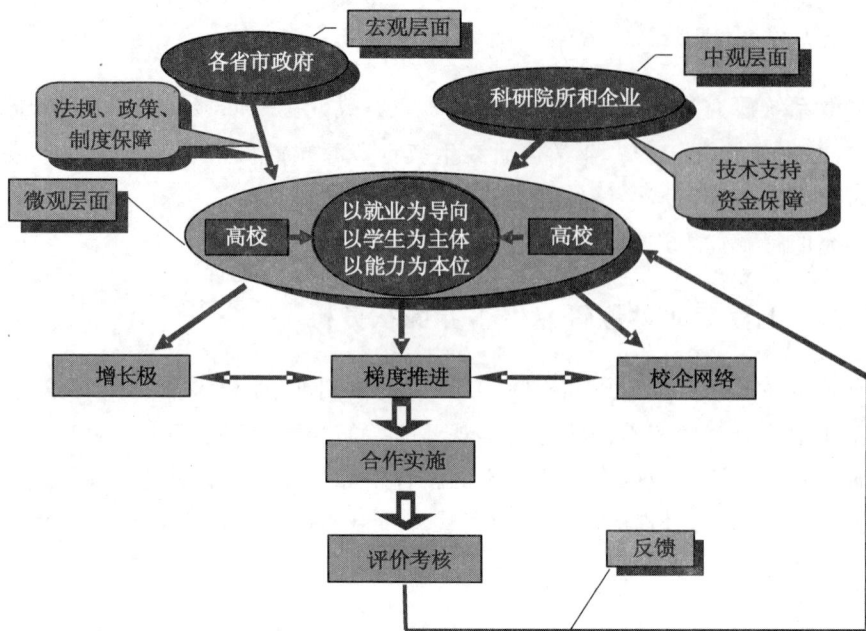

图 2 京津冀工程专业学位研究生"三位一体"协同培养模式

四、推广应用成果及贡献

本研究结合京津冀一体化背景下研究生教育协同发展的实际需求,通过对京津冀工程专业学位研究生培养现状的研究,探析了区域研究生教育资源的非均衡性以及现有人才培养模式与区域经济发展的非适切性,明确区域工程专业学位研究生协同培养的可行性及必要性,构建了包含"增长极、梯度推进、网络开发"的"三位一体"的京津冀工程专业学位研究生协同培养模式。

本研究结果为促进京津冀地区研究生教育"深综改",提升工程专业学位人才培养与区域经济发展的适切性,实现教育系统整体功能最大化以及区域教育协同与可持续发展提供了有益的参考和借鉴。

课题研究取得的代表性成果如下:

(1)研究报告《京津冀一体化视阈下工程专业学位研究生协同培养模式研究》;

(2)论文《京津冀工程硕士培养现状分析》;

(3)论文《国外工程硕士协同培养模式研究》。

《工程合同价款管理与案例分析》教材建设

天津理工大学　严　玲

课题编号：2016-ZX-078；课题指南：规划教材建设

一、主要解决的教育实践问题

1. 创设了"以问题为导向"的合同价款管理理论知识体系

工程管理领域的业务重心和关键就是合同管理，现有大多数教材的编写都是围绕合同管理的知识体系，往往忽略了合同管控的绩效目标之间的交互影响关系，将合同管理简单理解为合同要素、合同策划以及合同文本的管理。

建设工程合同履行过程中的不确定性是合同管理面临的最大难题。从本质上来讲，合同作为项目参与方合作关系的平台，不仅要具有控制功能，还要具有协调、激励功能。要实现这些功能，就要注入合理风险分担机制以实现合同价款的调整。合同价款调整的手段主要包括变更、调价、索赔、签证等，合同价款调整的实现则需要通过结算和支付，合同风险分担的利益分配中产生的纠纷需要通过争议途径得以解决。可见，在合同完整功能视角下，建设工程合同价款的管理体系就应该是一个围绕"合同价格形成—调整—实现—合同价款争议解决"的完整框架。

本书首次以合同功能实现的视角创设了合同价款管理的内容和理论体系。通过本教材的学习，使学生系统掌握工程合同价款管理中的关键问题及相关理论知识，为未来从事实践工作打下扎实的理论基础。

2. 构建了"问题—原则—关切点—案例"的教材编写框架

工程管理专业学位研究生培养中关于合同价款管理的教材鲜有涉足，研究深度不足，大部分教材是对理论知识的简单堆砌，没有形成融会贯通的课程教学体系。

本书摒弃以往教材罗列式的理论教学模式，创设了"问题—原则—关切点—案例"的理论与案例教学相结合的教材编写框架，层层递进，成为本书突出的创新点。将合同管理与工程造价管理相结合，将合同价款作为教学的结合点，明确工程实践中合同价款管理的核心问题，进而寻找解决问题的原则，并用案例说明原则的适用条件。

（1）寻找工程合同价款管理中存在的问题。将合同价款的研究细化为工程变更、法律法规与物价波动、索赔、现场签证、结算与支付以及价款纠纷六大类事项。在此基础上，分别针对以上事项寻找实践中存在的问题，确保问题来源于实践、贴近于实践。

（2）从理论知识中凝练解决问题的原则。针对价款管理中存在的问题梳理理论知识体系，将解决问题所涉及的理论知识汇总、整合，梳理关键脉络，通过将分散的理论知识点互补、搭接、凝练得出解决问题的途径,即原则。

(3) 挖掘原则运用中的关切点。原则只提供了解决问题的宏观指导思想,在指导实践过程中需要进一步根据情况进行深入剖析,确定在运用时需要注意的关键点,即关切点。

(4) 将关切点嵌入案例情境之中,实现了以理论指导实践的构想。理论知识的获得并非最终目的,而是要将理论转化为在实践中的运用。对此,寻找与关切点相匹配的工程实践案例使学生获得感性认识,将理论带入到实践中具体问题具体分析,最终以实践印证理论的适用性。

3. 满足了专业学位研究生执业能力培养的案例教学需要

工程管理专业学位研究生的培养以应用能力为核心,旨在向工程领域输送具有实践能力的专业人才,强调学生实践应用能力的获得。但就目前现状来看,工程管理专业研究生实践教学质量不高、安排不合理,没有将实践能力的培养落到实处。

案例教学能够激发学生参与实践的兴趣,是实践教学的一个重要实现途径。这种教学模式通常应用于问题导向型研究,旨在达到以下目标:一是对传统教学单纯灌输理论知识的模式进行修正,弥补一般教科书叙述简单、推论抽象的弱点;二是在教学中把课内外连接起来,学习理论与解决实际问题相统一,提高学生学以致用的能力;三是通过案例的讨论与分析,充分发挥学生的主体作用,培养学生用理论知识解决实践问题的能力。

本书引入大量关于工程合同价款管理的典型工程案例,以案例情境引导学生对问题深入分析与讨论,共包含精挑细选出的 81 个真实工程案例,并辅以案例分析。案例分析是站在合同价款管理实践立场上,将原则运用中的关切点带入案例进行分析,理论联系实际,不仅针对案例事件分析得出结果,还将结论拓展升华,使学生触类旁通。

二、解决问题的方法

问题的解决主要依照"问题—原则—关切点—案例"的编写框架展开,层层递进,逐步深入。大致分为两个过程,首先是理论问题的提炼,其次是实践案例的选择。

1. 问题的提炼

(1) 能力需求分析

工程管理专业人士执业范围可以划分为全过程造价估算与控制、招投标与合同管理、项目可行性研究与投融资管理 3 个业务范畴,招投标与施工阶段是全过程项目管理中的重要阶段,因此招投标与合同管理能力是工程管理专业人士执业应具备的核心能力,而合同价款管理是合同管理的重要方面,是本书研究的主要问题。

(2) 能力要素分解

合同价款管理是一个宽泛的概念,需要细化为能力要素使其显化。合同价款管理首先是要掌握合同价款调整的手段,这主要包括变更、调价、索赔、签证等方面;合同价款调整则需要通过结算和支付来实现;然而,合同在调整、结算与支付过程中双方产生的纠纷如何解决,也是合同价款管理的一个重要问题。

在明确工程管理专业研究生能力要求及能力要素的基础上,对相关教材对比分析,以期在内容上集思广益、结构上扬长避短,找出适合本教材的逻辑架构和编写框架。能力要素的培养要有理论知识支撑,分别围绕价款管理、工程变更、索赔及价款纠纷等这些能力要素搜索文献、PPT及期刊等资料,挖掘具体问题。这种文献研究的方式弥补了大部分教材大篇幅知识铺陈的弊端,使对问题的研究更加聚焦、有针对性,通过文献综述等方式深入剖析合同价款管理中的关键问题。最终,本书以法律法规及物价波动引起的合同价款调整、变更引起的合同价款调整、索赔引起的合同价款调整、现场签证引起的合同价款调整、合同价款结算与支付以及合同价款纠纷这六大类事项串联合同价款管理的理论知识体系,进一步将这六大事项展开寻找关键问题,围绕关键问题梳理、整合理论知识,使理论知识的重点更加突出,知识点之间融会贯通。同时,理论更加贴近实际,实现了本教材"以问题为导向"的编写构想。

2. 案例的精选

案例的来源主要有两个方面,一是科研成果转化,二是赴企业调研考察。编写组负责人严玲教授及成员曾多次在各级别的期刊上发表学术文章,如《人工费异常波动引起的合同价格调整研究——以云南 AH 水电站为例》《建设工程变更中删减工作引起的利润补偿研究》等。此外,严玲教授拥有多项与企业的横向课题,多次帮助合作的施工单位、咨询单位等企业拟定合同、申请报奖等,这些科研成果为教材编写储备了资源。

为使案例的来源更加丰富、贴近实际,课题组成员多次深入企业进行调研,或邀请专家学者来校进行学术交流。通过企业访谈、会议交流及参加培训等途径收集一手案例资料并加工整理,为教材实践部分的编写储备资料。在调研考察过程中多次与施工单位、咨询单位等大型企业合作,在企业访谈、培训过程中,课题组在积累了大量案例的同时,也积累了丰富的实践经验,为教材案例部分的编写奠定了基础。

通过科研成果转化及企业调研,将收集到的案例资料筛选整理,选择信息完整、内容真实、有针对性的案例进一步加工处理,使得案例分析部分的撰写基于理论又不脱离实际,真正实现了"理论支撑案例,案例印证理论"的初衷。

三、实质进展

本教材从工程管理专业学位研究生的培养目标出发,定位于理论与实践相结合,以建设工程合同价款的形成、调整和实现为主线,采用案例分析的方式阐述合同价款管理原则及其关切点。为使理论与实践的呼应更加紧密,将理论分解为关切点后匹配了精心挑选的案例,以此研究途径使理论与案例相得益彰。截至2017年2月,编写按原计划完成,教材已经过多轮修改完善并准备出版。

本教材共分为7章:第一章为绪论,是对整本书概况及知识体系的搭建;第二章为法律法规及物价波动引起的合同价格调整,内容包括风险分担原则、违约者不受益等原则及相应案例分析;第三章为工程变更引起的合同价款调整,内容包括变更项目综合单价的估价原则、措施项目费的调整原则等及相应案例分析;第四章为索赔引起的合同价款调整,内容包括归因归责原则、有经验的承包人不可预见原则、程序公平等原则及相应案例分析;第五章为现场签证引起的合同价格调整,内容包括程序优先原则、规范性原则、实事求是原则及相应案例分析;第六章为合同价款的结算与支付,内容包括承包人正确履行合同义务的工程量应予计量原则、节点计量、里程碑结算等原则及相应案例分析;第七章为合同价款纠纷及其结算,内容包括合同价款纠纷处理基本原则、遵从惯例等原则及相应案例分析。教材共包含从合同价款管理理论知识中凝练出的 26 条原则和 81 个工程实践案例,内容丰富充实。教材的基本框架如图 1 所示。

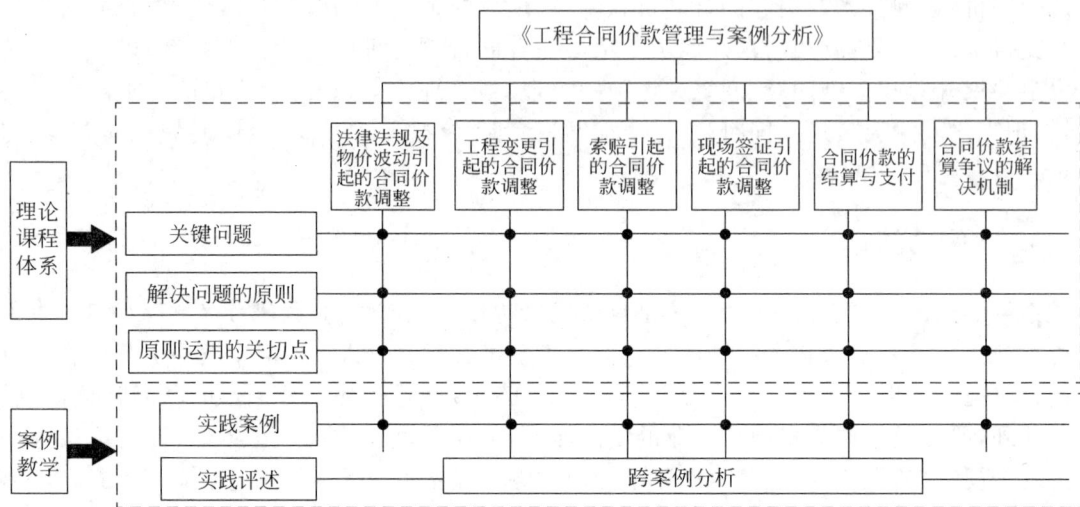

图 1　教材的基本框架

四、推广应用成果及贡献

本教材根据理论与实践相结合的人才培养目标,为工程管理专业研究生的培养提供教学方案。通过该教材的学习,工程管理专业学位研究生从理论和实践两个方面对合同价款的整个过程有更加深入的把控,为将来就业打下良好基础。主要贡献体现在以下两个方面:

(1) 丰富了合同价款管理理论知识体系

以合同功能实现为视角,以问题为导向将分散、片面的知识点互补、搭接形成了一个完整的知识体系,围绕合同价格形成—调整—实现—价款争议解决的框架整合理论知识体系。

(2) 拓展了案例教学方案实施的进路

教材加大案例所占的比重,强调对专业人才实践能力的训练,应用型特点突出。不仅将实践能力的培养通过案例教学的方式落到实处,还借鉴了理论研究中的跨案例分析方法,通过案例评述培养学生举一反三的能力。

总体上,本书响应了全国工程专业学位研究生教育指导委员会的号召,解决了工程管理专业研究生教材理论与实践相脱节的弊端。教材丰富教学研究成果,并且将这些成果不断反馈到教学之中,提高教学质量,为国内相关专业的教材的编写树立了标杆。

煤矿装备领域研究生培养基地
实践体系的建立与运行

太原理工大学　　任家骏、王义亮、刘混举、廉自生、
　　轧　刚、王学文、贾爱芳、杨兆建
课题编号：2016-ZX-096；课题指南：联合培养基地

一、主要解决的教育实践问题

专业学位研究生的培养，关键是实践环节。为了保证专业学位研究生培养工作顺利进行，本研究课题针对煤矿装备领域专业硕士研究生培养过程中存在的实践环节薄弱等问题开展研究，即实践内容不系统、不具体，研究生接触不到真实的设计资料，深入生产一线的机会较少，实践环节的制度不完善和考核方式不健全等问题，这些问题的存在，使得该领域研究生的培养达不到培养要求。通过建立完善的实践培养体系，从工程实践内容、工程实践环节、实践指导教师队伍、实践过程管理、考核办法和评价体系等方面进行探索和实践，结合本专业领域的特点，利用校企间的各自优势，经过几年的运行和实践，初步形成了适应于煤矿装备领域专业硕士研究生培养的实践体系，通过管理体系、制度体系和评估体系等质量监督保证措施，使研究生教育培养全过程得以顺利实施。毕业研究生的工程实践能力和综合素质有了显著的提高，达到了预期的目标。

实践证明经过"煤矿装备研究生培养基地"的培养，研究生在创新能力、学术论文质量、就业率等方面具有明显优势，同时实现了学术型与专业型研究生理论和应用的有机结合，有效地促进了"产学研"各方的协同发展与创新。

本课题是在全体课题组成员协同合作、不懈努力下，经过几年的探索和实践取得的成果。

二、解决问题的方法

（1）实践场地的确定。根据研究生培养领域及专业的特点，以及长期合作建立了良好合作基础的企业，确定煤科总院太原研究院、太原重型机械集团煤机有限公司所属的3个企业为实践基地。

2011年太原理工大学与中国煤炭科工集团太原研究院联合组建了"山西省煤机装备研究生培养基地"，经山西省人民政府学位委员会、山西省教育厅、山西省科技厅联合批准成立。之后，由于研究生数量逐渐增加，研究课题和实践场所的需求也不断增加，太原重型机械集团煤机有限公司所属的企业也成为基地的合作单位。近年来，通过管理体系和制度体系的建设，已逐步建成为山西省煤矿装备领域的研究生培养平台和服务地方经济的科学研

究、资源共享基地。

（2）根据行业特点和研究生培养要求，制定了《煤矿装备领域研究生培养基地硕士研究生培养方案》，强调了与一般研究生培养要求的不同。

采用校、企导师共同负责制的方法培养研究生，培养方案、环节、学术要求等以学校导师为主，课题提出、遴选等以企业导师为主，或由学校导师根据企业的要求提出课题，然后由基地组织相关导师确定研究生的选题，课题研究、学位论文由校、企导师共同把关，实践场所由企业提供，保证了培养工作顺利进行。

（3）根据研究生培养过程，特别是在企业实践的指导要求，制定了《煤矿装备领域研究生培养基地硕士生企业指导教师推荐条例和管理办法》。

遴选出一批学术水平高、业务能力强、有较好工程背景的学校教师和企业技术骨干作为基地的研究生导师，并对校、企导师进行相关的业务培训。企业导师均是企业的技术骨干和项目负责人，并具有研究员或高级工程师职称。学校导师选择在煤矿装备领域具有较强实践经验的学科带头人、教授、副教授和具有博士学位的教师。

（4）根据研究生在基地的培养环节，包括指导教师的确定、课题的来源、选题的确定、答辩的组织等，制定了《煤矿装备领域研究生培养基地研究生管理办法》。

在课题研究阶段，由学校导师负责理论分析的正确性、研究方法的可行性，企业导师负责方案的合理性、实践结果的有效性。中期检查阶段，由校企双方导师共同组成答辩组，全面了解研究生的工作进展、取得的阶段性成果、存在的问题，并提出后续的工作重点和建议。在毕业答辩阶段，除了校企导师组成答辩委员会进行学位论文答辩外，校企导师还要组成项目鉴定专家组，对研究生完成的课题进行鉴定，以保证企业对研究生研究课题经费投入的有效性。

（5）根据研究生在企业完成课题期间可能存在的知识产权保密问题，制定了《煤矿装备领域研究生培养基地保密工作制度》。

研究生在学校和企业完成课题期间，为了维护知识产权、保证企业的核心技术及研究成果不被泄露，制定了保密工作制度，从研究过程的各个环节对所有涉密技术资料进行严格的保密。

（6）为了使研究生在完成课题期间有效地参与工程实践，制定了《煤矿装备领域研究生培养基地实习计划》。

实习计划中明确了进入煤矿装备领域研究生培养基地的研究生的人数，实习的时间、地点，实习的指导老师，实习的内容和要求，以及交通、住宿、工作场地的安全等问题。

三、实质进展

太原理工大学机械工程学院机械工程领域煤矿装备方向 2013 级、2014 级 30 名研究生进入实践基地。

按照《煤矿装备领域研究生培养基地硕士研究生培养方案》，确定了学校导师和企业导师，根据企业提供的研究项目和研究课题，在学校导师和企业导师充分讨论的基础上，确定了研究生的学位论文选题及研究内容。其中偏理论性、基础性的研究课题作为学术型研究生的学位论文课题，偏应用开发的研究课题作为专业型研究生的学位论文研究课题。由此，实现了学术型和专业型研究生理论研究和应用开发的有机结合。培养方案、学术要求等以学校导师为主,实践环节以企业导师为主,课题研究、学位论文由校、企导师共同把关。

根据《煤矿装备领域研究生培养基地实习计划》,研究生在合作企业工程现场或技术中心完成研究课题要求的实践内容。据统计,两届研究生在国家核心期刊上发表有关煤矿装备的设计、制造、控制、测试等方面的学术论文 40 余篇,获得国家发明专利 3 项、实用新型专利 7 项、国家软件著作权 23 项。两届研究生中,除了 2 人继续攻读博士学位外,其余 28 人均就业于国内的装备制造、煤炭、交通、运输、重工以及科研院所等大中型企业。2016 届研究生获得第十二届中国 CAE 工程分析技术年会"优秀论文奖"及第二十七届全国振动和噪声应用学术会议"优秀论文奖"。

在研究生的参与下,由校企研究生导师联合承担了 4 项山西省煤基重点科技攻关项目、3 项校企合作项目;完成了山西省科技重大专项项目 1 项、企业委托项目 1 项;获得山西省科学技术二等奖 1 项。与合作企业共同组建了"山西煤炭资源可持续开发利用协同创新中心"的"煤机装备及其自动化创新平台""煤矿综采装备山西省重点实验室""高端煤矿机械设备协同创新中心"等,为煤矿装备领域研究生的培养打下了良好的基础。

四、推广应用成果及贡献

1. 本课题建立煤矿装备领域研究生培养实践体系,在运行中获得较好效果

(1)通过工程实践环节,参与煤矿装备企业工程实际项目,接受企业文化熏陶,得到创新思维的训练,提高实践能力和社会适应能力;

(2)通过工程实践环节,使研究生导师切实了解煤矿装备企业技术难题和行业共性课题,确立科研方向和研究工作的实际应用,提高自身的工程素养,增加承接煤矿装备企业的实际科研项目,在应用型人才培养中发挥推动作用;

(3)通过工程实践环节,提高创新型人才和应用型人才的培养质量,直接服务地方经济,有利于提升学校在国家及区域创新体系中的地位,有利于学校科技成果的转化,有利于学校多渠道筹措办学经费;

(4)通过工程实践环节,使煤矿装备企业的技术水平得到提高,帮助企业在建模仿真分析,现场测试,实验数据的分析和处理等方面开展工作,使煤矿装备企业工程技术人员应用现代设计理论和方法的能力大大提高。

2. 本课题的研究成果在山西省部分高校研究生培养中起到了示范作用

课题的研究成果在太原理工大学、山西大学、中北大学等高等学校的研究生培养实践中得到了推广应用。例如,推广应用到山西省煤矿工程研究生教育创新中心、山西省电气工程研究生教育创新中心、山西省土木工程研究生教育创新中心、山西省信息技术领域研究生教育创新中心、山西省钢铁材料及冶金研究生教育创新中心、山西省清洁燃料研究生教育创新中心、山西省煤化工研究生教育创新中心、山西省艺术设计研究生教育创新中心、山西省车辆工程研究生教育创新中心、太原理工大学研究生院、山西振东制药研究生教育创新中心等,应用面覆盖了山西省主要地方工业经济领域,取得了良好的效果,在工程领域研究生培养过程中起到了示范带头作用。

基于"学堂在线"的 MOOC 学分认证机制研究
——以工程硕士为例

沈阳工业大学　　逢红梅、卢　玺、黄宏军、王　鑫
课题编号：2016-ZX-103；课题指南：在线课程建设

一、主要解决的教育实践问题

（1）学分认证范围局限

我国 MOOC 教育处于起步阶段，相比国际 MOOC 学分认定的发展，我国 MOOC 学分认定还不够广泛。"学堂在线"尝试推出自己的学分互认体系，推动国内部分知名高校基于"学堂在线"平台进行课程互换，以实现资源互补，将 MOOC 学分推广到更多的高校，但这些学分认证范围较为局限。

（2）学分认证着眼点不明确

目前，学习动力相对课程建设力度失衡，尤其是以学生为中心的体制建设，如学分认证或成果认证。从学生角度看，学习成果认可和作用范围、弹性学习时间、地点与方式等都是研究生参与在线课程学习的受益点，而在体制束缚和传统教学理念下，学分认证认识不到位或政策制定出发点偏离学生利益，不利于课程建设。

（3）学分认证资源和机制不完善

以清华大学创建的"学堂在线"平台提供适合研究生教学的 MOOC 为研究基础，分析 MOOC 学分认证资源状态，在适合研究生在线教学资源严重不足情况下，探索学分认证机制，制定切实可行的措施，推动在线课程可持续发展。

二、解决问题的方法

1. 依托"学堂在线"的学分认证体系设计

从学分认证的组织形式上看，一定离不开办学主体自己设计和认可的 MOOC 学分认定制度，文中以"学堂在线"为基础，从学分认证的宏观环境、课程供给者、课程需求者 3 个方面设计学分认证体系流程（图 1）。

"学堂在线"从各高校吸纳在线课程资源，并为课程需求者提供在线课程及服务，学习者存在自发学习和学校主导下的被动选择学习，课程供给者为合格学习者提供学习证明或成果认证，并转寄给学习者或其所在学校；然后学习者所在学校为学生登记在线学习成绩，并计入学分，抵免校内课程学习。

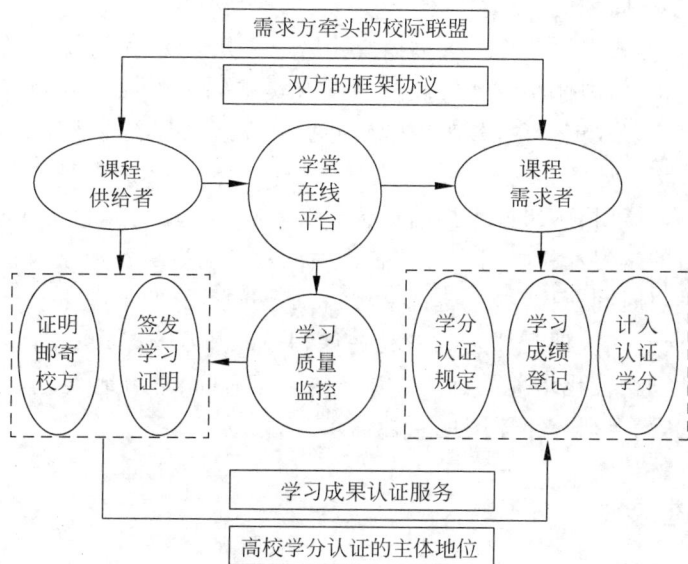

图1　学分认证体系设计图

2. 实施措施

从宏观角度分析，首先应强化高校在学分认定过程中的主体地位，鼓励高校认定MOOC学分，其次对学生在线学习的过程和结果进行评测，约束在线教育规模的盲目扩张，形成良好的在线教育发展生态，最后应从以下两个方面采取具体措施：

（1）课程供给者

第一，现有资源协同整合。"学堂在线"协同创新与整合平台，对现有在线课程的适用范围进行科学分层，区分适用于研究生教学的课程，设立研究生课程专栏和学科课程群，如本文研究的专业课程可放在研究生课程专栏的"计算机科学与工程"课程群中，供全国有意向采用的高校建立校际联盟等。

第二，建立新的研究生在线课程。"学堂在线"会同教育有关部门积极开展在线课程建设，引导研究生任课教师积极关注新形势下的课程建设，形成在线课程。如计算机领域有关的教指委可以组织申报、评审等，选出质量较高的"计算机科学与工程"类在线课程纳入课程群中，并在课程概述与简介中明确适用层次与专业，学时、学分、适用相关课程等信息，实现以学科联盟等形式共同推动课程建设与应用。

第三，做好配套教学服务。为有利推动学分认证，课程供给方应组建相应的管理部门，做好配套服务，保证学有所管。具体可根据学习者的学习记录和完成情况签发学习证明或成绩单，并送达学习者所在学校。

（2）课程需求者

第一，学分认证与互认是受益点。为实现校际学分互认质量，可以着重选择优秀或者积极性较高的研究生参与，取得合格在线课程学习证明抵免校内传统课程教学，并获得相应学分。如果未获得合格学习证明，可提供平时参加MOOC学习过程证明，最终回校内参加课堂考试，获得相应学分。校际学分互认需要相关利益主体进行协调，学校制定相应的学分认可管理办法,并逐步推向社会认可。

第二,弹性学习方式是推动力。国内研究生教学采用学分制,理论上修读学分可以实现时间个性化和自由化,但因体制束缚等高校并没有实施完全弹性学分制管理。高校若能从弹性学习角度出台管理政策,可有效吸引学生并提升在线课程教学水平,可从以下几方面尝试:一是学校可以设立研究生专业课程的先修课程或者从备选课程目录里边指定少量在线先修课程,使具有入学资格的研究生提前修读学分,这样既能充分利用入学前的空档期,也能为研究生入学后的学习和科学研究释放自由时间;二是为因各种原因暂不能课堂上课的研究生创造弹性学习时间,只要能在备选课程目录中选修在线课程并取得合格证明就可以进行学分互认,且允许多次课程学习;三是在课程体系中引入 MOOC,尝试推行弹性学习年限,或长或短,达到个性化培养的目的。弹性的学习时间、学习地点、学制势必带给研究生更多个性发挥空间,满足研究生学习的个性需求。

三、实质进展

1. 分析"学堂在线"研究生教学的 MOOC 现状

以"硕士"和"研究生"为搜索关键词,从"学堂在线"平台上共搜索 18 门明确列明适合研究生教学的课程(表 1),表现出以下特点。

第一,课程以计算机学科、工程学科为主,还包括少量的管理和哲学学科课程,学科分布不均;

第二,参加学习人数差异性较大,多则 14 000 人,少则 35 人,按照 MOOC 的大规模开放课程属性,参加人数严重不足;

第三,提供了随堂和自主学习模式,其中 5 门课程是自主模式,为学习者提供多样化的学习方式,释放更多的自由时间;

第四,授课单位多元化,有 10 所高校提供适合研究生教学的在线课程。

表 1　"学堂在线"有关研究生课程一览表(截至 2017 年 2 月)

课 程 名 称	授课单位	学　科	参加人数	学习模式
高级数据库系统	北京理工大学	计算机学科	2513	随堂模式
随机信号处理	国防科技大学	工程学科	1558	自主模式
大数据算法基础	清华大学	计算机学科	8009	随堂模式
工程应用数学基础	国防科技大学	计算机学科、工程学科	4536	随堂模式
交通规划理论	清华大学	工程学科	1037	随堂模式
化学反应工程	华东理工大学	工程学科	77	随堂模式
线性系统理论	清华大学	工程学科、电子学科	3078	自主模式
工程职业伦理	清华大学	工程学科、哲学	35	随堂模式
工程伦理	清华大学	工程学科、哲学	371	自主模式
小波与科学	哈尔滨工业大学	数学学科	1989	自主模式
小波与科学	哈尔滨工业大学	数学学科	2669	随堂模式
数据挖掘	天津大学	计算机学科	227	随堂模式
项目费用管理	北京航空航天大学	管理学科	201	随堂模式

续表

课 程 名 称	授 课 单 位	学 　 科	参加人数	学习模式
数字媒体科学	北京理工大学	计算机学科	125	随堂模式
项目成本管理	南京理工大学	工程学科、管理学科	1306	随堂模式
管理经济学	清华大学	管理学科	14 000	随堂模式
人工智能	江西理工大学	计算机学科	244	随堂模式
信息隐藏技术	长安大学	计算机学科	87	自主模式

目前,我国研究生每年招生规模已超过 60 万,研究生教育学科门类齐全,与表 1 中在线课程资源和参加人数相比,差距悬殊,而 MOOC 以大规模在线开放为特点,包括教师参与数、学生参加数、学生结课数等,因此在线可供选择的课程资源、教师和学生参与选课的推力严重不足。

2. 课程匹配——以计算机技术工程领域(专业课程)为例

为使研究更具直观性,用"学堂在线"MOOC 资源与沈阳工业大学 2016 年全日制工程硕士——计算机技术工程领域的专业课程进行模糊匹配,然后从匹配引入中发现问题。

模糊匹配的 14 门课程中,只有两门课程进行了模糊对应(表 2),并且匹配的课程没有明确适合的学时和学分,只是列明适合研究生培养之用。从模糊匹配的课程名称上来看,不完全吻合,因此很容易造成不适合本校的研究生在线教学,也表示出研究生层面的 MOOC 资源不充足,无法为研究生在线课程教学提供较多可供选择的资源。

表 2　计算机技术工程领域专业在线课程匹配一览

课 程 类 型		课 程 名 称	学时/学分	匹 配 课 程
专业课	专业基础课	现代操作系统	32/2	无
		高级数据库技术	32/2	高级数据库系统
	必修课	高级人工智能	32/2	人工智能
	选修课	模式识别(信息)	32/2	无
		虚拟现实技术	32/2	
		智能信息检索	32/2	
		信息融合理论及应用	32/2	
		计算机系统安全	32/2	
		计算机图形学	32/2	
		嵌入式系统	32/2	
		机器人技术	32/2	
		模式识别	32/2	
		嵌入式系统	32/2	
		人机交互技术	32/2	

3. 认真分析适合校情的体制机制改革

针对实际案例分析,应针对校情逐步突破体制束缚和传统的教学理念,树立"用即是建""建以致用""应用共享"观念,用学分认证充分结合课程学习者和供给者,达成有效供需关系,促进可持续性发展,取得较好效果。

四、推广应用成果及贡献

(1) 有助于合理规划研究生在线课程建设

通过课题研究能深入分析"学堂在线"课程资源状态,从课程适用范围、学科分类、课程专栏设计、课程基本信息等方面进一步丰富,为学校选用课程提供参考,同时也为 MOOC 平台吸纳新课程提供长远规划性思考。

(2) 以学分认证推动研究生在线课程应用

通过研究进一步验证高校需以在线学习的利益点出发来分析校情,尽快研究出台学分认证体制改革,以带动学习者积极性,扩大在线课程应用广度,促进在线课程可持续发展。同时课程供给者不仅充当课程管理者,还需做好学分认证的配套服务,保证学有所管。

(3) 强化成果分层推广,避免盲目建设或改革

为避免高校"一窝蜂"或"冷漠式"建设,做好分层推广规划,即 985 院校或专业性较强的 211 院校建设在线研究生精品课程和学分认证服务团队,探索学分认证体制;其他普通院校小范围建设具有学科特点或实践性质的课程,更多精力集中在如何应用在线课程;杜绝"绩效考核效应"带来的盲目建设。

(4) 主要贡献

从在线课程建设发展阶段方面,提出学分认证机制是重点,鼓励高校有计划、分层次地开展在线课程教学,强化管理体制方面的建设,尤其是学分认证,以避免盲目建设带来的资源浪费,促使课程真正"活"起来。

(5) 目前应用的局限

沈阳工业大学是一所普通工科院校,其学校影响力、科研水平、资金投入等方面较 985 和 211 院校存在一定差距,所以结合课题研究综合分析研究生在线课程建设条件尚不成熟,目前从校企联合培养、跨校修读课程互认、省级精品课和校级精品课等方面摸索课程建设模式,并深入分析在线课程建设的必要条件。目前 MOOC 平台适用于研究生的课程资源有限,尚不能有效引入本校课程体系中,随着在线课程的丰富和有效应用,择期出台有关学分认证和课程改革策略势在必行。

依托校企联合实验室的工程专业学位研究生创新能力培养研究与实践

沈阳航空航天大学　夏秀峰

课题编号：2016-ZX-109；课题指南：联合培养基地

摘要：工程专业学位研究生在培养方案制订、课程内容安排、实践教学环节设置、学位论文选题和评价等方面与学术型研究生有很大不同。在分析国内外相关研究成果基础上，认真梳理了现行培养体制存在的弊端，提出了依托校企联合实验室进行工程专业学位研究生创新能力培养的策略，包括创新能力提升的核心内容、培养目标及应解决的关键问题。经三年多来两个专业的工程硕士培养实践验证，本文所提出的培养策略对工程专业研究生的创新能力提升有较高实用价值。

关键词：校企联合实验室　工程专业学位　创新能力

一、前言

众所周知，工程专业学位研究生在招收对象、培养方式和知识结构与能力等方面，与工学硕士学位研究生相比有不同的特点。工程专业硕士培养的是市场紧缺的应用型人才，更注重对学生实践能力、创新能力及岗位适应能力的培养。

受传统研究生教育观念的限制，现有针对工程专业学位研究生的培养，在培养方案、课程内容安排、实践环节、学位论文选题和评价等方面过多地照搬学术型研究生培养模式，缺少一套偏重于应用性和实践性的课程体系，导致工程专业型研究生人才培养特色不能凸显，不能达到培养高层次应用型人才的目的。

在目前"创新驱动发展"的大背景下，各高校在协同创新、"产学研"合作等方面开展了大量有益的尝试，许多高校与相关企事业单位创建了为数不少的校企联合实验室，开展了科技攻关、技术服务、成果转化等相关业务，这无疑为工程专业学位研究生的工程实践能力和创新能力培养提供了良好的环境。

二、工程专业学位研究生的培养目前存在的问题剖析

尽管目前采用校企合作模式培养工程专业学位研究生的高校有很多，但由于受到传统学术型硕士研究生教育影响，工程专业学位研究生的培养并没有形成系统化的体制，归纳起来，存在以下几个不足。

（1）没有单独制订工程专业学位研究生的导师遴选办法，往往与学术型研究生导师的

遴选参考同一个标准。一方面学校导师的工程实践背景和能力容易被"学术"掩盖,另一方面,企业导师的工程背景和水平又极易被放大。另外,企业导师的不稳定性也往往使研究生的后期培养出现很多变数。

(2)并未从根本上制订出针对工程专业硕士研究生的特色培养计划、培养方案与毕业(学位授予)标准,往往在学术型研究生培养的基础上稍作调整,尤其在毕业(学位授予)条件的设置方面,没有充分体现工程硕士的内涵。

(3)高校与企业的联合缺少相应政策制度的支撑,没有实现深层次、持久性的合作,也没有创建双方合作的载体,导致长期没有共同合作的课题而流于形式,从而使联合培养研究生逐渐演变成了空中楼阁。

(4)校企联合实验室(中心、研究院)的管理条例中,还缺乏对于人才培养,尤其是工程专业硕士研究生培养或研究生工程实践能力培养的相关内容,使研究生的培养质量具有很大的随意性,缺乏过程化管理机制。

(5)选题方面,往往出现两个极端。一是"纯粹工程化",即研究生在课题(论文)研究期间,丝毫没有学到新的理论、新的技术,仅仅利用传统、成熟的方法和技术完成了某项工作。二是"臆想理论化",即论文(课题)题目看似工程类,却没有实际应用背景,在假想的"应用"中开展研究,完全背离了专业学位研究生的培养本质。

三、工程专业学位研究生创新能力提升策略探索

基于校企联合实验室的实践教学是教学过程的重要环节,是实现应用型人才培养目标的有效途径和重要保证。工程专业学位研究生培养阶段中依托校企联合实验室,校企双方共同参与工程专业硕士培养方案设计、专业实践课教学、实验室建设和管理、学位论文设计指导等环节,实施校企联合培养模式。

在选题方面——从工程实践出发,凝练科学问题;在培养方面——学校与企业导师共同参与指导;在日常管理方面——学生全部进入相关实验室工作;在学位论文答辩方面——以解决实际工程问题为牵引。

1. 专业学位研究生创新能力培养的核心内容

针对工程专业学位研究生的培养特点,依托校企联合实验室,对课程和实践体系、导师队伍建设、校企管理机制等方面进行研究与实践,以期全面提升工程专业学位研究生的实践和创新能力。

(1)合作协议研究与制定

在校企联合实验室创建之初,校企双方通常会签订合作协议,对合作形式、合作范围、合作领域、成果共享方式、成果转化后的受益划分比例等框架协议的重要构成要素做详细的规定,但往往忽略了联合培养人才的内容。

在校企合作协议中,应明确合作双方在工程专业学位研究生联合培养的责任和义务,还应明确在哪些方向、哪些领域开展什么样的联合培养。对研究生联合培养的环境(设备)建设、经费保障、师资保障以及各种规章制度的制定与贯彻都应在合作协议中做出明确规定。

（2）管理规章制度研究与制定

探索并研究校企联合实验室的过程中，建设关于工程专业学位研究生培养方面的职能、人员设置、学生日常管理、考核条件等各种管理规章制度，以期能够满足培养工程专业学位研究生实践与创新能力的需求。在制定各种规章制度的同时，还应注重制度的贯彻落实，并明确违反规章制度情况下的处理措施。

（3）导师遴选办法研究与制定

探索并研究依托校企联合实验室的工程专业学位研究生导师（含学校导师、企业导师）遴选办法。无论对学校导师还是企业导师，除学历、职称、研究方向等一般门槛条件外，对学校导师的工程背景、横向课题的数量、经费额度和企业导师的学术论文数量、科研（攻关）项目、所获科技奖项等，都应做出一般性规定。

（4）培养方案的研究与制定

探索并研究依托校企联合实验室的工程专业硕士研究生的特色培养方案与学位授予条件，使工程专业学位研究生实践与创新能力的培养有计划和结果的保障。"特色"系指与学术型研究生对比而言，该特色主要体现在课程的选择、实践环节、选题类型、毕业（学位授予）条件等诸多因素，不能照搬学术型研究生的培养方案。

（5）选题原则的研究与制定

探索并研究依托校企联合实验室的工程专业硕士研究生选题（开题）审核办法，以期从学位论文题目上能够保证工程专业学位研究生实践与创新能力的培养和提升。

如前所述，工程专业学位研究生的选题，既不能是"纯粹工程化"，也不能是"臆想理论化"；同时要侧重校企联合实验室的合作（攻关）方向，以便学生有的放矢地开展课题研究工作。

2. 基于校企联合实验室的专业学位研究生创新能力培养目标研究

为全面提升工程专业学位研究生的培养质量，必须将培养其工程实践能力和科技攻关、科技创新能力作为首要目标。

（1）从理论和实践两个层面，论证依托校企联合实验室，培养可快速适应企业需求的应用型高层次创新人才的科学性、可行性；

（2）以科学化、系统化和全生命周期管理的思想，探索出一条可实际操作的依托校企联合实验室进行工程专业学位研究生培养的长效机制，保障实践与创新能力的培养和提升；

（3）全面提升工程专业学位研究生的就业质量和就业后的工作适应性，并使之具备创新的意识和基本素质。

3. 应解决的关键问题

（1）课程内容设置和实践教学问题

受到传统学术型硕士研究生教育影响，高等学校在工程专业学位研究生的课程内容设置上照搬学术型硕士的培养课程，缺乏特色。应借助校企联合实验室，为专业学位硕士制定具有特色的课程内容体系。实践教学内容也不同于普通课程内包含的实验内容，而是在企业或开放实验室针对某一任务进行全身心的投入。

现有的校企联合实验室,由于导师与企业的合作不够紧密等原因,使得实验室缺乏活力,并不能真正为学生提供良好的实践环境。而对于在企业进行实践的学生,如何对其实践能力进行考核是学校和企业应该共同探讨的问题。

(2)导师队伍的建设问题

依托校企实验室对硕士进行联合培养,意味着专业学位研究生应由一名校内导师和一名企业导师共同培养,但在双导师培养过程中面临很多问题。

首先,校内导师所带的学术型和专业型硕士没有在主观意识上进行区分,没有分别制定培养的实施方案。

其次,校企导师缺少沟通,学生在学校即参加校内导师的课题,在企业即参加企业导师的课题,并不是真正意义上的双导师共同培养模式。

最后,企业导师的使命感不强,个别导师接收学生只是对其安排一些任务,对于能力提升等方面没有足够的规划和设计,对毕业论文的指导方面缺乏经验。

(3)校企双方的目标差异问题

由于学校实现教育办学活动的目标是育人,而企业实现经营运转活动的目标多在盈利,校企联合实验室的效益产出一般是长期的、非直接的,学校与企业关于校企联合实验室的建设与管理的理念可能存在差异,导致双方的合作初期热情很高,而后逐渐流于形式,无法达到长期、稳固的合作与可持续性发展。

四、结语

本文在前期大量调研基础上,认真梳理、分析了依托校企联合实验室进行工程专业学位研究生培养的科学性、必要性和优势性,研究并制定了一系列可实施性方案,取得了一定的经验。经过3年来的探索与实践,我校计算机技术、软件工程两个硕士专业的培养质量得到明显提升,学生就业质量、就业后用人单位的反馈情况都得到了明显改善。

参考文献

[1] 贾倩,周长峰.基于创新能力培养的车辆工程专业实践教学体系改革[J].科技视界,2015,7(21):58,75.

[2] 郑鹏,吴建权,沈会祥,等."机械工程"专业型硕士研究生校企联合培养创新模式研究[J].科技创新导报,2015,8(22):208-209.

[3] 王姝珺.基于产学研联合培养的专业硕士育人机制研究[D].广西大学,2014,5.

[4] 王兴芬.面向应用型人才培养的实践教学内涵建设及其管理机制改革[J].实验技术与管理,2012,9(9):117-119,122.

[5] 衣伟宏,张庆国.全日制地质工程专业研究生培养模式探讨[J].文教资料,2014,8(23):101-102.

[6] 施尚明,张庆国,刘吉余,等.全日制地质工程专业学位研究生培养模式探索[J].中国地质教育,vol.23(4),2014,12:38-40.

[7] 衣伟宏,张庆国.全日制地质工程专业学位研究生的协同创新实践基地建设[J].教育教学论坛,2015,3(10):127-128.

［8］ 王贵,俞国燕,赵娟,等.全日制专业学位研究生创新能力培养改革探索［J］.当代教育理论与实践,2015,8(8)：41-43.

［9］ 张德强,曾红,王宏祥,等.机类全日制专业学位研究生创新能力培养模式探讨［J］.辽宁工业大学学报(社会科学版),2016,4(4)：96-100.

［10］ 刘平,顾丽琴,吴旭舟,等.研究生培养质量评价指标体系的构建研究［J］.研究生教育研究,2011,5(5)：60-64.

信息化教学与研究生创新教育高效课堂的建构

辽宁科技大学　高　妍、高　云、郝晓亮、方志刚、
徐英黔、葛　牧、白金锋、陈　林、张　伟、赵振宁
课题编号：2016-ZX-114；课题指南：在线课程建设

摘要：利用信息化技术，采用多种现代教学方法，构建研究生信息化教学高效课堂，以自主合作探究为本质，以"创新创业教育"为目标，以学生发展为方向，在研究生课程教学中应用建构主义理论与教学过程最优化理论，通过高效教学模式的实施，结合研究生教育课堂教学的发展趋势，对信息化促进研究生课堂教学效果进行探索，对研究生高效课堂教学体系进行建构，使信息化与研究生教育深度融合，提高研究生创新创业能力及教育质量。

一、主要解决的教育实践问题

信息化教学，是以现代教学理念为指导，以信息技术为支持，应用现代教学方法的教学。研究生教学高效课堂是最接近于理想课堂的教学形式，利用信息化技术，以模式驱动、导学案统领、小组组织为抓手，以自主、合作、探究为本质，以"创新创业"为目标，以学生发展为方向的一种创新教育思想体系。本课题通过分析研究生课堂教学低效的状况及原因，主要解决了如下的教育实践问题。

1. 研究生教育培养过程中存在一些影响研究生能力提升的制约因素

（1）一成不变的学科设置阻碍研究生接受新知识、发展创新思维的可能性；
（2）研究生课程知识结构长久不变，一些方法和技术已经被淘汰；
（3）研究生的研究工作脱离实践，为了研究而开展研究。

2. 现有的研究生培养机制限制了研究生的全面发展

（1）研究生教育教学本科化严重；
（2）研究生创新实践能力不足。

3. 传统教学方法无法适应信息技术的发展要求

（1）传统教学不利于学生对新知识的掌握和理解；
（2）传统教学不利于教师之间相互交流和学习。
本课题在观察、问卷调查、访谈的基础上，将解决课堂教学低效的具体问题及原因作为

本研究的现实出发点,通过对国内外课堂教学的比较研究及对我国信息化教学现状的具体分析,为研究生创新教育高效课堂的构建提供现实参考模型。从系统论的角度对研究生创新教育高效课堂的制度维度、教师维度、学生维度3个层面进行系统的规划重构,探寻研究生创新教育高效课堂构建的思路与对策。

二、解决问题的方法

1. 立足特色发展,科学、有效地制定专业生态培养目标

(1)由创新创业导师委员会、企业专家以及用人单位共同研究确定生态课程体系的设置,使其满足社会需求;

(2)在课程内容选择上注重筛选生态营养的教学内容,避免教材知识陈旧的弊端,多选择体现化工学科前沿知识和交叉知识的内容;

(3)注重理论联系实际,对人才培养的各个生态实践环节进行科学、合理的设计,使实践环节真正做到能锻炼学生的科研能力和培养学生的创新意识;

(4)突出化工学科的理论与逻辑框架,使学生能够得到系统、科学的培养,成长为能推动产业结构调整和经济社会进步的创新型、应用型化工人才。

2. 立足专业发展,科学、有效地开展生态化高效课堂教学

生态化高效课堂教学的显著特征是根据教学内容、教学目标、教学对象以及教学时空和教学媒介的不同选择在教学中采取生态多样的教学方法。

(1)设问研究式教学法

在多个专业的基础课"高等物理化学"教学中对500多名学生进行了设问式教学法课程教学模式的实践,通过提出设问激发学生积极思考、把知识内容讲授转化为能引导学生积极思考的问题,让学生思考、回答,在学习物理化学理论知识的基础上,增加学生亲自参与的科学研究解决问题的模拟训练。

(2)案例化教学法

在环境工程专业研究生必修课"高等环境评价"中采用适应学生就业需求的环境评价案例教学法。在开课两周后将学生分组并下达作业任务,进行实题项目环境评价,编制环境评价报告书(表),题目来源为辽宁科技大学环境评价与技术研究所近年的实际案例。成绩评价采用期末考试成绩与环境影响评价报告表评审成绩相结合的方式,对各组最终成果进行技术评审。

(3)任务驱动教学法

任务驱动教学法能为学生提供体验实践和感悟问题的情境,改变学生的学习状态,使学生主动建构探究、实践、思考、运用、解决的学习体系。在"现代仪器分析"课堂教学中采用任务驱动教学方法,小组成员协助组长完成"任务"。整个课堂教学中,教师主要负责答疑和指导,解决完成任务过程中所遇到的问题。

(4)情境教学法

情境教学是指运用具体活动场景提供学习资源以激起学习者主动学习、提高其学习兴

趣和效率的一种教学方法。在"现代新型化工设备"课程中情境教学法的教学过程：设置问题情境→（学生）发现和提出化工设备常见问题→（学生）研究和制订解决方案→（学生）实施解决方案→教师检验与评价。这种教学模式可调动学生学习的主动性和积极性，充分体现学生的主体作用。

（5）翻转课堂教学法

翻转课堂（flipped classroom）是一种新型教学方法，把传统的学习过程翻转过来，让学习者在课外时间完成针对知识点和概念的自主学习，课堂则变成教师与学生之间互动的场所，主要用于解答疑惑、汇报讨论。

"蓝墨云班课"是一个移动端的 APP。在这个平台上我们上传了结合本校实际开发的高等化学课程（含实验）全部 48 小时的教学课件、课程微视频、动画、讲义及练习题等资源，将学习的过程从传统的课堂延展到了课下，利用学生碎片化的时间，开展微课程的观看以及教学课件和教师课堂教案的浏览，还可以开展教学测试，极大地丰富了课堂教学的形式，提高了课堂授课的效率，也为翻转课堂的实现提供了一定的可操作性，使得学生的智能手机为学习所用。我们自主开发的《基于"蓝墨云班课"的普通化学自主学习平台》在 2015 年获得第十五届全国多媒体课件大赛最佳创意单项奖。

三、实质进展

1. 学习资源包的设计与建设

学习资源包就是指教师布置给学生的课前学习资料，可以有很多种形式，比如采用 PPT 录制软件自己录制的实验仪器、药品、安全知识的讲解微视频，以及跟具体实验相关的实验原理讲解、实验操作演示。当教师把学习资源包中的内容准备好之后，打包并上传到服务器，学生则在计算机上下载学习资源包，课外进行学习。

（1）充分利用国家级、省级精品资源共享课的资源

课上通知学生一些与专业课程相关的课程的网址及资源下载方式，让学生课下进行相关视频的观看及实验过程的预习，例如中国大学 MOOC、爱课程网、网易公开课、辽宁省本科教学网等。

（2）建立班级 360 云盘

建立公共的 360 云盘，教师在云盘上发布学习资源包，把学生需要掌握的各种内容分类上传到云盘，由于 360 云盘的空间足够大，可以任意上传视频文件，学生只要登录就可以非常方便地下载和观看。同时学生的作业及实验报告都可以通过云盘上交，师生可以通过云盘及时交流。

2. 交流空间的建构

交流空间是学生、师生之间的交流平台，其中包括了课程博客、论坛和即时通信工具等模块。课程博客模块可以让学生把自己的课程学习经验、实验成果和感想通过博客的形式记录下来，记录自己的学习过程，同时也可以设置共享。即时通信工具包括 QQ、微信、微博等，在专业课实验实践中主要以微信为主，建立班级微信群，大家可以在群里讨论，把专业实

验现象、实验产品图片发布在班级群里,集体讨论实验现象和产品质量。

3. 自主实验设计与创新实验竞赛

鼓励学生分组进行创新性专业课程实验,根据查阅中外文资料及学习资源包中的材料设计新实验方案,在课堂上与老师、同学交流,达成一致意见后进行具体实验,实验成功后向其他组同学进行推广。

4. 在线课堂

在线课堂分为教师端和学生端两个部分,教师端包括制作学习资源包、上传学习资源包、批改作业和学情监控 4 个功能模块,其中学习资源包包括教师录制的微视频、一些相关的学习资料、专业实验学习系统内部资源链接和实验练习作业,可供学生学习使用。

5. 提供虚拟实验环境

"虚拟实验室"是指在计算机系统中采用多媒体、仿真和虚拟现实等技术实现的虚拟实验环境,实验者可以像在真实的环境中一样完成各种预定的实验项目,具有仿真性强、沉浸度高、不受时间和空间限制、无须考虑实验药品和仪器的消耗等优点。比如,进行一些带有危险性的实验、观察微观世界的物质运动与相互作用等。

四、推广应用成果及贡献

《信息化教学与研究生创新教育高效课堂的建构》项目经过 2014—2015 年的前期研究,2015 年课题校级立项,2016 年 6 月以校级课题为研究基础获批全国工程专业学位研究生教育自选研究立项课题,经过近 3 年的研究历程于 2017 年 2 月顺利完成研究任务,2015—2016 年进行成果推广阶段并发表研究总报告。课题组在 2015—2016 年共发表教学改革论文 9 篇,制作的课件有多门在全国多媒体软件大赛上获奖,研究子项目获得省级以上教学成果奖励十几项。课题组成员主持及参加省级以上教学改革项目 10 项,校级教学改革项目 10 项,国家级"大学生创新创业训练计划"项目 3 项,省级 10 项,校级 33 项,主讲多门研究生相关课程。

编写的《高等物理化学》《高等有机化学》《高等有机化学实验》《高等物理化学实验》《现代仪器分析》《现代仪器分析实验》《高等生物化学》《高等生物化学实验讲义》等讲义在辽宁科技大学化学工艺、生物工程、应用化学、冶金工程、矿物工程、无机非金属材料、金属材料、材料工程、环境工程和应用物理等专业研究生教学中被采纳、应用,取得良好的教学效果,受益研究生在 500 人以上。学生对课堂教学和实践教学的满意率达 95% 以上,各专业 2015 年后就业率超过 95%,得到用人单位的好评。

课题组近几年发表的教学改革论文被南昌大学、华东理工大学、首都师范大学、首都医科大学、江西师范大学等重点高校的作者引用几十次。课题组近几年指导研究生发表科研论文三十多篇,被十几所高校的作者引用百余次。课题组成员指导的研究生在"挑战杯"全国大学生创业计划竞赛、"挑战杯"辽宁省大学生课外学术科技作品竞赛、全国大学生化工设计竞赛、全国大学生节能减排科技竞赛中获得很好的成绩。

建筑与土木工程专业学位研究生
联合培养基地构建机制研究

沈阳建筑大学　　常春光、孔凡文、毕天平、袁日新、
韩　凤、李海英、王　玥、席秋红、任家强
课题编号：2016-ZX-116；课题指南：联合培养基地

一、主要解决的教育实践问题

专业学位研究生教育模式提出的出发点在于增强研究生的实践能力与应用能力。建筑与土木工程专业学位研究生的培养同样离不开在建筑与土木工程领域实践能力与应用能力的培养。

研究生联合培养基地的构建是促进研究生实践能力与应用能力培养的有效途径。然而在实际的教育实践中，研究生联合培养基地的构建存在着一些问题，影响了专业学位研究生教育的实际效果。这里，以建筑与土木工程专业学位研究生的联合培养基地的构建为例，具体说明如下。

1. 专业学位研究生联合培养基地构建的系统性缺乏

目前，许多建筑与土木工程专业学位研究生联合培养基地的构建较为随意，对联合培养基地的构建没有一个整体性、系统性的规划。

2. 专业学位研究生联合培养基地构建的特色定位不足

一些建筑与土木工程专业学位研究生联合培养基地的构建较为盲目，没有从专业学位研究生培养的特色需求出发，没有考虑这些联合培养基地构建的特色定位。

3. 专业学位研究生联合培养基地构建的优势挖掘欠缺

由于一些专业学位研究生联合培养基地的构建比较匆忙，没有充分考虑这些联合培养基地的构建优势，并未对其构建的优势加以深入挖掘，没有充分发挥这些联合培养基地对建筑与土木工程专业学位研究生培养与未来发展的潜在作用。

4. 专业学位研究生联合培养基地构建的运行不规范

从现有的建筑与土木工程专业学位研究生联合培养基地的运行情况来看，大多联合培

养基地运行基本上采用较为简单的粗放式运营方式,不能充分地发挥建筑与土木工程专业学位研究生联合培养基地的运行功效。

5. 专业学位研究生联合培养基地构建的管理模式粗放

在许多建筑与土木工程专业学位研究生联合培养基地中,缺乏科学化、精细化的管理模式,甚至采取"放羊式"管理方式,不能有效地激发建筑与土木工程专业学位研究生积极投入到联合培养基地实践工作的积极性,往往形成事倍功半的效果。

二、解决问题的方法

1. 提升专业学位研究生联合培养基地构建的系统性

基于系统的观点,建立专业学位研究生联合培养基地构建的体系架构。主要包括专业学位研究生联合培养基地构建的主导特色定位、联合培养基地构建的多维优势挖掘、联合培养基地构建的运行机制强化、联合培养基地构建的管理模式创新等方面内容,形成专业学位研究生联合培养基地构建的整体性、系统性解决方案。

2. 明确专业学位研究生联合培养基地构建的特色定位

(1)从目标定位视角出发,实现建筑与土木工程专业学位研究生的个性化特征与联合培养基地提供角色化岗位实践培养之间的高度拟合。厘清联合培养基地能够为建筑与土木工程专业学位研究生提供的各种角色化实践岗位的类型与容量;通过测度建筑与土木工程专业学位研究生的个性化特征与不同类型角色岗位之间的拟合度,为建筑与土木工程专业学位研究生在联合培养基地的实践角色岗位选择提供科学化依据,实现建筑与土木工程专业学位研究生的角色化实践培养。

(2)从模式定位视角出发,改变过去的推动方式,建立拉动方式的模式定位。即从社会与市场对建筑与土木工程专业学位研究生实践能力的需求出发,制定联合培养基地对建筑与土木工程专业学位研究生的实践培养方案,防止从联合培养基地自身角度出发制定实践培养方案,导致实践培养方案与社会及市场需求相脱节。

(3)从流程定位视角出发,建立一套"建筑与土木工程专业学位研究生个性化特征识别-建筑与土木工程专业学位研究生与实践任务匹配程度测度-联合培养基地个性化培养方案制定-联合培养基地个性化培养推进"的个性化与定制化培养流程。

(4)从动力定位视角出发,实现以联合培养基地实际业务与生产实践为建筑与土木工程专业学位研究生的实践内容载体,建立实战性的实践培养的动力定位,并通过专业学位研究生完成实际工作的效果与业绩来实现对研究生实践环节的成绩评定。

(5)从组织定位视角出发,以高等院校为纽带,建立起不同类型的建筑与土木工程专业学位研究生联合培养基地主体单位(政府相关部门、房地产开发公司、建筑公司、建筑规划与研究院、建筑设计院、业主等)的动态联盟机制,依托政"产学研"相结合机制,明确联合培养基地的组织定位特色。

（6）从人才出口视角出发，明确建筑与土木工程专业学位研究生联合培养基地的能力培养定位。

3. 挖掘专业学位研究生联合培养基地构建的优势

（1）从实践接触面视角出发，挖掘出建筑与土木工程专业学位研究生联合培养基地与各个相关主体的密切接触方面的优势所在，为建筑与土木工程专业学位研究生接触到更广泛的实际业务活动、实践操作机会提供良好的实践条件，为其未来从事相关领域工作建立良好的感性认知与能力基础条件。

（2）从实践攻关视角出发，挖掘出建筑与土木工程专业学位研究生联合培养基地在实践攻关方面所具有的独特的优势资源条件，主要包括大型实验设备、大型检测设备与仪器、特种业务资质条件、技术优势、领域地位优势等，为建筑与土木工程专业学位研究生的实践环节培养提供优良的环境条件。

（3）从占领行业制高点视角出发，挖掘出建筑与土木工程专业学位研究生联合培养基地在行业领域制高点的优势条件。例如，联合培养基地的行业领域人才优势、多主体联动优势等，为建筑与土木工程专业学位研究生的实践环节培养提供一流的行业领域实践条件。

4. 强化专业学位研究生联合培养基地构建的运行机制

（1）从联合培养基地的申请进入环节出发，需要强化建筑与土木工程专业学位研究生申请进入联合培养基地的相关流程与制度。

（2）从联合培养基地的分工协作环节出发，需要加强建筑与土木工程专业学位研究生与所进入联合培养基地的实践任务之间的科学分工与协作强化机制，实现专业学位研究生与具体的联合培养基地实践任务之间的分工优化配置，并以实践任务为纽带，建立各个专业学位研究生之间的协作完成工作机制。

（3）从联合培养基地的任务执行环节出发，需要加强建筑与土木工程专业学位研究生在完成联合培养基地实践任务的执行力强化机制。主要包括联合培养基地实践任务完成的指挥协调机制；联合培养基地实践任务执行所需各类资源的动态配置机制；联合培养基地实践任务执行的跟踪反馈机制。

（4）从联合培养基地的运行监管环节出发，需要强化建筑与土木工程专业学位研究生联合培养基地运行监管机制。主要包括联合培养基地日常运行的风险性监管机制、可持续性监管机制；联合培养基地具体实践任务执行的进度监管机制、质量监管机制与成本监管机制。

（5）从联合培养基地的运行调整环节出发，需要强化建筑与土木工程专业学位研究生联合培养基地运行的及时调整机制。主要包括针对建筑与土木工程专业学位研究生在联合培养基地运行中出现的一些问题，及时分析原因，依据性质分别采取实践培养方案调整、分工调整、具体实践任务调整等动态调整措施，确保建筑与土木工程专业学位研究生在联合培养基地顺利完成实践环节，并得到有效的能力培养。

（6）从联合培养基地的运行保障环节出发，需要强化建筑与土木工程专业学位研究生联合培养基地运行保障机制。主要包括联合培养基地的绩效评定与激励保障机制；物资资源要素来源保障机制;运行资金来源保障机制;运行人力资源保障机制等。

5. 创新专业学位研究生联合培养基地构建的管理模式

(1)从联合培养基地组织结构视角出发,需要构建双导师下的矩阵式组织结构。从横向维度来看,每个建筑与土木工程专业学位研究生在具体实践业务负责人指导下完成具体实践任务;从纵向维度来看,每个建筑与土木工程专业学位研究生在研究导师的指导下实现理论与实践紧密结合,完成实践任务。

(2)从联合培养基地考核制度视角出发,需要建立系统化、科学化的建筑与土木工程专业学位研究生实践考核制度。强调专业学位研究生实践工作考核的综合性、集成性,采取定量测评与定性评价相结合、多主体参与(导师评价、项目负责人评价、研究生之间互评)的方式,综合考核专业学位研究生实践的工作量、完成效果、工作难度、工作能力提升度、特殊贡献等方面内容。

(3)从联合培养基地激励机制视角出发,需要建立综合性、点面结合的建筑与土木工程专业学位研究生实践激励制度。采取物质奖励与精神激励相结合、定期激励与不定期激励相结合、常规激励与专项激励相结合、个人激励与团队激励相结合的激励机制,更好地激励建筑与土木工程专业学位研究生在联合培养基地出色完成具体实践任务。

(4)从联合培养基地交接制度视角出发,需要建立完善的、无缝对接的联合培养基地交接制度,确保联合培养基地实践任务的有序开展和专业学位研究生培养的接续性。

(5)从联合培养基地传帮带机制视角出发,需要建立一套传帮带强化制度,实现联合培养基地内新老成员之间的有序交替,确保新成员快速进入实践角色。

三、实质进展

通过上述建筑与土木工程专业学位研究生联合培养基地构建机制的整体解决方案的应用,特别是将其应用到沈阳建筑大学管理学院建筑与土木工程专业学位研究生联合培养基地的实际构建工作中,解决了过去研究生联合培养基地构建中所出现的一些问题与不足。

四、推广应用成果及贡献

随着在沈阳建筑大学其他专业学位研究生联合培养基地构建的具体实践中的推广应用,该解决方案已经取得了初步的效果,提升了专业学位研究生联合培养基地构建的系统性、突出了联合培养基地构建的特色定位、挖掘了联合培养基地构建的优势、规范了联合培养基地的运行机制、创新了联合培养基地的管理模式,从整体上提升了联合培养基地的构建水平,间接地促进了专业学位研究生的实践能力与应用能力的培养。

"卓越计划"理念下工程硕士校企协同培养模式研究
——以沈阳建筑大学机械工程专业硕士培养为例

沈阳建筑大学　　费　烨、郑夕健、谢正义、侯祥林、
刘士明、叶友林、韩艳平、侯玲玲、杨　斌

课题编号：2016-ZX-119；课题指南：体制机制改革

一、主要解决的教育实践问题

主要解决专业学位研究生培养与工程实际背靠背、教师在知识传授过程中工程背景薄弱，致使学生难以将专业知识迅速转化为技术能力而成为满足社会要求的合格工程师的现实问题。

二、解决问题的方法

1. 将卓越计划培养理念贯穿于培养全过程

"卓越计划"主要目标：面向工业界、面向世界、面向未来，培养造就一大批创新能力强、适应经济社会发展需要的高质量各类型工程技术人才。它具有 3 个特点：一是行业企业深度参与培养过程；二是学校按通用标准和行业标准培养工程人才；三是强化培养学生的工程能力和创新能力。

基于专业学位的人才属性，按照"卓越计划"要求并结合我校鲜明的行业面向，我们将机械工程专业硕士培养目标定位于培养以建筑机械的研发和使用为特色的应用型人才，据此构建将卓越计划培养理念贯穿于专业学位研究生培养全过程的特色培养模式。

2. 确立校企协同、研学一体的培养理念

考虑到"卓越工程师教育培养计划"要求，确立"立足行业、面向生产、突出实践、全面发展"的人才培养思路。依据校企协同、研学一体的培养理念，借助校企合作为专业学位研究生结合实际选择研究课题提供环境。培养过程中较强的实践针对性和主动性，利于学生有意识地将所学知识和理论加以运用去解决工程实际问题，从而将知识转化为自身的职业能力，有效提升了专业学位研究生的就业竞争力。

3. 构建校企协同培养新模式

校企协同培养模式是借助高校和企业合作实现研究生培养诸要素之间协调运行,并确保培养目标实现的一种运行机制。这一机制不应仅仅表现为校内理论教学＋企业生产实践的两阶段串联式表象协作形式,而应彼此渗透,贯穿研究生培养的始终。

现今研究生协同培养模式大致表现为两种:①校企联合共建研究生实践教学基地;②校企依托项目联合培养。第一种方式能够满足研究生一般的生产认识实践要求,但将所学知识和理论转化为解决实际工程问题的能力提升效果有限。从实际运行情况来看,第二种方式对专业学位研究生工程能力的提升助力更大,但由于合作对象以及所要解决的企业技术问题的不确定性,使学生的理论学习以及相关管理都存在一些问题。

本课题在第一种方式的基础上重点对第二种模式作了探讨和改革。

三、实质进展

课题研究在教育实践中已取得如下实质性进展。

1. 完成了课程结构体系和教学方式的柔性化改革

专业学位研究生侧重于工程应用能力的培养,其课程体系由理论课和实践环节组合而成。专业学位研究生课程结构体系应体现理论与实践的和谐和统一,考虑到我校机械工程专业特色,主要做了以下调整。

(1)搭建面向实践的柔性化理论教学体系

由于专业学位与学术型研究生培养目标上的明显差别,在设置专业学位研究生课程体系时减少纯理论课程学时,加大实际应用课程占总课程学时的比例。

建筑机械表现为建筑机械钢结构和液压传动与控制两大共性特征,按照专业学位培养目标,在满足专业学位基本平台要求的前提下围绕力学分析、液压技术两条主线,搭建具有建筑机械特色的课程体系,其中以"弹性力学与有限元""工程机械动力学"课程作为钢结构(机构)体现,液压技术则以"液压建模与仿真""液压伺服系统"课程为代表。两条线上的课程依据项目需要柔性组合,实现理论教学与工程实践的无缝连接、学以致用。与工程实践有所关联的部分其他课程,通过模块化课程结构使之具有一定的柔性来适应工程实践的需求。

(2)校企合作贯穿于培养过程始终的工程实践

实践教学是专业学位研究生的重要训练环节,与沈阳北方交通重工集团、抚顺永茂建筑机械有限公司、沈阳三洋重工集团等建筑机械研发企业合作,建立专业学位研究生实习实践基地,安排研究生开展工作:①具有建筑机械工程背景的科研系列实验或以实验为主的科研专题研究;②与建筑机械应用技术相关的硬件、软件设计;③在沈阳北方交通重工有限公司、抚顺永茂建筑机械有限公司进行工程设计、产品研发等方面的实践训练;④参与导师承担的横向课题等方面的科研实践,服务地方经济建设。专业学位研究生在学期间到上述相关企业进行 6~12 个月的实习实践训练,经考核成绩合格获得相应学分。

实践环节以提升基于学生知识和技能的工程应用能力为主线,形成以建筑机械为背景,内容上前后衔接、循序渐进、由简到繁、层次分明、有机结合的实践教学体系,从而将理论教学与科研实践相结合,以培养专业学位研究生的科技创新思维和解决实际工程问题的能力。

（3）适应工程实践要求的课程教学方式

为保证专业学位的工程实践要求。一方面将学位课尽量集中在第 1 学期,在第 2 学期通过模块化课程结构将专业学位课程安排在周六、周日并辅之以互联网＋教学模式,实现了学生碎片化、远程化学习,让学生根据自己掌握知识的程度进行选择性学习,弥补学生由于基础差、教学时间集中、教学密度增大导致的跟不上教学进度问题,同时也有利于学生打造个性化学习方式,从而在保证理论课教学质量的同时尽最大可能避免影响工程实践的连续性。

2. 搭建了实践基地并得以顺利运行

为了保证实践教学与生产实际的紧密结合,建设具有浓厚建筑机械生产背景的校外实习基地,与企业建立长期、稳定的合作关系,此举在专业学位研究生的培养过程中产生了如下效果:

（1）实现了实践对专业学位研究生培养的全程渗透

设计校内的理论学习与企业技术需求的对接方式,改变将培养过程机械划分为理论和专业实践两阶段的串联 1＋1 模式。

首先借助实习实践基地,在研一第 1 学期利用课程间隙安排专业学位研究生进厂了解产品研发过程,将课程内容与建筑机械生产实际结合,同时引导专业学位研究生参与科研项目研究,形成针对工程实际问题具有学着干、干着学、边学边干特征的常态化研学有机交叉机制,以适应建设行业对研究生技术知识结构的需求。

从研一第 2 学期开始,专业学位研究生驻厂实践,根据企业技术和产品研发需求、学生未来职业发展意向,确定基于解决企业工程技术问题的学位论文题目,校内导师、企业工程师依托项目形成课题组共同完成对专业学位研究生的指导工作,使研究生能真正参与企业的新产品或新技术的研发,以保证专业学位研究生的培养质量。

通过上述过程,借助协同企业将实践贯穿于学生培养的全过程,在培养研究生实际工作能力的同时也解决了企业的技术困难,形成学校、企业、学生多赢的局面。

（2）导师工程实践能力得以提升

按照卓越工程师计划要求,专业学位研究生的培养要求研究生指导教师具有较高的专业领域工程素养。导师跟随自己所指导驻厂专业学位研究生共同参加建筑机械相关企业的产品研发,与企业内工程师交流,取长补短,积累实践经验。通过参与并解决实际工程问题的方式既可以提高导师自身工程素养,还可以将自身的理论知识应用于实践,帮助企业解决实际问题,并在这个过程中切实地提高专业实践能力,为培养高质量专业学位研究生提供素质和能力上的保障。

3. 探索并实践了订单式人才培养模式

考虑到专业学位研究生兼有职业教育的培养面向,鼓励专业学位研究生结束一年基础理论学习后,以寻找就业单位的心态应聘企业实习生。成功应聘签订相关协议后,在企业技术需求中确定学位论文的研究课题。截至目前,已有两名专业学位研究生以这种方式完成学业并对口就业。

这种按照企业岗位需求有针对性地培养人才的模式,既满足了企业用人需要,又解决了企业技术问题和学生就业。因此,"订单式"培养应是专业学位研究生校企协作培养的一种有益探索。

四、推广应用成果及贡献

基于卓越工程师培养理念,形成了掌握必备理论知识和解决工程实际问题能力的具有建筑机械特色的专业硕士培养新模式,表现在:

(1)基于卓越工程师的培养理念,以满足建筑机械领域工程实际为目的,构建特色专业硕士课程结构体系,形成了机械工程专业硕士建筑机械特色培养模式的总体方案;

(2)推进了专业学位研究生相关课程的同步改革,以理论够用、技术实用为原则,调整、精炼、完善相关课程的教学内容,实现了专业硕士与学术硕士的区别培养并与贯穿于培养过程始终的实践要求相适应;

(3)设计并实现了研究生企业驻厂实习过程中,基于企业技术问题"学着干、干中学、边学边干","产学研"无缝接合的教学与实践交互渗透融合的实践教学新模式;

(4)确立了专业学位导师对口企业实训模式和长效机制。课题组导师深入建筑机械生产企业,全方位参与、承担产品技改研发工作,为专业学位硕士的培养提供了素质保障;

(5)开始了订单式校企对位培养模式的探索。专业学位研究生结束一年的基础理论学习后,通过应聘企业实习生的方式,按照企业要求,以企业技术课题为导向,实现校企合作对研究生进行针对性培养。

这些成果在专业学位研究生培养过程中的实际应用,取得了如下成效:

(1)专业学位研究生基础扎实,创新能力明显提升

校企协同培养模式下的应用型指向,"干中学、学中干、边学边干"的研学一体化过程保障,使研究生学习目的明确,有利于将知识转化为解决实际问题的创新能力,2014级仅有的两个研究生国家奖学金名额均为课程组指导的专业学位研究生所获便是有力的证明,此外在数学建模竞赛、全国节能减排竞赛中,课题组的专业学位研究生也表现优异同样说明了这一点。

(2)实践引领,专业学位研究生工程意识明显增强

由于培养模式中强调实践全过程贯穿,在学习中需要时刻面对工程技术问题,使专业学位研究生具备了较为明显的工程意识,这使得课题组指导的专业学位研究生大多在求学阶段便具备了参与企业产品研发的能力,这些同学的学位论文均为企业实际课题的研究说明了这一点。

(3)人才培养定位恰当,就业市场优势明显

由于面向行业、生产实际培养应用型人才的定位和将实践贯穿于培养全过程的机制保障,契合了人才市场的需求,使得我校的机械工程专业学位研究生得到用人单位的青睐。截至目前,课题组指导的专业学位研究生毕业时首次就业率均保持 100%,专业对口率 100%。

基于校企联合的交叉学科 ETD 培养模式研究

沈阳建筑大学　　刘　莉

课题编号：2016-ZX-122；课题指南：联合培养基地

一、主要解决的教育实践问题

交叉学科研究有助于提高研究生的创新与实践能力,然而在交叉学科研究生培养过程中,由于学生所掌握的基础知识与所选学科之间存在一定差距,学习过程中存在很大的不确定性,研究生交叉学科发展过程中仍然存在一些问题。首先,学科设置影响了交叉学科的发展。近年来,科学技术飞速发展,一些领域的学科和专业设置已不能适应科学的发展,虽然经过一些改革,但专业口径仍然不够宽,同时导师研究方向过窄,研究生教育迫切需要完善适应社会发展的学科专业体系,迫切需要有利于交叉学科研究生成长的学科环境和培养模式。其次缺少师资队伍支撑,导师基础知识广度不够,缺少相应的科学研究基础和条件。最后缺少从导师及学生角度出发,覆盖从招生至毕业全周期的完善的交叉学科研究生培养模式。

本课题提出基于校企联合,发挥各自优势,针对交叉学科研究生培养模式进行深入研究,提出多方位全周期的交叉学科研究生培养模式与研究生综合素质评估体系,通过实例分析,提出改进措施,为研究生培养提供新思路。

二、解决问题的方法

通过大量调研,收集国内外关于交叉学科研究生培养方面的研究和应用现状,建立招生、培养、学位授予(ETD)3 阶段培养模式,并随研究深入,逐步完善该模式。为评价该模式的应用情况,建立交叉学科研究生综合评估指标体系,逐步完善该体系各层次指标,应用模糊评价法,定量分析交叉学科研究生培养模式的应用情况。以沈阳建筑大学为例,建立具体的交叉学科研究生培养模式,应用综合素质评估指标体系对培养模式进行定量评价,得出评价结论,并针对存在问题提出解决方案。

三、实质进展

1. 建立全过程交叉学科研究生培养模式

按照研究生培养过程中招生(enrollment)、培养(training)、学位授予(degree-granting)3 个阶段,建立全过程交叉学科研究生培养模式(简称 ETD 模式),从导师、学生、管理机构多方位、全周期完善培养模式。

1) 招生阶段(enrollment)

(1) 导师跨学科招生

鼓励研究生指导教师申请跨学科招生。不同学科背景的学生会产生新思维和新想法，导师跨学科招生是培养交叉学科创新人才和促进学科实质性交叉的重要途径。

在招生阶段，要求导师对与本学科相关学科有一定的了解和科研需求，有针对性地招生。这样既能充分发挥学生原有专业优势，又能针对实际问题寻求解决办法，完成复合型人才培养目标。

(2) 学生跨学科报考

目前许多同学跨学科报考，或者选择了交叉学科专业，主要原因是改变原学位、出于兴趣考虑或出于就业考虑。

本项目针对沈阳建筑大学土木学院 2014—2016 级研究生进行问卷调查。各年级学生所占比例如图 1 所示，各年级选择跨学科人数占比如图 2 所示。

图 1　问卷调查来源人数占比

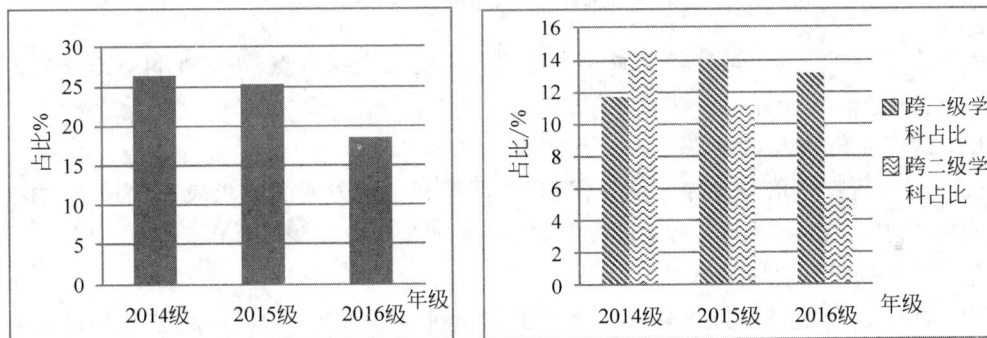

图 2　各年级跨学科人数占比

各年级研究生选择跨学科学习的原因如图 3 所示。

通过进一步调查学生的学习状况，得出在交叉学科(跨专业)研究生培养过程中存在两方面问题：与本科专业知识衔接困难；对所选学科缺少足够认识。

学生考虑跨学科报考或选择交叉学科时，选择专业要符合自己的个性，要能够充分发挥自身优势，而且需要符合未来的职业规划。

2) 培养阶段(training)

(1) 课程体系设置

对于选择交叉学科研究方向，尤其是跨专业报考的研究生，在专业课学习过程中缺少必要的基础，以至于学习存在很大困难。针对这种困境，在培养过程中需要增设一些选修课程或直接到相关专业本科补修。对于所选学科与原专业相差较大的学生，应将基础专业课补修制度化。

(2) 研究生论文工作

研究生导师在招生时，需要有计划地按自己的研究需求安排学生的研究方向，要对学生

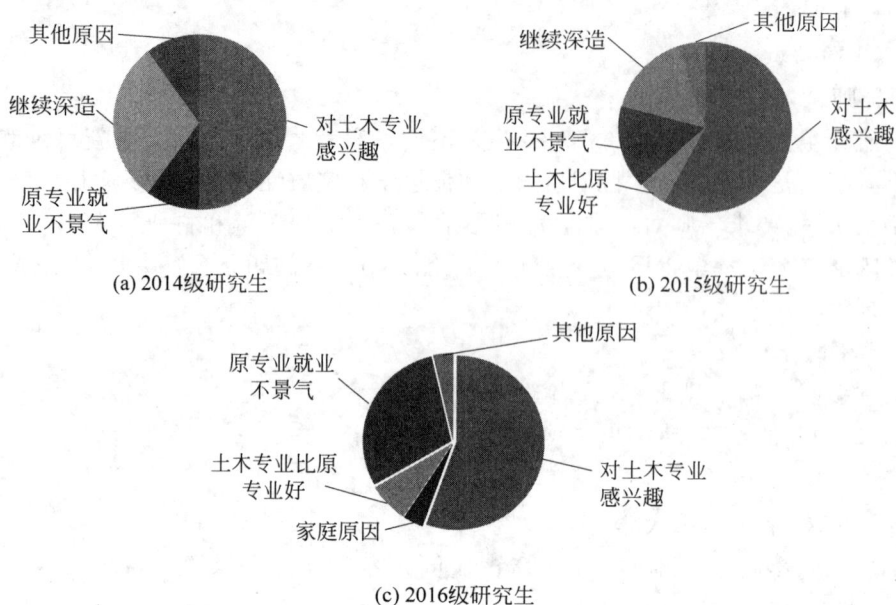

(a) 2014级研究生　　　　　　　　　　(b) 2015级研究生

(c) 2016级研究生

图 3　选择交叉学科的原因占比图

原有专业有一定的了解,同时确定原专业与现专业的最佳切合点,为学生科学地确定研究方向,使学生学位论文具有创新性。

（3）师资队伍建设

交叉学科研究生培养对导师在知识广度、深度和结构方面的要求较高,需要大力推进导师之间的合作,组建导师组实行团队指导,提高导师跨学科知识、素养和能力。

（4）发挥校企联合基地作用

为了落实复合型、应用型、高层次土木工程学科学位人才培养目标,进一步提高研究生的培养质量,沈阳建筑大学与辽宁省建筑设计研究院联合成立"现代建筑产业化"专业学位研究生联合培养实践基地,并签署了《沈阳建筑大学与辽宁省建筑设计研究院共建专业学位研究生联合培养基地协议》。2015年该联合培养基地被辽宁省教育厅评为"辽宁省示范性土木工程学科研究生联合培养基地",被全国工程专业学位研究生教育指导委员会评为全国示范性全日制工程硕士专业学位研究生联合培养实践基地。

沈阳建筑大学通过校企联合基地建设,丰富了课题来源,形成个性化的联合培养方式,实现了导师队伍多元化、研究生培养制度化、教学方式丰富化和论文形式多样化。

3）学位授予阶段（degree-granting）

（1）学术成果的评价

交叉学科的科研成果和学术论文通常是由不同学科背景的研究生共同完成的,在成果评价时,应改变原有单一思维习惯与学科观念,研究成果在要求深度的同时,更注重各学科之间的横向联系,突破原有学科界限,要有一定的广度。

（2）学术论文的评审及答辩

交叉学科研究生的学位论文评阅人和答辩委员应由相关学科的专家组成,保证学位论文评审和答辩质量。交叉学科研究生的学位论文要有创新性,能够在多学科、多领域的结合处有新的发现、发明,做出创造性成果。

2. 交叉学科研究生综合素质评估体系

1) 综合评估指标体系

交叉学科研究生综合素质评估体系第一层次为交叉学科研究生综合素质评估体系;第二层次为学习能力、科研创新能力、实践能力;第三层次为课程学习、外语应用、计算机应用、文献检索及处理、试验操作与分析、独立研究分析问题、学术论文与专著、知识产权、参与科研项目、参与社会实践、论文写作 11 个方面。

根据以上综合素质评估指标体系,运用模糊评价法,对各层次指标进行评价,最终定量地表达该体系在实际应用中取得的效果。

2) 综合素质评价

(1) 确定评价指标权重

① 建立判断矩阵

在同一层次中,将与上一层某项指标有直接联系的指标两两对比,根据相对重要程度给出判断值。同等重要为 1;稍微重要为 3;明显重要为 5;强烈重要为 7;极端重要为 9;它们之间的数 2、4、6、8 表示中值,倒数则是两两对比颠倒的结果。

② 计算单权重及一致性检验

采用方根法进行计算,令

$$\bar{w}_i = \sqrt[n]{\prod_{j=1}^{n} b'_{i,j}}\,(i=1,2,\cdots,n);\qquad w_i = \bar{w}_i \Big/ \sum_{i=1}^{n} \bar{w}_i\,(i=1,2,\cdots,n);$$

$$B_i = \sum_{i=1}^{n} b'_{i,j} w_i\,(i=1,2,\cdots,n)$$

单权重:$\boldsymbol{W} = (w_1, w_2, \cdots, w_n)^{\mathrm{T}}$;最大特征根 $\lambda_{\max} = \sum_{i=1}^{n} \dfrac{B_i}{n w_i}$;$CI = (\lambda_{\max} - n)/(n-1)$;

根据表 1 取 RI 值。

表 1　RI 取值表

n	1	2	3	4	5	6	7	8	9
RI	0.00	0.00	0.58	0.90	1.12	1.24	1.32	1.41	1.45

由判断矩阵求得随机一致性比率 CR,若 $CR<0.1$,则该矩阵满足一致性要求。

③ 计算总权重及一致性判断

若求得随机一致性比率 $CR<0.1$,则满足一致性要求。

(2) 评价方法

① 建立模糊判断矩阵 $\tilde{\boldsymbol{R}}$

模糊综合评判应用模糊隶属度原则,考虑与被评分事物相关的各个因素,对其所作的综合评价。评价的着眼点是所要考虑的各个相关因素。

对于各子系统,可根据习惯划分为很好、好、较好、一般、较差、差等 6 个评语等级,再根据具体项目,确定出每项指标分别隶属于 6 个评语等级的隶属度,从而建立模糊判断矩阵 $\tilde{\boldsymbol{R}}$。

② 计算模糊评价结果$\tilde{\boldsymbol{B}}$

$$\tilde{\boldsymbol{B}} = \boldsymbol{W}^{\mathrm{T}} \times \tilde{\boldsymbol{R}}$$

$\tilde{\boldsymbol{B}}$表示评价对象隶属与所划分的 6 个评语等级的隶属度；
$\boldsymbol{W}^{\mathrm{T}}$表示总权重。

③ 计算评价对象最终得分$\tilde{\boldsymbol{D}}$

$$\tilde{\boldsymbol{D}} = \tilde{\boldsymbol{B}} \times \boldsymbol{C}$$

$\boldsymbol{C}$为以百分制表示的 6 个评语等级的分数所构成的列向量。

3. 交叉学科研究生综合素质评估体系实例

为进一步验证交叉学科研究生培养模式与评价体系，以沈阳建筑大学土木工程学院跨学科研究生培养为例，进行定量综合素质评价。

评价结果折算成百分制为 83.76，这表明现有培养模式属于"好"等级，说明沈阳建筑大学土木学院跨学科研究生培养模式总体良好，同时一级指标实践能力对"好"等级的隶属度高，这表明研究生实践能力培养效果较好，校企联合作用显著。总体看该模式尚有提升空间，还需采取相应措施加强学生的学习能力与科研创新能力，以达到优秀水平。具体措施包括在研究生培养阶段通过奖学金及其他奖励调动学生学习积极性，举办文献检索、科技论文写作等专题讲座；请资深教授给学生们讲解科学问题研究方法和思路，从多方面提高学生的学习能力；增加学生参加学术会议的机会，使学生能够了解相关学科研究现状，开拓思路，有利于在多学科的交叉点寻找科技创新的机会。

四、推广应用成果及贡献

本课题提出基于校企联合，建立适合工程类交叉学科研究生培养模式。通过调研，分析了在招生阶段、培养阶段和学位授予阶段具体存在的问题，从导师招生、学生报考角度，从课程体系设置、论文研究工作、师资队伍建设、实践环节培养等方面进行研究。提出在导师招生、学生报考时，要对交叉学科或跨学科有足够的认识和准备，科学地选择研究方向；提出针对交叉学科或跨学科学生建立补修制度，增强学生基础知识储备；选择交叉学科研究生研究方向要能够充分发挥原专业优势，在多学科融合下做出创造性成果；要求提高导师知识广度和深度，加强导师之间的合作，组建导师组实行团队指导。校企联合有利于交叉学科研究生实践能力培养，形成基于校企联合的全过程交叉学科研究生培养模式。建立研究生综合素质评估指标体系，运用模糊评价法，对各层次指标进行评价，最终定量地评价该体系在实际应用中取得的效果。以沈阳建筑大学为例，对该模式进行定量综合素质评价，得出该模式运行效果好的结论，尤其研究生实践能力较强，校企联合基地作用显著，学习能力与科研创新能力还有提升空间，提出相应措施，进一步完善该培养模式。

协同创新模式下全日制专业学位研究生培养体系的研究与构建

沈阳建筑大学　李孟歆、侯　静、张　颖、张　锐、曹　阳、
许　可、韩忠华、夏兴华、王长涛、黄　宽、许　崇
课题编号：2016-ZX-124；课题指南：联合培养基地

一、主要解决的教育实践问题

针对全日制专业学位研究生特点，打破以往人才培养模式改革在单一高校、单一学科专业的局限，探索高校与行业、企业、科研院所联合培养人才的模式。对研究生实践创新能力培养过程中涉及的培养模式、团队组织、实践教学、基地建设等内容进行了广泛而深入的研究，取得重要的理论与应用成果。通过理论研究和实证研究，形成多元主体协同创新人才培养理论，积极构建校企、校所、国际交流与合作人才培养新体系；研究探索以团队为中心的创新体系架构，形成结构合理、优势互补的指导教师团队；提出以团队为依托的逐级递进式个性化创新人才培养模式，研究创新团队的多层次结构和可持续发展模式，培养一批具有较强科研能力和较高综合素质的创新人才。

二、解决问题的方法

采用了统一的串行式研究思路，分为调研、分析、规划、实践、评估等步骤。

1. 调研

阅读国内外在协同创新能力培养与创新实践体系理论和实践方面的论文、专著和报告等资料；考察和学习国内外各大高校在创新能力培养与创新实践体系建设方面的成功案例，搜集整理创新能力培养的相关数据，重点关注沈阳建筑大学控制学科历年来学生的创新实践活动经历与相应的教师评价、升学就业和社会发展情况。

2. 分析

以数据为基础，以统计和对比为基本方法，依据创新能力培养与创新实践体系的结构和框架，对现有培养模式和方法中存在的问题和不足进行深入分析，讨论造成这些问题的深层次原因，探索教学实践活动与创新能力培养的内在联系与作用机制。

3. 规划

以理论为指导，依据创新实践体系的架构，对团队组织、教学方法、平台建设和实践活动开展等具体创新实践活动建立完整、详细的规划方案。在此基础上，强调创新实践团队的核心地位及其与其他创新实践内容的关系，提出具有明确的可执行性和推广性的控制工程专业学生创新实践体系建设方案。

4. 实践

以协同创新实践团队为核心，以实践教学方法为基础，以创新实践平台的建设为支撑，以科技竞赛为牵引，对创新实践体系进行深入的探索与实践，逐步完善创新人才培养体系的建设。

5. 评估

在创新实践体系的改革与完善过程中，及时搜集和整理教师意见、学生自评、学习成绩、创新实践成果。对学生的创新能力发展水平以及不同阶段的创新人才培养方案和创新实践活动计划进行评估，形成准确、合理的反馈意见，不断地对学生个人的培养方案以及创新实践体系整体布局和运行机制进行调整与完善。

三、实质进展

1. 以协同创新为核心的人才培养模式研究

（1）构建协同创新人才培养新模式

以沈阳建筑大学控制学科为应用对象，探索构建协同创新人才培养新模式。结合教学工作实际，形成校企、校研、国际合作等联合人才培养机制，在实际教学中通过现场学习、课题设计、项目研发等，将企业人才培养需求直接引入在校学习期间，达到学生学以致用、学校培养对路、企业缩短培养期的共赢效果。

（2）以团队为阶梯的创新能力分级成长模式

针对科技竞赛与创新实践项目缺少合理的规划和有序参与的现状，研究如何根据学生的知识水平、学习能力和实践能力，结合科技竞赛和创新项目的难度和特点，建立一条以团队为阶梯的创新实践活动链条，有序开展创新能力培养工作，使学生在合理、连贯的培养计划中稳步提升自身的创新实践能力。

2. 多层次创新实践团队的结构优化与可持续发展机制研究

（1）"教师指导—研究生—本科生实践"多层次团队构架的优化

根据创新实践团队的建设目的与工作特点，研究由教师、研究生和本科生3个层面的人员对上述3个层次的工作进行分工协作，探索不同层次的人员和工作之间的结构性与内在联系，从而实现多层次团队结构的优化与调整。

（2）面向人力资源优化整合的激励与培育机制

遵循"以人为本"的精神，研究如何通过积极、有效的措施吸引具有优秀科研能力和创新精神的教师加入指导团队，并通过建立规范、高效的培训与实践流程快速提升教师的教学水平与指导能力；探索团队创新实践活动与日常教学、科技竞赛、创新实践项目，建立积极的选拔与引导机制，激发学生参加创新实践团队的热情。

（3）面向可持续发展的团队运行与管理

充分认识稳定与更新在团队可持续发展中的辩证统一关系。一方面研究如何建立高效、合理的团队运行管理机制，确保团队的组织、培训、活动与成果推广的周期性平稳运行，研究探索先进的创新理念、实践模式和指导方法，促进学生创新能力的稳步提升；另一方面研究如何推进团队的创新实践内容更新、基地与平台升级、团队人员的流动与相关工作和岗位的调整，使团队始终保持充足的活力与发展的动力。通过以上两方面的共同努力，促进创新实践团队的稳步可持续发展。

3. 以协同创新为主导的创新实践教学方法研究

（1）科技创新实践活动专项培训

研究如何以创新实践团队的指导教师力量为主导，充分调动企业、科研院所、学校的人力与空间资源，针对各类科技竞赛与创新实践项目积极开展专项培训工作，从而有针对性地快速提升团队成员和其他参赛学生的科技创新实践能力。

（2）创新实践团队内部的指导与交流

针对学生的能力、特点、基础以及团队创新实践活动的进程，对团队成员进行深入而广泛地交流与指导。研究如何将团队内交流、讨论、讲座与针对性指导工作纳入到创新实践教学体系中来，从而为日常教学体系提供多种形式的补充与完善，拓展学生的思维方式，完善其知识结构，提升其科技创新能力、团队合作意识与综合人文素质。

4. 基于团队实践活动的创新基地运行管理与科研资源优化利用

（1）以团队创新实践需求引导学生创新基地建设与运行

充分考虑创新实践团队在学生创新基地使用中的主体地位，研究如何从团队开展创新实践活动的需求出发，综合考虑学生创新实践活动的特点、学生的实践能力水平与意愿以及学校的人力、空间及软硬件资源等多方面因素，引导学生创新基地建设与具体运行，进而实现学生创新基地运行和利用效能的最大化。

（2）团队创新实践活动对高校优势科研资源的整合利用

以团队指导教师的科研工作和团队创新实践活动为桥梁，研究如何从创新实践平台的需求与学校的科研实验室软硬件资源和科研成果之间找到关联性与交叉点，通过对学术论文与专利、数据库、软硬件系统等多方面科研资源的成果转化和利用，提升学生创新基地的科技含量，强化创新实践团队的科研能力，并从宣传、推广科研成果和激发教师参与热情的角度出发，形成一种由科研成果向创新实践活动自发转化的机制。

5. 代表性创新实践活动的团队运行模式研究

（1）大学生数学建模竞赛

针对"高教社杯"全国大学生数模竞赛和美国国际大学生数模竞赛（MCM）的赛制特点，研究数模竞赛组织选拔、培训和实践等各方面的机制以及如何通过对多学科方向的教师与学生资源整合打造具有学科交叉优势和学生综合能力优势的竞赛团队，分享和总结更加高效、合理的团队指导、分工与配合模式，尝试在教师之间、学生之间和参赛小组之间形成集合作与竞争于一体的良性互动关系，在提升竞赛成绩的同时全面强化各学科研究生的创新能力、自主学习能力和团队意识。

（2）西门子杯自动化挑战赛

探索学生竞赛梯队的组织方法和行之有效的管理机制；分析控制、机械电子工程等学科学生的动手实践能力，组建软硬件兼备、实验技能突出的竞赛队伍；探讨西门子杯自动化挑战赛与相关课程的互补关系，尝试建立研究生"边做边学"和"学以致用"的学习方法，切实使竞赛与课堂教学建立紧密联系。

（3）全国研究生电子设计大赛

针对全国研究生电子设计大赛的特点，研究指导教师团队的遴选，参赛队伍的组织、管理和培训的方法。根据电设竞赛与邀请赛的参赛规模和命题范围，研究有潜力选手的培养选拔。结合电设竞赛及邀请赛准备活动的实际需求，研究指导教师团队的遴选，参赛队伍的组织、管理和培训。通过分析电设竞赛的技术发展趋势，探索不同学科优化组合方式，形成优势互补、爆发力强的竞赛队伍。

四、推广应用成果及贡献

在不断的实践与总结中形成一套完善的、可以普遍推广的创新实践体系建设方案，通过宣讲、教学论文、主题报告、座谈会等形式在行业、学校、教师、学生等各个层面实现成果的应用与推广，让更多的学生和学校从中获益。

课题在研期间，基于校企（院所）协同，把学校教育与直接获取实际实践经验能力为主的科研紧密结合，将优质资源共享，打造了新型全日制专业学位研究生人才培养模式。课题组成员发表 5 篇教研论文，指导学生参加国家级学科竞赛（第十届全国大学生"西门子杯"工业自动化挑战赛、第十一届中国研究生电子设计竞赛、第二届全国研究生移动终端应用设计创新大赛）获奖 6 项。与企业签署校企共建实践基地协议书、实习合作协议书、"产学研"合作协议书、研究生联合培养基地协议书 4 份。

面向高层次应用型人才培养的专业学位
研究生教材规划体系研究与实践
——以计算机技术学科为例

沈阳建筑大学　　孙焕良、王守金、刘俊岭、孙丽梅、
师金钢、许景科、温　全、马乔矢、宫　巍
课题编号：2016-ZX-127；课题指南：规划教材建设

一、主要解决的教育实践问题

1. 调研情况分析

现有的各专业教材规划以学科知识点为依据，存在以下两个方面的问题：首先，学科知识点按课程划分，粒度较大，课程内部的知识点相对独立，课程间的联系不够紧密；其次，应用实践类的内容不够系统，大多以知识为主导，不是以行业需求为主导，而是体现为对某门课程进行实践。

国外与计算机学科教育相关的协会发展较为完善，协会定期发布的教材规划指导文件都是对计算机学科教材规划研究最新成果的总结和概括。从这些国外教育协会发布的相关教材规划报告中，可以粗略了解国外在计算机研究生教材规划研究方面的大体情况和相关进展。

目前，国内直接对计算机技术专业学位研究生教材规划进行的研究数量较少，对于计算机技术专业学位研究生教材规划的研究整体较为薄弱。与本研究关联较为密切的还有对计算机学术型研究生教材规划进行的研究，该类研究的相关成果对计算机技术专业学位研究生教材规划具有一定的指导作用。在研究方法上，现有的研究都是采用了定性和思辨的方法，缺少问卷调查的实证支撑。

国内的计算机研究生培养一般分为学术型（学硕）与专业型（专硕）两种，且在学生报考研究生时就选定。两种培养模式一般都需要学生在2～3个学年内完成学业，第一学年的主要时间是用于课程学习，而后的时间用于实践项目的开展或学术论文的研究。学习的课程分为学位课与选修课，且每个类别课程总学分与所有课程的总学分都有相应的限制。部分高校会要求学生在校期间公开发表1～2篇学术论文。所有的学生都需要完成毕业论文的撰写，还需要得到至少两位校内同行专家的认可，也有高校会抽选部分毕业论文由国内其他高校的同行来评审。在校内专家或校外专家评审合格后，学生需要准备毕业答辩且通过答辩才能取得硕士学位。有部分省份每年还会随机抽取部分研究生毕业论文进行盲审，若毕

业论文在这个环节不能通过,也需要学生重新修改论文并再次送盲审。由此可见,国内外计算机研究生的培养存在一些异同点。相同之处是研究生在学习过程中都会包括课程学习、项目实践、毕业论文撰写及答辩等环节。学生在校学习的时间是主要不同之一,我国研究生培养周期较长。另一个主要不同在于课程分类的差别,国外是通过知识的广度和深度以及学科特色和优势对课程进行分类并引导学生选择。

2. 解决的关键问题

建立一整套面向高层次、应用型人才培养的专业学位研究生教材规划体系方法,应用该方法可以实现对教材的规划工作,并可以实现对某一具体教材的编写进行指导。以计算机技术学科为例,给出一整套教材规划方案。具体问题包括以下3点:

(1) 面向高层次、应用型人才培养的专业学位研究生教材体系方法学

现有的教材大多针对全日制学术型硕士研究生的培养,面向应用型的培养模式才刚刚起步,与发达国家相比尚缺乏很多经验,因此关于如何做好专业学位硕士教材体系仍需进行深入研究和实践。面向高层次、应用型人才培养的专业学位研究生教材体系建立方法是本项目首要的研究内容。针对这一问题,本课题组以计算机技术专业学位为试点,以培养质量保障体系的建立为重点,专门研究符合"应用型"特色的教材体系构建。

(2) 如何将专业硕士实践教学环节充分体现在教材中

面向应用型的专业学位硕士生必须至少有一年的实践教学时间,这是培养全日制专业学位硕士专业技能、实践能力的关键环节。然而,这一环节目前还存在实践基地匮乏、双导师制责任不够明确以及审核不够严格等诸多问题。因此,在教材体系的建立方面,需充分体现实践技能的培养。针对这一问题,本课题组着重研究如何将实践教学环节映射到教材中的各方面,通过对应用技能的调研,收集、整理实践知识点,系统地将这些实践技能渗透到教材中,并结合工程实践基地建设,将实践课程教材作为学科教材的有效补充。

(3) 面向高层次、应用型人才培养的专业学位研究生教材体系的评价方法

教材的应用情况如何,需要进行有效评价发现问题,从而进行调整。本课题组将通过培养实践,由具有工程背景的专家、管理人员、学生组成评价组,对教材体系、单个教材进行评价,建立合理的评价指标体系和反馈机制,从而更好地指导教材建设。

二、解决问题的方法

通过调研、查阅资料、拟定教材规划的方法,研究教材体系方案,采用的方法如图1所示。

第一步为学科调研工作。主要通过围绕境内和境外两大部分展开,境内以走访211、985院校为主,境外主要通过科研合作伙伴、校友和学生,在相关学科著名大学进行联系,调研的内容包括学科培养方案、知识体系、实践环节、现有教材、行业认证、企业需求等。

第二步工作为应用型需求分析。主要在调研分析的基础上,拟定适合"应用型"专业硕士的培养方案。在培养方案中,对课程结构进行详细说明,强调实践教学的内容和考核(评价)方法,在此基础上将知识点分层次分配到教材中。通过组建培养专业硕士的人才培养基地、实际工程项目培养"应用型"高级技术人才。

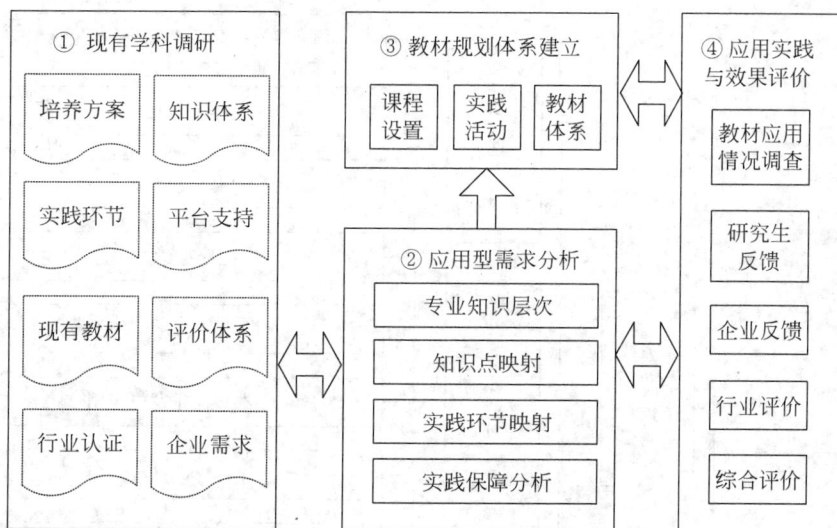

图1　专业学位研究生教材体系的研究系统结构

第三步具体建立教材体系。将分解的实践知识应用到教材的编写中，本部分要结合现有的教材体系，将教材分为了传统知识型、实践型及特色专业型，其中特色专业型更新较快，建立教材指导规划时要注意实践内容的更新。

第四步是应用实践与效果评价。通过实践建立教材质量评价体系，该体系要结合专业学位硕士质量、企业评价、人才质量等因素，加入以企业为导向的质量保障措施，使得培养的应用型人才更贴合企业的需求，为保证专业硕士的培养质量奠定基础保障。评价指标重点考察教材中实践部分的效果。

三、实质进展

根据以上分析，结合本校计算机技术专业学位的实际情况，设计了面向应用型的计算机技术专业的教材体系，如图2所示。体系中给出了能力培养的各个模块与课程知识的对应关系。

同时，给出了计算机技术专业学位课程目标、课程内容、主要参考书目等内容。具体课程包括算法分析与设计、高级程序设计、高级软件工程、数据仓库与数据挖掘、计算机图形图像处理、物联网技术、嵌入式系统开发与应用、大数据处理与云计算等。

四、推广应用成果及贡献

完成了课题的各项目标，共发表教研论文4篇。

（1）完成了学科调研工作。针对计算机技术专业，围绕国内和国外两大部分展开调研，国内以211、985院校为主，国外调研著名大学，调研的内容包括学科培养方案、知识体系、实践环节、现有教材、行业认证、企业需求等。

（2）完成了应用需求分析工作。在调研分析的基础上，制定了适合"应用型"专业硕士

```
计算机技术专业学位教材体系
├─ 学位课教材
│   ├─ 公共课教材
│   │   ├─ 中国特色社会主义理论与实践
│   │   ├─ 自然辩证法
│   │   └─ 高级英语
│   ├─ 基础理论课教材
│   │   ├─ 工程数学
│   │   ├─ 软件过程模型与管理
│   │   └─ 嵌入式系统开发与应用
│   └─ 专业学位课教材
│       ├─ 算法分析与设计
│       ├─ 计算机网络与数据通信
│       ├─ 高级软件工程
│       └─ 高级程序设计
└─ 非学位课教材
    ├─ 专业选修课教材
    │   ├─ 面向对象系统分析与设计
    │   ├─ 计算机图形图像处理
    │   └─ 数据仓库与数据挖掘
    ├─ 能力素质课教材
    │   ├─ 计算机技术学术前沿
    │   ├─ 人工智能及应用
    │   └─ 大数据处理与云计算
    └─ 实践课程教材
        ├─ .NET项目实践
        ├─ Java项目实践
        └─ Android项目实践
```

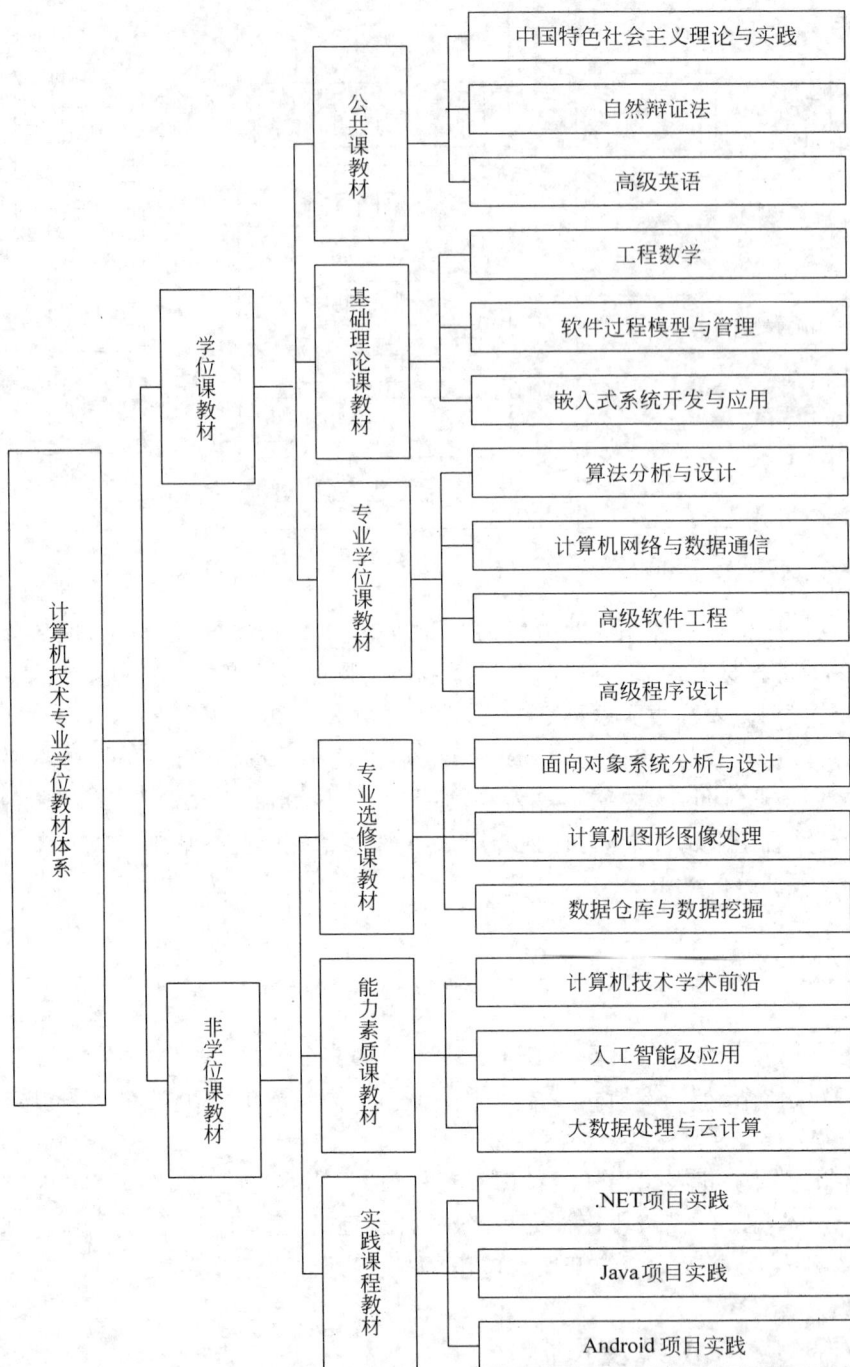

图 2　计算机技术专业学位教材体系

的培养方案。在培养方案中,对课程结构进行详细说明,强调实践教学的内容和考核评价方法,在此基础上将知识点分层次分配到教材中。通过组建培养专业硕士的人才培养基地、实际工程项目培养"应用型"高级技术人才。以此为基础完成了沈阳建筑大学计算机技术专业学位的培养方案。

（3）完成了教材体系建立工作。将分解的实践知识应用到教材的编写中，将教材分类为传统知识型、实践型及特色专业型，其中特色专业型更新较快，建立教材指导规划时要注意实践内容的更新。

（4）完成了面向高层次、应用型人才培养的专业学位研究生教材规划体系研究模型，发表了相关论文。

成果清单

［1］　孙焕良，王守金，刘俊岭，等.面向高层次应用型人才培养的专业学位研究生教材规划体系研究与实践——以计算机技术学科为例［R］.沈阳建筑大学，2017(1).

［2］　王守金，刘俊岭，孙焕良，等.应用型专业学位研究生教材规划体系研究［J］. The 7th International Conference on Education, Management, Computer and Society, 2017.(ISTP 收录)

［3］　王守金，李婷，孙焕良，等.基于大数据的研究生质量评价实施研究［J］.教育，2016(9)：198.

［4］　片锦香，浦春钰，孙焕良，等.大数据时代下的研究生教育质量评价体系研究［J］.教育教学论坛，2016,6(27)：75-76.

［5］　片锦香，孙焕良，张锐，等.研究生教育质量评价体系趋势研究［J］.中国校外教育，2016,5：36,54.

工程硕士研究生技术素质教育与工程实际能力提升的研究

哈尔滨工业大学　赵学增、王振龙、王武义、
杨庆俊、李孟钰、于　淼、于文男

课题编号：2016-ZX-139；课题指南：体制机制改革

一、主要解决的教育实践问题

1. 机械工程学科全日制专业学位研究生技术素质教育的研究

（1）研究了信息时代对工程领域人才培养、人才基本素质的影响；

（2）开展了反映机械工程学科全日制专业学位研究生整体状况的调查设计和调研；

（3）研究了机械工程学科全日制专业学位研究生人才培养基本素质、技术素质教育要求及其与工程专业技术业务的关系；

（4）结合我国现行教育状况和国情，借鉴和吸取发达国家高级工程技术人员基础素质和技术素质教育特点，研究了机械工程学科全日制专业学位研究生基础素质与技术素质教育养成的促成办法和措施。

2. 机械工程学科全日制专业学位研究生实践教学和案例教学课程体系研究

（1）结合学校学科建设，准确把握对实践教学要求的尺度和全日制专业学位研究生的自身接受能力，研究实践教学条件建设、学科专业发展和实验课程体系构建方案，建立可持续发展、有实效反馈的实践教学体系；

（2）研究全日制专业学位研究生教育的完整工程案例教学方法，进行具有工程硕士专业基础技术综合性、代表性和完整性的"面向工程硕士的技术应用类实例课程设计和教学设计"研究；

（3）在哈尔滨工业大学已有的工程硕士实践教学环节基础上，深化研究与校外正规专业技术产业和有研发能力的企事业单位的合作制度和操作规范，建立完备的实习方案。

二、解决问题的方法

1. 机械工程学科全日制专业学位研究生技术素质教育的研究

（1）以设计基本素质和专业技术素质调查问卷的形式，抽样调查在学的 2015 级、2016

级全日制专业学位研究生 120 名,并进行学生素质根源分析和汇总;

(2) 召开在学的全体 2015 级、2016 级全日制专业学位研究生参加的技术素质教育研讨会、导师研讨会;

(3) 结合哈尔滨工业大学工程项目研发特色,走访工程项目专家和调研"大中型工程项目"组织过程、对工程技术人员基本素质和专业技术素质的要求情况与案例;

(4) 走访了哈尔滨市的"哈尔滨第一机械厂集团公司"等大中型企业,调研企业对高级工程技术人员基本素质和专业技术素质的要求;

(5) 向在校生调研已执行的机械工程专业课程专题讲座和技术素质教育讲座效果。

2. 机械工程学科全日制专业学位研究生实践教学和案例教学课程体系研究

(1) 深入理解和分析国家政策和指导文件、哈尔滨工业大学研究生分类培养模式改革体系和成果、学科建设文件,从心理学和教育学理论角度通过设计调查问卷、研究生座谈、导师座谈会等形式准确把握研究对象,获得现状;

(2) 走访本校、各高校工程界专家、学者,进行完整工程项目案例调查(作者本人有工程项目研发经历,也有可选案例)、企业调研;

(3) 理论分析和方案可行性的工程教育界一线专家研讨。

三、实质进展

1. 得出了机械工程学科的工程硕士应当具有的专业技术素养

(1) 机械系统的设计能力是基本素质;

(2) 专业技术活动中事务性业务能力。如实施前的规划与方案拟定、进程预见和控制能力,专业技术文档、有关产品文档的撰写规范化与归档;

(3) 专业技术交流能力。

2. 工程硕士培养存在的共性问题调查结果(这里只列缺点)

(1) 对"工程设计"的概念理解狭隘,缺乏系统性;

(2) 课堂教学与实践教学脱节,为"应试"而学的"短期效应"问题;

(3) 应用研究型人才培养需从教学到论文课题的各个环节进一步做到"务实";

(4) 学生方案设计能力不足;

(5) 本科专业基础知识不扎实给研究生教育阶段带来补"欠账"问题;

(6) 学生与导师积极配合的主动性差;

(7) 部分学生存在"好易恶难"思想意识,更缺乏挑战精神。

3. 素质教育应解决的 3 个主要问题

(1) 如何弥补专业技术素质养成和技术业务所需要的个人素质?

(2) 如何使学生所学的专业知识融会贯通,系统地提升其应用能力?

（3）如何检验、评价学生的专业技术水平和素质？

4. 工程硕士研究生基础素质与技术素质教育养成的措施

1）专业技术素质养成和技术业务所需要的个人素质教育措施

（1）以工程实际中反面案例为例，积极提倡开展有针对性的素质教育；

（2）搜集国内外优秀专业技术者的技术业务事例或直接请他们为学生做素质教育讲座；

（3）适当给学生扮演"教师"角色讲课的机会；

（4）学习德国、日本等国国民及专业技术者做事作风，举办个人行为规范的素质教育讲座；

（5）礼仪与德育教育。

2）专业技术业务素质养成的措施

（1）以讲座的形式开展研究生入学后的学科专业教育；

（2）课堂教学中强化专业基础知识和专业技术的应用教学内容，尝试"教师引导＋学生预习＋重在讲'用'"的教学方式；

（3）发扬学校的工程项目研发特色，开展"工程项目研发与工程技术人才"讲座；

（4）工程硕士学位论文工作及附件 2 的规范化有助于业务实施能力和技术素养的养成；

（5）各课题组和研究室设立研究生课题定期进行研究进展情况汇报制度。

5. 建立了可持续发展、有实效反馈的实践教学体系

结合机械工程学科在应用型硕士生培养上的突出优势学术方向，考虑新研究方向的培育，进行机械工程学科工程硕士实践教学平台的建设，并以独立的课程形式建设一门面向工程硕士的实验课程——机械工程学科工程硕士综合实验课，直接支撑应用型培养计划中 2 学分的实践教学环节。

所建立的实践教学平台支持机械工程一级学科 18 个学术方向中的 9 个优势方向，平台由传感及测试技术实验子平台、数字化制造技术实验子平台、机器人技术实验子平台、微纳米测量技术实验子平台和汽车零件与大型曲面精密成形实验子平台共 5 个子平台构成，为工程硕士的 36 学时、2 学分的机械工程学科工程硕士综合实验课程的全部实验教学服务。建成的实践教学平台可以完成总计 66 学时的实验教学，根据课程的设置和培养计划，要求工程硕士从 5 个实验子平台中选择 22 学时进行本门课程的实验教学。

6. 与企事业单位的合作制度和操作规范的建立

建立了哈尔滨工业大学—沈阳飞机制造集团机械工程领域校外实践基地。

7. 全日制工程硕士能力培养的侧重

在传统学术型工学硕士研究生培养过程中，高校基本注重培养学生坚实、宽广的理论基础，侧重培养学生从事科学研究工作的能力。而对全日制工程硕士则应强调注重对独立担负专门技术工作能力的培养，需要培养学生具有系统的专业技术基础理论、较强的解决实际问题的能力、较好的组织沟通能力和管理专门技术工作的职业能力。对全日制工程硕士的

科学研究能力和创新能力的培养也很重要,但现阶段全日制工程硕士在实践能力和组织与管理能力上面的培养相对缺失,更需要加强。

8. 全日制工程硕士实践能力的内涵

全日制工程硕士应具备实践能力,其中最主要的是工程实践能力。工程实践能力应该是工程人才在新的工程背景下,从事与工程相关工作过程中所必须具备的各种能力,这些能力对于其有效参与社会、进行终身学习具有非常重大的作用,但同时必须面向实践,且与工程活动紧密联系。

机械工程领域的工程硕士学位获得者应掌握以下 4 方面的能力:

(1) 现代设计类知识:包括机械原理、结构、精度、形体的现代设计理论及设计方法;

(2) 制造工艺、设备及制造自动化类知识:包括工艺材料、工艺方法、工艺设计、工艺装备、工艺精度控制、工艺过程及其自动化装备和制造企业信息化技术等;

(3) 工艺实施及装备运行的控制类知识:包括现代控制工程,机、电、流体传动及自动化技术,工艺过程或装备的数字控制技术等;

(4) 产品及装备的测试、试验及评价类知识:包括测试技术、试(实)验设计、状态监控、故障诊断、工艺及质量参数检测评价和标准化技术等。

四、推广应用成果及贡献

1. 项目取得的成果

(1) 作为从事工程技术业务重中之重的学生基础素质存在"欠账",需要在教育过程中弥补技术素质;采取实践教学的强化和综合专业技术基础,应主要考虑专业技术应用中具有代表性和综合性的完整事例、案例教学的课程体系设计。

(2) 计算机给年轻学生带来巨大便利,使得一些在现在看来被计算机取代而在过去需要花费精力和耐力从事的工作消失的同时,也消灭了从事工程技术研发工作中自然而然形成的一些基本素质的培养机会,应在教育过程中给予高度的注意,改善学生过于依赖计算机的现状。

(3) 生源素质参差不齐,在本科阶段接受的文化素质教育程度存在差异,读研的目的也各有不同,加之"独生子女"一代成长的特殊家庭和社会环境,以及片面追求"应试"结果和教育"模式"的误区等因素,使得研究生基础素质养成存在着欠缺。这些基础素质缺陷在目前的研究生培养过程中已经暴露出来,具体体现在学习和研究的目的不良性、工作的责任不足性、思维的盲目性等。需要从师生两方面着手,研究提高个人素质、专业基础,提高包括专业学位论文、技术文件写作规范和专业技术论文发表等在内的专业技术业务素质的办法和措施。

(4) 构建机械工程全日制硕士研究生的实践教学体系,研究具有应用型研究生专业基础技术综合性、代表性和完整性的"面向应用型研究生的技术应用类实例课程设计和教学设计"。

2. 应用情况

本研究成果在哈尔滨工业大学机电学院 3 届 780 名全日制工程硕士的教学中进行了应用。根据应用情况，我们认为应用型人才的培养具有特殊重要的意义，其根本的问题不仅在于培养条件是否更优越，而在于受培养者的思想意识问题。长期积累的陋习、不良行为和思想意识很可能就是拥有高级专业技术业务知识的工程技术人才的最大弱点。优秀、合格的应用研究型人才的培养首要问题是个人素质，然后是专业技术业务素质。如果个人素质优良，专业技术业务素质的提高就不会是大问题。

本研究内容属于机械工程学科工程硕士基本素质和专业技术素质实际情况调查及相应提高专业技术素质措施的理论和实践研究，还需经专家们，特别是企业专家们的有效性审定和认可。

基于校企合作的软件工程专业系列案例教材建设

哈尔滨工业大学　王忠杰

课题编号：2016-ZX-140；课题指南：规划教材建设

一、主要解决的教育实践问题

软件工程是教育部批准的比较年轻的一级学科。与计算机科学与技术学科相比，软件工程更强调系统性和实践性。大数据时代的来临，对人才培养的质量提出更高的要求，既要求有系统的理论知识，也要求有较高的实践技能。软件工程核心课程的相关理论抽象性很强，单纯的理论学习会让学生感到内容枯燥乏味；软件工程又是实践性很强的课程，没有实践的理论讲解无异于纸上谈兵。与社会需求相比，我国很多高校在软件工程专业的课程设置和人才培养方面还存在一些问题。例如，教材和课程设置更偏向理论分析、理论与实践脱节等，导致学生毕业后需要在专门的培训机构进行培训才能上岗。

案例教学以实际案例的分析来揭示软件理论和软件内在规律，被广泛引入软件工程核心课程的教学之中。案例以相似性为基础，通过案例确认理论模型，构造和确认事物发展变化的过程，使认知者加深对理论的印象，能够提高学生解决问题的能力和实践能力。有文献开展对比实验表明，实施案例教学法激发了学生的学习兴趣，提高了学生利用软件工程理论解决实际工程问题的能力。然而目前案例教学中存在技术落后、水平低下、教材匮乏等问题，使得学生接触不到前沿的项目和技术，不易得到充分的实践锻炼。这一状况直接导致培养出来的学生达不到企业要求，而要成长为具备较高专业素质的软件人才则还需要几年的时间。人才培养质量与企业需求的脱节，使得教育质量大打折扣，不但增加了人才培养成本，更影响了社会生产效率的提高。如何设计或选用恰当的案例是培养"学以致用"高素质人才的迫切问题。

本项目意在基于校企合作模式将企业实际项目引入到软件工程案例教学中，对于解决当前亟待应对的问题具有重要意义。首先，从企事业单位的实际项目中精选出典型的、有代表性的、最能揭示所学理论和知识体系的案例，用于软件工程课程教学，既可以得到理论联系实践的效果，又可以使授课内容更贴近企业实际，让学生在学习阶段就接触软件企业的真实项目，从而有利于学生尽快把课堂知识转化为实际能力。其二，用企业真实项目贯穿理论教学，让学生在学习过程中感受到真实的需求、设计、实现和测试，可以在很大程度上提高学生的学习兴趣和主动性。再者，将企业实际项目引入到课程教学中能够促进教学工作进一步从面向理论、面向教材的人才培养模式向面向应用、面向实践、面向企业的人才培养模式转变，实现课程的教学目的，达到人才培养质量满足企业需求的目标。另外，考虑到课堂教学时间有限，限制了学生能够接触的案例，精选的案例，如果可以编写为教材，不仅为老师备课提供宝贵素材，有效弥补很多教师自身经验不足的问题，更重要的是让学生大量涉猎丰富的优秀案例,在帮助他们巩固理论知识的同时也开阔了眼界。

在案例教材项目研究过程中,重点解决了如下 3 个关键问题:

(1) 案例教材选题问题。可以纳入教材的案例在数量上几乎是无上限的,在类型上也是五花八门,本项目需要从浩瀚的案例中选取和确定系列教材的重点类型。

(2) 案例素材选择问题。一旦确定了系列教材的选题,就要采集对应的案例素材。本项目在确定素材时,既要考虑案例的代表性、连续性、理论性、全面性,还要保证案例具有一定难度和高质量,起到榜样的作用。

(3) 素材加工与改造。企业实践项目往往问题规模庞大,复杂性较高,并不适合直接用于教学,必须经过提炼和抽象后形成符合课程知识体系并适合课堂教学的教学案例。

二、解决问题的方法

本项目按照图 1 所示的 6 个阶段开展研究。

第一阶段进行调查和调研等准备工作。分析现有教学大纲,建立软件工程核心课程知识点间的图谱,调研已出版的案例教材,并在学生间开展问卷调查,弄清楚当前教材的缺陷和学生们的真正需求。

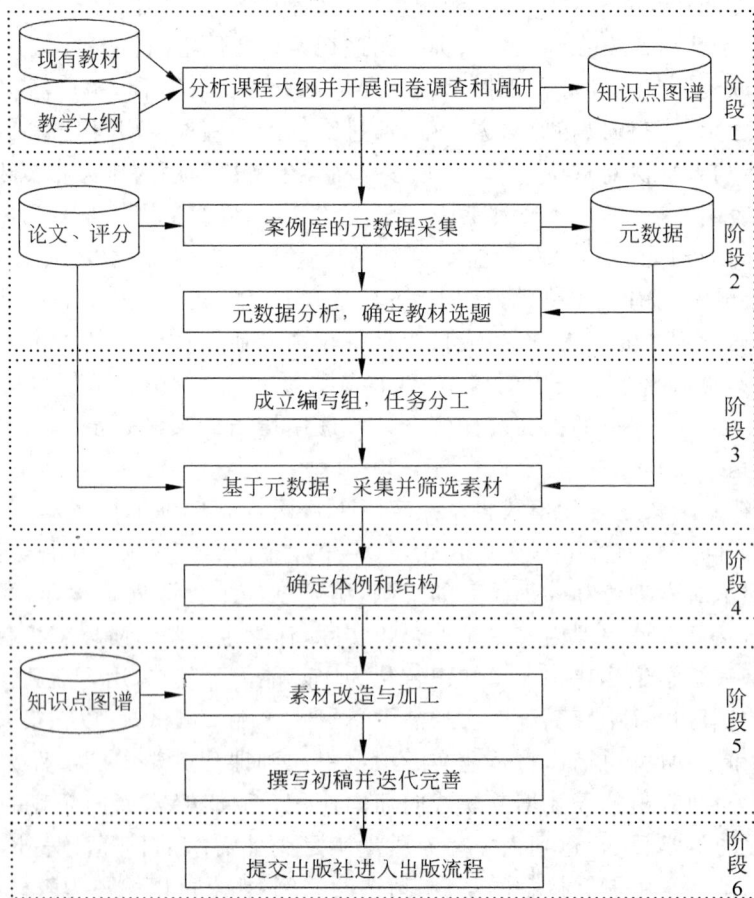

图 1 项目总体方案

第二阶段是开展案例教材的选题。本项目提出基于元数据分析的方法解决这一关键问题。首先收集案例库的元数据,选用最近 5～10 年的硕士论文题目和答辩评分作为元数据之一,基于历史数据驱动的方式对优秀硕士论文进行初步汇总和归类,从而确定系列教材的选题,分别是互联网 & 移动互联(选题 1)、数据密集 & 计算密集(选题 2)和嵌入式 & 物联网(选题 3)方面的应用。

第三阶段则是案例素材选择阶段。为了保证案例的代表性、连续性、理论性、全面性、技术难度以及质量,本项目充分利用答辩专家的投票数据作为先验知识,帮助每个选题下教材编写组选择合适的素材。例如选题 1 更侧重软件建模、软件体系结构、支撑平台等方面,选题 2 更侧重算法设计、软件体系结构、并行/分布式等方面,选题 3 更侧重数据采集、能耗管理等方面。本阶段也与实习企业密切配合,妥善处理了素材的版权问题。

第四阶段拟定教材的体例和格式。全书的宏观结构由序言、目录、正文、附录和参考文献组成。每本教材的正文按照背景介绍、需求分析、系统设计和实现、系统测试与讨论的主线展开。

第五阶段是撰写教材初稿阶段。教材编写组对案例素材进行系统改写,删繁就简、凸显重点,建立与核心课程知识点的联系;在加工好的案例基础上撰写教材初稿,并不断根据反馈数据迭代修改。

最后阶段则进入出版流程。在此阶段,出版社编辑给出编辑意见,进一步提高案例教材的质量。

三、实质进展

本项目按照如下 5 个里程碑执行,已经全部完成。

(1) 里程碑 1:2016 年 4 月

设计调查问卷,分析课程大纲,调研已有案例教材,确立教材撰写的指导思想。

(2) 里程碑 2:2016 年 6 月

案例库元数据收集与分析,确定教材的选题范围并成立编写组。

(3) 里程碑 3:2016 年 9 月

素材选择、整理、加工。

(4) 里程碑 4:2016 年 11 月

教材初稿撰写,联系出版社,签署出版合同,出版教材。

(5) 里程碑 5:2017 年 2 月

准备电子教案、多媒体课件,撰写课题总结报告。

目前,完成两本教材的初稿,发表 3 篇教学研究论文,并得到另外两项教改项目的资助。

四、推广应用成果及贡献

项目组所在单位与国内外 500 余家知名企业建立了长期校企合作,每年输送 90% 以上的硕士生直接进入企业完成硕士论文。在软件工程多门核心课程上尝试从硕士毕业论文中提取优秀的案例,用于研究生教学,取得了较好效果。比如在物联网原理与技术课程中,结合来自企业真实项目的名为"智能环境探测导盲杖的设计与实现"的案例进行讲授,激发了学生们的浓厚兴趣,巩固了他们对于物联网原理的掌握,最终还产生了多件在此基础上进行扩展的新作品。

项目组在执行本项目的过程中,取得了一系列研究成果,包括完成两本教材的初稿,发表期刊论文 2 篇和会议论文 1 篇,教材草稿用于研究生的教学培养过程。另外,在本项目的研究过程中,项目组获得了相关的多个教改项目立项。具体成果详见表 1。

表 1　项目研究成果清单

类型	详　　情
论文	1. 陈鄞,苏统华,黄虎杰,等.基于校企合作的软件工程专业系列案例教材建设[J].计算机教育,2017,(3)。 2. 苏统华,李全龙,涂志莹,等.校企共建模式的创新实验课程建设体系[J].2017.(接收,预计出版于第 8 期) 3. TU Z Y,SU T H,WANG Z J,et al. Architecture-Driven Software Development:New Teaching Framework Undergoing in HIT[J]. CEISEE,2017.
教改项目	1. 涂志莹、王忠杰、苏统华,等.线上线下混合教学法在面向服务的计算课程中应用的创新与实践.黑龙江省教育厅教改备案课题. 2016.7—2018.7 2. 陈鄞、王忠杰、黄虎杰,等.基于校企资源共享的软件工程专业系列案例教材建设.哈尔滨工业大学教育教学改革研究项目. 2016.7—2018.7
教材初稿	1.《软件工程专业系列案例教材——Web 和移动互联网系统》 2.《软件工程专业系列案例教材——物联网与嵌入式系统》

本项目所取得的成果颇具特色。本项目基于校企合作的企业真实项目,采用数据驱动方式建设案例教材,解决了当前软件工程研究生培养中的教材问题。市面上现有的一些案例教材要么选择的案例过于局限,要么技术水平和难度偏低,难以适应研究生培养的需要。它们所使用的案例大多是简单物流系统、图书馆管理系统等过于局限的案例。另外一些教材案例题目虽有新意,但使用的数据库只能支撑小规模数据量,开发技术也比较陈旧。本项目从"学以致用,以用导学"的角度出发,建设理论联系实际的特色实践教材,让学生在实践中对理论深入理解。

面向国际化软件工程硕士联合培养的混合式教学模式建设

哈尔滨工业大学　赵铁军、王忠杰、涂志莹、张　羽、
黄虎杰、李全龙、范国祥、陈　鄞、苏统华

课题编号：2016-ZX-141；课题指南：体制机制改革

一、主要解决的教育实践问题

本课题组针对软件工程硕士国际化联合培养方案、学分互认、O2O 教学模式方法等方面开展了一系列工作。主要解决以下若干关键实践问题：

（1）如何解决不同国家高校培养目标差异、国家文化差异等对统一的国际化软件工程人才培养标准制定的影响？

（2）如何在拥有不同学制、学分设定、课程设置的国际高校之间设置符合国际工程教育认证标准的软件工程硕士课程学分互认标准？

（3）如何组织国内外的优秀教师独立或合作建设符合国际化联合培养的软件工程硕士教育 MOOC 课程？

（4）如何整合、利用优质的开放的 MOOC 资源，以 O2O 线上线下混合式教学模式来提升研究生的课程教学效果与教学质量？

二、解决问题的方法

本课题针对国际化软件工程硕士联合培养的课程教学体系建设，提出混合式教学模式研究与实践。本课题具体按照图 1 中所列举的六大步骤开展具体的教改研究。

1. 国际化软件工程硕士联合培养课程特点分析与类别划分

研究符合国际工程教育认证及得到国际合作伙伴一致认可的软件工程人才培养标准。基于该项标准，研究适应国际标准的软件工程专业课程体系的构成及其特点，对课程体系进行类别的划分，细化每一类别的培养方式及考核标准。

2. 国际化软件工程硕士联合培养可用 MOOC 资源分析及系列 MOOC 课程建设

按照第一步中订立的国际化软件工程硕士联合培养课程体系框架，分析流行的 MOOC

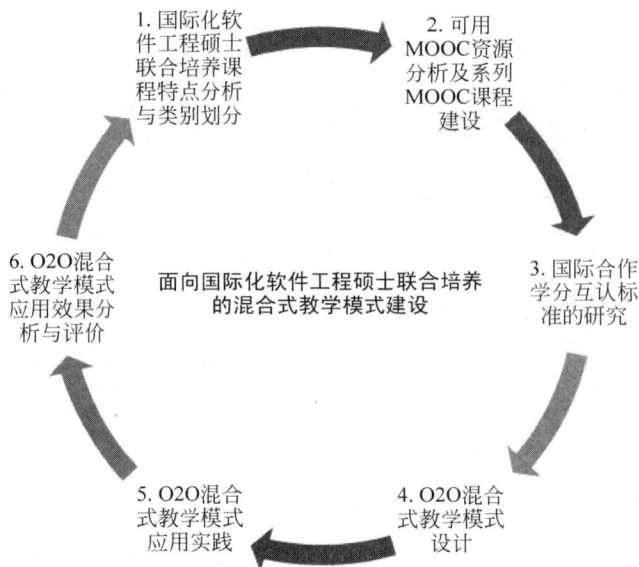

图 1　面向国际化软件工程硕士联合培养的混合式教学模式建设图

平台上符合国际工程教育认证及得到国际合作伙伴一致认可的软件工程系列课程，利用它们进行课程体系的建设；针对缺乏现有 MOOC 教学资源的课程进行有规划的 MOOC 课程建设。

3. 国际化软件工程硕士联合培养学分互认标准的研究

根据不同的国际合作高校的学制和学分设置，结合第一步中订立的国际化软件工程硕士联合培养课程体系框架，研究制定合理的中外高校乃至国际合作高校之间的学分互认标准。

4. 国际化软件工程硕士联合培养 O2O 混合式教学模式设计

在第二步的课程建设结束之后，研究已确定的课程体系框架下，各类课程之间的衔接方式和具体的执行流程。同时，针对不同合作高校在课程实际执行时的要求，研究具体的 O2O 混合式教学模式，特别是研究线下实践教学内容及教学方法的设计。

5. 国际化软件工程硕士联合培养 O2O 混合式教学模式应用实践

实际执行第 4 步设计的 O2O 混合式教学模式，鼓励并监督国际化软件工程硕士联合培养班的学生进行线上课程的自主学习，并严格按照线下教学方法执行实践教学课程。研究解决在实践中由于异地执行 O2O 混合式教学、不同高校学生基础参差不齐等现象而造成的课程执行效果各异的问题。

6. 国际化软件工程硕士联合培养 O2O 混合式教学模式应用效果分析与评价

每轮完整的课程体系执行结束之后，分析每一轮的 O2O 混合式教学模式应用效果，比较数轮教学实践的效果,结合每轮教学实践的实际场景,探寻 O2O 混合式教学实践中存在的不足,对每门课的教学成果进行评价。最后利用分析和评价的结果,迭代式地对前 5 步的设计和实践进行优化。

三、实质进展

在 2016—2017 年期间,按照上述的方法步骤,本课题组取得了以下实质性进展:

(1)围绕"目标差异、文化差异",课题组召开或协办了两次软件工程教育国际会议,与合作大学展开了数轮讨论,在原有培养方案的基础上,对分歧进行了分析,并在达成一致意见的基础上修改了原方案。

(2)围绕"教育目标差异和教学体制差异",课题组与合作大学确定了学分分布、课程选取、考核标准一致化等问题。

(3)围绕 MOOC 建设问题,课题组与合作大学协商挑选课程、调整责任老师的时间。通过邀请外籍教师来华授课一轮的方式,确认课程质量,发现课程内容需要完善的部分。同时,给出了 O2O 课程建设规划方案。

四、推广应用成果及贡献

1. 国际化软件工程硕士联合培养基本模式的研究与探索

2016 年 5 月,课题组所在单位协助举办了第十二届中欧软件工程教育国际研讨会(CEISEE 2016),本次会议得到了中国和欧洲大学教育者、工业专家及相关学术组织的支持,来自中国、爱尔兰、英国、德国、意大利等国的 40 多位专家学者出席了本次研讨会。本次会议以"互联网+软件工程创新"为主题,讨论了在互联网+的大环境下如何培养更具创新及开拓性思维的软件工程领域人才的观点,并探讨了网络化与软件工程教育的深化融合途径和人才培养的新模式。

2016 年 7 月,课题组所在单位主办了第五届中法可持续发展新型信息科学与技术国际研讨会(NICST 2016)。来自中国、法国、意大利、日本等国家多个大学、研究所、公司的多位代表参加了会议。同时,法国驻沈阳总领事馆文化教育合作处推广与留学指导专员张婧女士、法国国家科学研究中心中国代表处李岚珩(Antoine Mynard)主任也应邀参加了此次会议。本次会议旨在促进中国与法国,乃至与欧洲其他国家在面向可持续发展的新型信息科学与技术领域研究和教育的合作。

两次会议期间,课题组成员与法国波尔多大学、法国克莱蒙费朗第二大学、意大利帕维亚大学、瑞典林雪平大学、日本会津大学等大学就软件工程硕士国际化联合培养计划进行了深入的研讨,在原有的合作基础上,就中欧工程教育体系、软件工程教育及课程体系、软件工程教学方法与技术、大规模在线教育 MOOC/SPOC、软件人才培养与职业发展、软件工程的跨学科教育与大数据、互联网+、软件人才培养的创新等问题展开了深入而细致的讨论。研讨会在认同原有合理培养模式的基础上,进一步确认了学分及课程互认,讨论了 MOOC/SPOC 在国际化培养中的可行性等问题。根据会议研讨内容,原有的培养方案及合作协议延续执行,部分修改的培养方案也得到了最终的确认。

2. 国际化软件工程硕士联合培养 O2O 混合式教学的研究与探索

2016 年 3 月至 7 月期间,邀请了 4 位外籍教授或工程师来华为软件工程联合培养硕士班授课。具体包括来自澳大利亚悉尼大学的 David Levy 教授讲授"实时系统"课程;来自意大利帕维亚大学的 Gianmario Motta 教授讲授"企业系统"课程;来自美国康宁集团加拿大分公司的高级软件架构师路军博士讲授"系统设计与分析"课程;来自澳大利亚联邦科学院(CSIRO)的高级研究员陈世平博士讲授"软件复用技术"课程。

另外在 NICST 2016 会议期间,基于上述 4 门课的授课情况,在协调了各方共享教师的工作日程之后,课题组与合作学校还初步拟定由美国康宁集团加拿大分公司的高级软件架构师路军博士以及意大利帕维亚大学的 Gianmario Motta 教授于 2017 年春季学期于哈尔滨工业大学分别完成"软件系统分析与设计"及"企业系统"课程的英文版 MOOC 建设。本次 MOOC 课程建设将采用随堂录制+后期处理的方式。本次课程制作完毕之后,将在哈尔滨工业大学、法国波尔多大学、法国克莱蒙费朗第二大学、意大利帕维亚大学、瑞典林雪平大学、日本会津大学等大学之间共享使用。目前,本次建设的两门课程的英文大纲已通过了审核。

目前,基于前期教学工作的总结,以及同合作学校的研讨,我们基本确定了一套线上线下 O2O 教学模式改造的规划方案,2017 年春季学期课程建设中将全面推行。图 2 给出了该规划方案的相应步骤及每一阶段的预期成果。

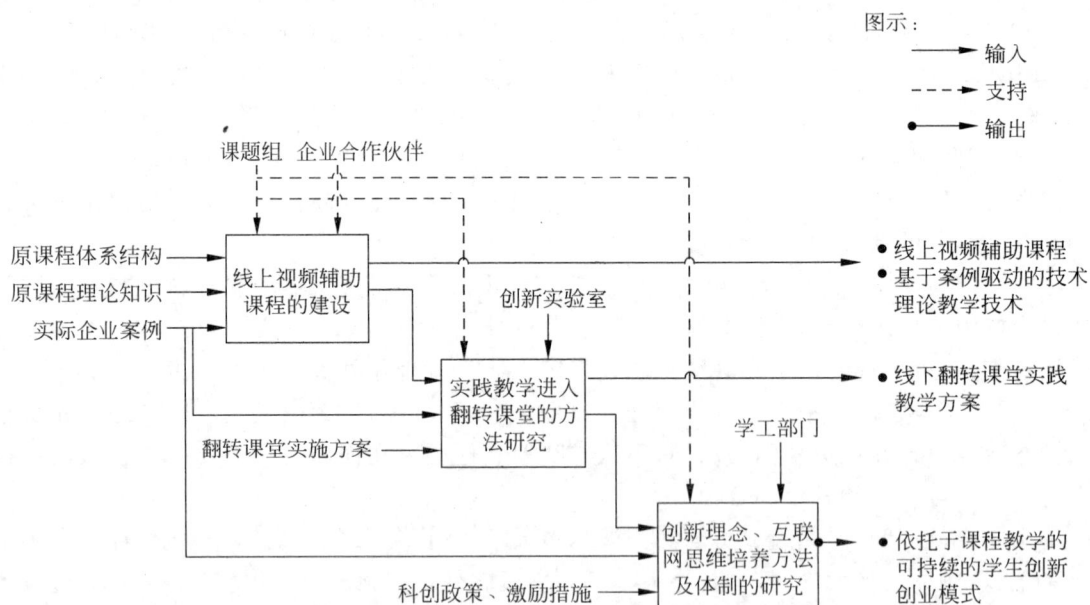

图 2　O2O 教学模式改造规划方案的步骤及每一阶段预期成果示意图

（1）线上视频辅助课程的建设

针对目前可用英文软件工程教学资源奇缺的问题,我们拟定随堂录制部分课程的教学视频。由于实践环节的特殊性,目前规划的在线开放课程以理论基础知识为主。另外,为了解决理论知识晦涩难懂的问题,我们将大量引入案例教学,并请行业专家、企业的技术专业人员为我们制作案例教学视频,融入线上视频辅助课程中。由于互联网技术、服务计算技术发展迅速,部分案例课程将可能会更新得相对频繁一些,尽量做到与时俱进,与新技术发展同步。

（2）实践教学进入翻转课堂的方法研究

基于在线的案例教学视频,抽象出案例原型,设计成为简化但完整的利用软件系统的开发项目,作为实践教学环节的题目。所选案例一定要具有代表性、时代特色、实用价值且覆盖内容广。

为了让学生在"做中学",充分理解理论知识,理论学习和实践学习应该是并行的,因此,我们计划将实践教学环节放入到翻转课堂之中。但是,由于课时的限制,我们将具体研究实践教学方案,细化实践环节,改革评分体制,尽量做到在课上督促学生学习,指导学生开发,解答学生疑问,同时,激发学生自学的兴趣及开发的热情,充分利用课余时间完成完整的项目开发,甚至在课程结课后持续完成项目开发或改进。

（3）创新理念、互联网思维培养方法及体制的研究

选择软件工程专业国际联合培养班的学生,大多都立志于进入国内外互联网行业就业或创业。由于互联网行业发展快、变化快,因此,就要求该行业的从业人员需要有较强的创新理念和灵活的互联网思维。于是,在教授学生理论知识和技术技能的同时,我们还要注意对学生创新理念和互联网思维的培养。

3. 学生评价体系研究

本次研究中,课题组成员完成了关于软件工程硕士国际联合培养中规范化评价及考评标准化设计等问题的研究,在与合作伙伴研讨、协商的基础上确定了考试命题难度标准。

高校异地校区（分校）工程专业学位研究生跨学院培养模式探索与研究
——以哈尔滨工业大学威海校区为例

哈尔滨工业大学　白争锋

课题编号：2016-ZX-142；课题指南：体制机制改革

一、主要解决的教育实践问题

随着我国研究生规模的不断扩大和社会需求的不断变化，硕士研究生的就业去向已更多地从教学、科研岗位转向实际工作部门。在新的历史时期，重视应用型人才培养已成为研究生教育的重要趋势。为促进研究生教育的更好发展，必须调整和优化硕士研究生的类型结构，逐渐将硕士研究生教育从以培养学术型人才为主向以培养应用型人才为主转变。专业学位研究生教育是研究生教育的重要组成部分，是高层次、应用型人才培养的重要方面。在高等学校人才培养工作中，专业学位人才培养与学术型学位人才培养具有同等重要的地位和作用。随着"创新驱动发展战略""一带一路""中国制造 2025"等一系列国家重大战略的实施，我国对高层次、应用型人才的需求更加突出、更加迫切。教育部提出，高等学校要把专业学位研究生教育综合改革作为"十三五"期间的重要任务，积极探索和创新符合专业学位教育特点、具有鲜明特色的研究生专业学位教育培养模式和管理体制，促进研究生专业学位教育更好地适应经济社会发展和满足人民群众的多样化需要。

哈尔滨工业大学在山东省威海市和广东省深圳市分别设有威海校区和深圳校区（筹）。2016 年哈尔滨工业大学副校长丁雪梅率校本部专家组来威海校区，对校区的研究生教育工作开展评估，并对校区今后的人才培养工作提出了具体要求。专家组建议进一步发挥校区的优势，加大推进研究生分类培养，突出硕士专业学位人才培养特色；在课程设置与教学方面，建议结合校区师资队伍现状，按学科群设置培养方案，促进学科交叉，实现优秀教学资源共享，创造学生个性化选课条件；并且建议将理论教学与实践应用紧密结合起来。因此，威海校区为保证教育质量，提高教学水平，必须树立现代教育观念，不断深化专业学位研究生教育综合改革，探索出适合自身特点且能发挥优势的专业学位研究生培养改革措施。

当代随着科技的蓬勃发展，学科间的渗透性增强，并不断地从分化走向综合，开展跨学科研究和人才培养已经成为发达国家增强科技创新水平和核心竞争力的战略举措，也是世界各国研究生教育改革与发展的主要方向。目前，我国的跨学科研究生教育仍处于起步阶段。本研究以哈尔滨工业大学威海校区为例，以围绕"985 工程"重点建设学科为中心的学科群作为基础,对依托优势学科群建设发展跨学科、跨院(系)的工程专业学位研究生培养模式进行探索,力争发挥校区的地域优势,形成人才培养的特色与品牌。这对推动威海校区专业学位研究生创新型人才培养,促进多领域共同发展具有重要的理论意义和良好应用前景。另外,探索办学规模较小的高校异地分校或校区在跨学科培养专业学位研究生方面的改革措施,其研究成果可为我国其他异地办学的大学分校或校区提供参考。

二、解决问题的方法

广泛调查国内外高等学校实施跨学科培养研究生的情况,着重研究了哈佛大学教育研究生院和武汉大学研究生院的具体做法,并对可借鉴的方案进行了归纳总结;进而对哈尔滨工业大学威海校区目前的硕士研究生培养模式及学科建设现状进行了分析,提出了依托优势学科群建设进行跨学科、跨院(系)工程专业学位研究生培养的改革方案;还对实施过程中可能会遇到的问题进行了分析,并提出了应对的措施和建议。

三、实质进展

哈尔滨工业大学威海校区在哈尔滨工业大学总框架下突出海洋特色,围绕海洋强国战略和山东半岛蓝色经济区建设,凝练学科特色与主攻方向,以船舶、海洋、汽车为重点,以特色学科发展为学科建设规划突破口,以学科群建设为依托,致力打造 1 个船舶与海洋特色学科群和 4 个重点学科群,促进学科间的交叉与融合。船舶与海洋特色学科群的核心是船舶与海洋工程和海洋科学,这两个学科分别隶属于两个院(系)。本研究仅以船舶与海洋工程学科为例,对依托优势学科群建设,发展跨学科、跨院(系)工程专业学位研究生的培养模式进行探索。研究紧密结合校区现有办学条件以及自身特点和优势,从几个方面提出改革措施。

(1)按学科群设置研究生培养方案,以专业核心课程为主导,其他学科课程交叉环绕形成跨学科课程体系,强化对工程专业学位研究生综合素质和实践能力的培养。

交叉学科的培养方案,可以先在船舶与海洋工程学科群试行,要重视顶层设计,打破学科壁垒,优化课程结构,推进跨学科课程体系的建设。以船舶与海洋工程学科的课程作为核心,为研究生提供必要的基础理论知识和方法论,以机械电子工程和土木工程(含力学)学科的课程作为重要支撑,其他如动力工程及工程热物理、电气工程、材料加工工程等学科的课程,则是由研究生基于个体学习和论文工作需要进行选择。专业学位研究生的课程设置要体现基础性、实践性、选择性及先进性,要以实际应用为导向,以职业需求为目标,以综合素养和应用知识与能力的提高为核心。教学内容要反映最新学术成果和科技动态,紧密联系实际需要,强调理论性与应用性课程的有机结合,突出案例分析和实践研究。重视运用团队学习、案例分析、现场研究、模拟训练等方法,注重培养学生的思维能力、逻辑推理能力和操作能力以及观察问题和创造性解决问题的能力。

(2)依托特色学科群建设来融合多个领域,建立跨院(系)的中心或研究所,以重大项目对跨学科人才的需求为导引,将不同学科的教师和资源聚集起来,共同解决某一重大问题。

威海校区拥有一批具有重大创新能力的科研平台和特色学科团队。2016 年 5 月海洋自主航行器研究所成立,该研究所的浅海水下自主航行器项目涉及海洋工程相关的多项技术,是交叉学科发展的典型成果,可通过项目有效拉动相关学科群向海洋装备靠拢,将多个涉海学科成果集成应用。海洋自主航行器研究所可作为一个跨学科、跨院(系)培养的研究中心,以浅海水下自主航行器项目作为项目制培养的试点。先在单个研究中心的单个科研项目试行,培养跨学科、跨院(系)工程专业学位硕士研究生,充分了解招生、培养、学位授予、质量评价等环节,及在跨学科培养过程中存在的体制性障碍,并找出适当的措施努力破解,再由一个项目推广至其他项目,继而由试点研究中心向相近领域的多个跨学科科研平台的多个重大科研项目推广,最后依托各个学科群建设深入推广跨学科人才培养。

(3)寻求和利用一流的师资力量,组建融合多学科师资的高水平导师团队,集体商定跨学科培养计划,形成分工明确、职责清晰的跨学科指导任务体系。

在威海校区现行制度下,由跨学科导师指导的船舶与海洋工程学科硕士研究生,实际的培养和管理环节均在导师所在院(系)完成,不利于研究生对船舶领域知识的整体把握,也不利于相关各学科研究成果的整合。跨学科培养研究生必须充分调动各学科的师资,加强师资的"强强联合",努力构建开放联合的指导模式与高效多元的交流合作模式。导师是研究生指导的第一责任人,在研究生培养过程中起主导作用,导师团队则是全程参与研究生的培养工作。要把导师与导师团队的优势紧密结合起来,相互补充、相互促进。

仍以海洋自主航行器研究所为例,可以依托浅海水下自主航行器这一高度综合的现实问题,组建一个融合多学科优秀师资以及企业领军人才的高水平导师团队。实行研究生先期不定导师,跟随团队中的导师到不同实验室及企业学习,在合作研究中确定研究方向和学位论文选题后,再确定指导教师和企业导师。这种方式有助于突破阻碍教育发展的学术孤岛,用创新性的对策来解决主要问题。今后可以推广至其他的导师团队,结合项目研究进展和人才培养预期目标进行跨学科工程专业学位研究生的培养。

(4)通过创建跨学科学术交流平台促进学科间的交叉融合,创造自由的学术交流环境,制造浓厚的跨学科学习和研究的氛围,通过跨学科合作交流实现协同创新。

应把跨学科、院(系)的学术交流平台建设作为推进跨学科人才培养的重要着力点,借助威海校区发展国际化的契机,充分利用师生的双向流动机制和国际学术交流与合作的机会,积极营造鼓励创新、追求卓越的学术生态环境,通过学术交流平台的建设,推动学科的多元化发展。在学科交叉的过程中,积极挖掘学科间的内在联系,形成集成优势,催生新的学科生长点。让研究生在跨学科学术沟通与交流中扩展学术视野,提高知识挖掘能力、学科热点捕捉能力和科技创新集成能力。

跨学科培养对解决现阶段研究生教育中存在的问题是一种有益的探索和尝试,但是改革过程中仍会遇到困难,以下总结了威海校区在实行工程专业学位研究生跨学科培养过程中主要存在的问题以及应对的措施和建议。

校区现行的培养体制执行多年,已为大家所接受,推行交叉学科培养会有一定的阻力,而且校区目前并没有完全做到硕士研究生的分类培养。另外,由于缺乏对专业学位的正确认识,导致一些研究生不愿攻读工程专业学位研究生。要克服这些困难,校区首先应在政策上给予指引,鼓励教师投入到交叉学科人才培养工作中来,并不断积极探索以形成较完善的工程专业学位研究生跨学科培养体系;还应充分发挥众多校企联合教学实习基地的优势,实施硕士研究生分类培养,增加实践教学环节,提高学生解决实际问题的能力;并加大宣传力度,帮助学生提高对专业学位的正确认识,使交叉学科能够招收更多的优质生源。

四、推广应用成果及贡献

哈尔滨工业大学威海校区是哈尔滨工业大学"一校三区"办学格局中的重要组成部分,在发展过程中,校区合理定位,克服同质化倾向,形成独特的办学理念和风格。研究和探索高校异地校区(分校)工程专业学位研究生跨学科、跨院(系)培养模式,有利于营造创新氛围,加快专业学位研究生教育的改革与发展,提高专业学位研究生的教育水平和人才培养质量,促进威海校区与哈尔滨工业大学校本部在不同层次、不同领域办出特色,争创一流。

面向"中国制造2025"的专业学位研究生协同培养平台优化与资源整合

哈尔滨工业大学　张华强、石红波、王新生、方汉南、孟姝君

课题编号：2016-ZX-145；课题指南：联合培养基地

本课题属于《自选研究课题指南》编号1"建设联合培养基地，促进校企协同，提高研究生运用理论解决实际问题的能力"范畴。

实施"中国制造2025"，是我国汲取前两次工业革命的历史教训，主动应对新一轮科技革命和产业变革的战略选择。当前，我国对工程教育的需要比以往任何时候都更加迫切，对卓越人才的渴求比以往任何时候都更加强烈，这给以工程科技人才培养为中心的工程专业学位研究生教育带来了机遇。

培养专业学位研究生的最大难点是实践创新能力的塑成，而这必须有相应的条件保障。近年来，全方位、多层次的"产学研"合作平台建设方兴未艾，为制造领域人才培养奠定了良好基础。在实施制造强国战略的过程中，各类合作平台具有很强的现实意义，然而在建设过程中因条块分割，导致资源建设分散重复，尚未形成良性开发共享机制，资源利用率总体不高。

本课题研究通过建立人才培养和技术开发并重的互利共赢协同机制，满足各参与方的利益诉求，这样才能使各类"产学研"科技合作平台真正成为专业学位研究生的培养基地，进而聚焦制造领域专业学位研究生的培养目标，研究如何充分发挥政府、高校、科研院所和行业企业在教育、科技、经济等方面的优势，开放渠道以集聚、整合优质资源，不断强化"政产学研"用多平台协同的合作动力与机制，逐步建立和完善人才培养与科技研发并举的创新网络。

一、主要解决的教育实践问题

1. 从理论上阐明了加快工程专业学位研究生协同培养的重要意义

在近年相关研究的基础上，本课题瞄准制造领域对专业技术人才的要求，先将专业学位研究生概括为工程基础厚、实践作风硬、创新能力强的应用型工程科技人才，并从工程教育规律和协同创新理论汲取营养，界定制造领域专业学位研究生应该具备的能力素质。

"产学研"合作平台作为工程人才培养的有力抓手，在我国已形成了工程实践教育中心、联合实验室、企业研究生创新实践基地等多个品牌，但"产学研"合作在多元发展的同时又存在严重的"去教育化"趋势。培养平台相对局限，特别作为企业一方，常以从学校得到科研成

果为合作目标,存在过度应用研究生劳动力的短期行为,缺乏依靠人才培养发展壮大企业自身的意识。本课题认为,"产学研"合作培养平台必须以"互利共赢"为宗旨,面向制造领域的专业学位研究生培养,建立一套责权利明晰的合作机制,以统筹实现高等工程教育中的实践性和创新性目标。

"产学研"协同创新能够打破学科、组织、体制、机制的壁垒,最大限度地集成和汇聚各类创新资源与要素,促进教育、科研、产业等不同分工系统资源的优化配置、深度融合、协同攻关。但目前存在很多问题,应从根源上加以解决,本课题提出借鉴社会治理资源整合机制,将协同创新网络系统稀缺的、现实的及潜在的资源进行激活、配置与耦合,使其具有较强的系统性、协调性和价值性,实现整体配置与效用的最优。

2. 结合项目调查问卷和访谈结果,梳理国内部分高校如哈尔滨工业大学、浙江大学等各类"产学研"合作平台人才培养方面积累的成果和存在的局部问题,建立指向问题解决的互利共赢机制

2015 年完成的"高水平工科大学研究生创新教育改革建议调查"反映出学生对个性化培养的重视程度最高,对"组织更多实践活动""培养动手能力"表达了共同的期望和心声。2016 年春通过访谈了解到,浙江大学进一步整合既有的技术转化服务资源,着力推进建设"浙大紫金众创小镇",依托浙大技术力量,搭建融合校企协同创新、产业技术公共研发、项目孵化与转化、创新创业培训、国际技术与人才引进等平台功能为一体的众创社区。

伴随着制造业转型升级,工程人才合作培养渐成共识。从各类"产学研"合作模式的发展历程来看,只有贴紧靠实各方需求,才能充分激发潜能、释放活力,实现各合作主体的互利共赢。

既有文献和调查研究表明,确保企业直接受益是调动企业积极性深度参与人才培养全过程的根本。各类"产学研"合作平台应坚持人才培养和技术开发并重,体现为学生(专业学位研究生)服务的价值导向,这是平台持续发展和平衡各方权益的基础。积极探索互利共赢机制,如多渠道经费筹措机制、权益分享激励机制、创新项目一体化运作机制、人才优先聘用、行业流动及评价机制等。

3. 以优势互补、资源共享、互利共赢为宗旨,面向制造领域的人才需求,构建学校教育、工程实践、创新网络有效整合的多平台协同创新体系

完善以企业为主体、市场为导向、"政产学研用"相结合的制造业创新体系,必须把人才作为建设制造强国的根本。为建立健全高效的专业学位研究生合作培养网络,积极进行了如下探究:①"中国制造 2025"明确要求采取"政产学研用"产业创新战略联盟等新机制、新模式,形成一批制造业创新中心,建设一批促进制造业协同创新的公共服务平台,开展人才培养、技术研发等专业化服务;②高校的教学科研能力、企业所拥有的资金和捕捉市场信息的能力以及政府的政策供给和公共支出能力,构成了创新中的主要资源优势;③多平台协同创新模式能够把人才培养所需的知识流、资金流、信息流等整合在同一场域,通过各主体之间的互动提高创新的协同效应;④围绕各类"产学研"合作平台亟待解决的问题寻找突破口,比如由于教育和产业社会角色、功能的差异,合作诸方彼此间往往因不够熟悉而互相猜

疑、缺乏动力；⑤在创新网络建设方面，仍存在信息不畅、供需不足、集成度低等现象，要不断强化各平台间的对接、互补和协作，真正实现协同效应。

4. 综合上述研究，以我校应用型人才培养为抓手，针对不断提升制造领域专业学位研究生协同培养质量给出对策措施

工程专业学位研究生培养以专业实践为导向，重视操作和应用。校企协同培养硕士研究生，重点是在课题研究过程中锻炼研究生的工程实践和技术攻关能力，在学位论文撰写过程中提升研究生的学术思维和归纳总结能力。为保证工程专业学位研究生培养水平及学位授予质量，我校出台了一系列规范性的指导文件，即与时俱进的培养方案、激励创新的育人政策、服务需求的校企合作和质量保障监控体系。在建规立制的框架下，实现全员、全方位、全过程育人。

学位论文选题应贴紧企业需求，有明确的应用和工程价值。以案例分析的形式，进行构思、设计、实施、运作，具有较强的专业性和针对性。校内外导师联合指导和质量监控工作要渗透到论文选题、开题、中检、审核及答辩的全过程。校企协同培养研究生尚处于探索阶段，需要不断强化导师责任，健全规章制度，完善评价体系，为行业企业输送高素质、实用型人才，达成校企合作应用型人才培养的可持续发展目标。

二、解决问题的方法

本课题尝试克服工程教育研究对平台建设关注和调研数据不够充分的缺憾，强调充分挖掘原始材料，通过分析各种表现形式，探寻其内在联系和规律。

1. 调查研究法

本研究选择几所典型高校和若干"产学研"合作平台，采用问卷调查法，拟定问题、设计问卷（分校内调查问卷和校外调查问卷），结合实地考察、会议交流，以专业学位研究生"产学研"合作培养各参与主体为对象，对其参与制造领域人才培养的认知水平、动力来源、存在问题、意见建议4类信息进行广泛调查，收回有效样本量638份。

2. 定量研究法

本研究认真梳理通过问卷调查等方式获取的有关资料、数据，利用SPSS等软件工具对各种数据进行统计分析，采用德尔菲法、层次分析法或模糊综合评价等方法对包括专家意见、平台水平、运行效率、协同培养效果等问题加以分析，为后续研究奠定坚实基础。

3. 质性研究法

本研究按照质性研究流程，依靠多种方法获取原始数据（如访谈稿、图片、声音和录像等），运用NVivo软件对其进行分析。通过与研究对象互动，对其行为和意义构建进行反复酝酿，以探寻资料间内在关系及潜在理论。

4．案例研究法

从不同角度选择少数人才培养平台进行全方位案例研究。不拘泥于个案分析、就事论事，进一步放宽研究视野，围绕人才培养的平台优化与资源整合、企业科技创新能力与人才实践创新能力协同发展构建理论框架。为制造领域专业学位研究生培养提供学理支撑，为不断完善面向"中国制造2025"的工程科技人才培养体系出谋划策。

三、实质进展

1．选择几所典型高等工科院校和若干"产学研"合作平台，通过实地调查、质性研究等方式，考察了当前国内制造业领域专业学位研究生培养的现状，梳理了存在的问题，特别是平台建设和运行效率问题；

2．针对现存问题，给出了专业学位研究生培养的"强化实践、鼓励创新、共享资源、协同育人"的互利共赢机制，借机制创新健全、优化平台运行，释放持续合作动力；

3．以建设一支素质优良的制造领域人才队伍为指引，应用协同创新和社会治理资源整合理论，尝试构建专业学位研究生培养的多平台协同创新体系；

4．结合上述研究，为不断提升制造领域专业学位研究生的培养质量拟出对策、建议，形成了有助于我国制造业人才培养体系日益完善，具有借鉴性、推广性的咨询报告；

5．围绕课题研究，发表了5篇期刊论文和国际国内会议论文。

四、推广应用成果及贡献

1．项目结题后，提交4000字的成果介绍，简述本课题研究目的、意义、实践价值、创新内容、应用面向等情况，报送全国专业学位工程教学指导委员会。

2．认真探索科研成果向教育教学、决策咨询、社会公众转移的有效机制和途径；同时考虑向"政产学研用"有关合作单位转化，为协同创新各相关方提供决策支持，不断提升工程专业学位研究生协同培养水平。

3．咨询报告充实完善后，力争提炼出对专业学位研究生教育具有指导意义的综合改革举措，配合学校研究生院及相关院系做好与制造领域相关的专业学位研究生培养方面的宣传、推广和应用等工作，不断扩大研究成果的受益群体。

食品工程专业硕士校企协同项目制培养的探索

哈尔滨工业大学　丁忠庆

课题编号：2016-ZX-146；课题指南：联合培养基地

一、主要解决的教育实践问题

教育的目的是为社会输送合格的人才，满足社会发展多种多样的需求。高校作为人才培养的孵化器，更是承担着义不容辞的重任。《国家中长期人才发展规划纲要（2010—2020）》指出，到 2020 年，我国紧缺高级创新科技人才，我国的工程教育将面临前所未有的挑战。在新的历史时期，各大高校如何培养新型人才、如何满足企业人才需求已成为制约企业发展和解决好院校毕业生就业的难题，也是当今社会关注的热点。

目前我国人才结构不合理主要表现在高层次、高技能、复合型人才短缺；人才的专业、年龄结构和产业、区域分布不够合理；技能型人才不足；农村农业实用型人才较少。高等教育的前提就是以人为本，应当在充分考虑、分析企业需求及社会发展趋势的基础上，重点培养实用型人才，为社会和企业注入新鲜血液。

本项目聚焦当今社会关注的热点——在新的历史时期，各大高校如何培养新型人才、如何满足企业人才需求、如何更好解决院校毕业生就业问题，为此提供一个研究方向，期待为将来高校培养专业硕士摸索宝贵经验。同时本研究构建科学、合理的教学体系并规范其运行管理，有效保障校企联合人才培养质量；校企联合培养高质量人才为合作企业物色满意的员工提供了现实可能。校企联合培养机制可以充分实现企业与高校之间的资源互补，包括校企双方的人才、信息、资金、设备、场地等资源。该研究也可推广至其他院校。

在我校，食品专业培养的工程硕士侧重于工程应用，学生毕业后大多进入生产或相关领域，因此我们需要培养的是具有独立解决实际问题能力和开发新工艺、新产品的应用型人才，从近年来招聘方的招聘条件与选评标准也明显反映出人才市场对毕业生实际工作能力的重视程度，因此即将进入工作岗位的学生更侧重于配方设计、评价、生产、工艺流程、标准化、专利撰写和审核等方面的训练。针对这一目的，培养模式既要突出高校扎实的理论功底，又不能脱离企业的实际需求，所以校企结合、"订单式"培养方式必然会成为将来高等教育培养模式的主要形态之一。

二、解决问题的方法

校企联合人才培养的教学体系构建需要解决理念、方案和实施 3 个层面上的问题。具体讲，就是要明确培养什么样的人才，并在此基础上设计、制定和落实人才培养方案，以及评价相应的人才培养质量。高校根据企业需求招收、培养特定专业硕士研究生，在高校内为学生配备导师群,监督学生完成理论知识的学习。在生产实践环节,由企业提供实践经验丰富的高级技术和管理人员组成导师队伍,指导学生完成实践课程。校企双方协商确定研究方向,共同指导学生完成毕业论文。高校为企业输送理论基础扎实、满足企业需求的实用型人才,企业帮助高校弥补师资力量上的不足,提供实习基地,双方实现资源上的共享,互惠互利。

1. 设置招生条件,满足校企双方要求

根据企业需求,由企业与学校共同拟定招生标准,也可以由企业选送内部需要进一步学习理论知识的人员进入高校进修。

2. 完善培养方案,提升教学水平,促进教学改革

针对企业需求,实现校企共同招生,共同制定培养计划。根据学生背景与学习目的,细化培养方案,在现有培养模式的基础上,进一步探索分类培养的细化与执行方式,加大实验教学力度,根据需要确定培养目标,采用不同学时、不同作业、不同讨论课、不同实验基地的方式实现人才的分类培养、"订单式"培养。

3. 搭建实践教学平台,建立导师群

因为专业特殊性,涉及面宽广,根据不同实验方向,如食品工艺、食品机械等,可以依托哈尔滨工业大学实验教学平台,联合其他院系相关老师进行指导,实现开放式实验教学体系,为学生建立校园导师群体,毕业论文由企业参与,实现双导师、"三明治"式培养。

所有的理论来源于实践,又反过来为实践服务。学生的理论学习是检验学校人才培养目标是否合格的途径。学生在企业实习阶段,企业的技术人员也同样起到了重要的作用,他们是学生的良师益友,对学生的指导情况和花在学生身上的时间和精力直接影响着学生对一项技能的掌握程度。建立优良的导师群对硕士生培养及输送起着至关重要的作用。

4. 加强校企合作,建立联盟机制

建立专业学位指导委员会,充分发挥指导作用,与相关企业随时沟通联系,了解企业需求,充分发挥企业的积极性,扩大企业权限,共同指导论文,深入落实"双导师"的制度,共同实施教学管理,通过协商、协议等方式落实责、权、利,建立新型管理模式,分工明确,专人专管,实行"校企双班主任制""班委会制"等。此外,在教学管理过程中,充分发挥企业在高校工程硕士教育过程中的评价、督导等作用。

5. 落实合作计划,输送合格人才

我们培养工程硕士最主要的目的就是向企业输送合适的人才。论文选题也可以直接来源于工程实践,不同学生的理论、实践课程都有不同的侧重点。学生可以顶岗实习,也可以在毕业后直接进入企业,实现从学校到企业的"无缝连接"。

6. 确立有效的评价机制

合作双方在招生之前协商制定严密培养计划、评价机制。对生源、学生课程结构、理论与实践考核标准、毕业研究方向、毕业去向均按计划执行，不足之处经协商调整。对毕业生与企业做满意度调查，确定合作机制有利于应用、推广。

三、实质进展

1. 研究生课程体系设置完成并根据实际需求逐步完善

研究生在招收来源上划分为学术型与应用型，按照其培养目的不同设置不同的培养方案、培养计划。做到课程体系与企业需求对接，把企业岗位需要的职业标准内容提前置换到学校人才培养的课程体系中，把学校实践教学内容置换到企业生产、经营和管理环节中，按照企业人才需求规格和岗位所需要的职业能力标准进行校企"课程置换"，实现课程体系与职业标准对接。

针对应用型专业硕士生制定相应的教学方案。第一学期学习必修课，相关专业基础课，同时每周设置研讨课或者研究生论坛，内容与生产实习相关，学生必须参与，取得相应学分。第二学期，根据专业选择选修课，同时安排两个月生产实习，实习可以在企业完成，也可以在校企合作的实习基地完成，培养其工作实践、技术应用和科研开发能力。第二学年与第三学年，到企业进行毕业设计，参与企业项目。最后半年，回到学校整理数据，完成硕士论文。

2. 与企业签订合作协议，建立实习基地，实现"三明治"培养模式

分别在校内与企业为学生配备了"双导师""导师组"。第一学年由校内研究生导师监督学生完成理论学习，充分利用校内资源，建立实验平台，为不同专业方向的学生配备跨专业"导师组"，校外导师团队由有经验、有项目的企业专家组成，指导专业实践知识课程教学。第二学年以后，由校内导师和校外导师协调沟通、共同指导学位论文的完成，同时建立内部和外部质量评价机制对研究生的培养质量进行评价。成立专门小组负责校内外的沟通与信息交流，保证校企紧密联合。

目前与多家企业合作建立了实习基地，有意向的工程硕士生可以顶岗实习，在企业完成毕业论文，实现了实习与就业的无缝对接。

3. 学校调整培养方案，设置三学期制度

目前，哈尔滨工业大学推行三学期制，夏季学期周期长，让学生真正走进企业，完全参与项目，而不是在实验室完成实验课程。

4. 搭建校内实验平台，保障学习理论与实践并重

我校正在努力搭建开放式教学实验平台，实现大学科互动交流，学生可自主学习，跨学科、跨专业交流，实验基地开放，课程设置上也采取开放式选课，学生可根据自身需求选择恰

当科目。

5. 以食品工程为例探索建立跨学院项目制导师组培养体系

项目制培养是以项目为依托对工程硕士生进行培养的一种模式。项目是培养的目的，一方面是解决企业难题，这会导致对大学导师和学生的要求不止于单一理论或技能。例如在食品工程硕士生培养的过程中，往往涉及食品专业的加工工艺、化学专业的传质传热、机械专业的设备改进。这就要求学生的理论知识和解决问题的能力呈现多面性，所以以项目为依托，跨学院的多导师团队培养，也是我们正在尝试建立的针对工程硕士生的一种培养体系。

四、推广应用成果及贡献

作为工科院校，不论是专业硕士生，或者进一步拓展到某些专业的本科生，我校培养的学生以高层次、实用型人才为主。我们的最终目的是让学生从学校的大门迈出时，能更好地融入社会，学业与工作岗位能够有效衔接。

哈尔滨工业大学工程硕士生招生历史较长，食品行业对工程硕士生培养工作开展良好。学校逐步建立开放式实践教学平台，为学生提供良好科研条件。我校寒地天然产物与极端环境营养专业学术带头人王振宇教授牵头成立哈尔滨工业大学极端环境营养与防护研究所，在研究和发展天然产物中高附加值的生物活性成分及营养素的高效提取、工业化连续分离和高纯度制备技术，实现天然药食资源中特殊营养成分和生物活性物质的高效价、高产率和低成本的分离和提取等方面为学生提供丰富的实践经验，同时为学生实验提供良好条件。我院与企业长期合作，有良好的交流机会，了解企业需求。目前我们已经与多家企业包括黑龙江绿知都生物科技开发有限公司、哈尔滨工大中奥生物工程有限公司、哈尔滨化兴航卫航天生物科技有限公司签订了合作协议。

本项目在实施的过程中，对原有教学体系进行了优化，为专业硕士设置不同于传统的教学方案，强化实践环节。根据我国现阶段高等教育的发展方向，采用了"三明治"式的培养模式，从高校学习理论到企业生产实践，最后在高校完善论文，从高校导师组到学生，再到企业导师队伍的培养方式，有利于学生将理论知识与实践有机结合。工程硕士课程设置考虑其方向性，理论课程在学校完成，毕业设计与实施均与企业合作，已为企业输送大量毕业生。

本项目提出的培养模式适用于理工类、经管类等工程硕士的培养，根据目前推行结果来看，效果显著，可以推广至校内其他学院及其他兄弟院校，结合该学科或专业的特点和要求，提供相应的专业知识和技能训练。

京津冀协同背景下专业学位研究生校企联合培养基地建设模式研究

燕山大学　王　敏

课题编号：2016-ZX-149；课题指南：联合培养基地

一、主要解决的教育实践问题

1. 培养方案的校企联合论证制

培养目标的确定、课程体系的安排、教学方式的选择由高校和企事业单位共同完成，体现教学、科研和生产统一的原则，建立基础理论与行业实践深度融合的专业学位研究生特色培养方案，增强课程体系的综合性、实用性和前沿性，夯实专业学位研究生的工程知识基础，提高实践和创新能力。

2. 以企业来源项目为导向的校内实训模块构建

以具有一定理论深度的企业来源项目为导向，结合高校自身资源优势、培养定位、学科特色、社会需求和课程体系，打造以科研项目、企业生产、经营管理、政府决策等实际案例为载体，覆盖多门课程的校内实训模块。按照"统筹规划、构建平台、模拟仿真、能力实现"的理念，培养学生运用理论知识、科学方法和技术手段解决具体工程技术或管理决策问题的能力，提升学生的实践创新能力，为学生进入校外基地参加实践奠定坚实基础和提供有益补充，解决校外实践基地数量不足、实践企业缺乏积极性、学生实践能力较弱等问题，达到理想的实践效果。

3. 以行业发展方向为核心的校企联合双师型导师团队建设

作为工程应用型人才培养的第一责任人，导师的指导贯穿于整个教学过程中，对学生起着引导作用，是影响专业学位研究生工程能力培养的主要因素。因此，导师工程能力和工程素质高低决定了专业学位研究生教育质量。尝试按照行业发展方向设置校企联合双师型导师团队，通过提升校内导师专业能力、提高校外导师学术能力和教学水平完善双导师制，加强导师队伍建设。

4. 校外实践基地构建

通过协同研发基地、示范性实践基地、产业化专题项目和联合实验室等形式构建校外实践基地,利用校企、校际合作平台,深化产学结合,以具体成果开发的方式培养具有行业背景的高层次应用型人才。

5. 协同管理模式

京津冀地区校企联合培养基地是区域内政府部门、行业企业和高校等多主体的协同人才培养机制,通过高校—政府协同、高校—企业协同、高校校际协同、高校内部协同机制保障联合培养基地建设顺利进行。加强京津冀地区联合培养基地建设的顶层设计,政府部门充当媒介和桥梁,出台保障制度,提供经费支持,积极促成京津冀区域内高校之间、高校与大型企业集团的深度交叉融合,共同负责专业学位研究生的招生、培养、学位论文等环节,订立合作培养协议,明确双方的责权利。

6. 质量监督保障体系

建立健全校企联合培养基地的质量监督保障体系。校企联合设立专门的管理机构,完善研究生校企联合培养管理制度,明确专业实践要求和考核措施,建立专业学位研究生学业预警机制,加强研究生联合培养的过程监控。

7. 制度保障体系

联合培养基地是高校与行业企业、高校与高校之间通过深度交叉融合构建的,合作方容易在管理体制、保障体制和学术归属等问题上产生分歧,需要配套的制度保障体系作为支撑。

二、解决问题的方法

1. 文献法

参考相关的文献资料,借鉴已有研究成果作为理论基础。

2. 调查法

对京津冀高层次专业学位研究生培养现状进行跟踪调查,研究存在的问题及其对策,为京津冀专业学位研究生联合培养基地建设提供借鉴。

3. 个案研究法

通过燕山大学与中信戴卡轮毂有限公司、北京理工大学、天津理工大学联合培养专业学位研究生的项目实践个案,来探究京津冀专业学位研究生联合培养基地的特征。

4. 系统分析法

综合各种数据进行全面分析,对京津冀专业学位研究生联合培养基地的构建作出总结。

三、实质进展

在京津冀协同的大背景下，分 3 个阶段建设校内、校外和区域协同的场所多元化的校企联合培养基地。

1. 基础阶段——校内层面的联合建设

1）实行培养方案的校企论证制

聘请上级专业学位教育指导委员会委员、行业企业资深专家、京津强势高校同行专家，在对专业学位研究生从业必需的知识、能力、素养要求、相应的课程体系、实践活动、学位标准等进行充分论证的基础上，制定各专业学位类别（领域）的培养方案，以企业来源项目为导向的校内实训模块构建，以理论性课程学习指导专业实践，在专业实践中提升理论水平，实现理论—实践的螺旋递进型演进过程。

（1）培养目标的确定：根据京津冀社会经济和科技发展需要，采用自上而下、逐级细化的方法来确定专业学位研究生培养目标。①确定专业学位硕士研究生的宏观培养目标是为特定职业领域培养高层次、应用型专门人才，使其掌握本领域相关的理论知识，具有良好的职业素养、较强的实际工作能力，能够承担专业技术或管理工作；②高校按照各教指委的学位授予标准，在行业企业深度、有效参与下，分别制定具体的能力结构和职业素养要求。

（2）课程体系的安排：①构建以实践应用能力为导向的专业学位研究生课程体系，注重职业综合素质培养，加强实践教学内容，引导和鼓励行业企业专家参与课程设置。开设 TRIZ 创新方法课程，促进专业学位研究生掌握有效的科学思维、方法和工具，培养创新意识和科学精神，提高创新素质和创新能力。②校企协同开展专业学位研究生课程体系设置论证和课程建设工作，资助专业学位研究生示范性课程、教材和案例库建设项目。③开设跨学科的校级选修课，实现高校间的学分互认，允许专业学位研究生跨专业、学院、学校选课，拓展他们的思维和研究方法，扩宽他们的知识面。

（3）教学方式的选择：以案例教学法为代表的教学方法的综合运用，是培养专业学位研究生职业素养和实践能力的有效手段。在专业学位教学实施过程中，鼓励教师运用先进的教育理念，围绕企业的经营活动组织教学，融入模拟教学、项目教学、研讨式教学等现代化的教学手段，提高专业学位研究生解决实际问题、理解前沿性问题的能力。

2）构建以企业来源项目为导向的校内实训模块

遵照"全面统筹、打造模块，注重特色、凸显应用，物尽其用、提高效益，开放共享、鼓励交叉"的指导思想，结合高校自身资源优势、培养定位、学科特色、社会需求和课程体系，打造以科研项目、企业生产、经营管理、政府决策等实际案例为载体，覆盖多门课程的校内实训模块，体现专业特色和能力导向。

3）建设以行业发展方向为核心的校企联合双师型导师团队

（1）引进具有坚实理论基础和丰富实践经验的企业专家、高级技术人员和管理人员兼任专业学位研究生导师，参与专业学位研究生的培养方案制订、课程设置和学位论文指导；

（2）建立校外导师库，为优秀行业企业专家上讲台建立正式渠道，改革教学模式，创新教学方式；

（3）行业企业的技术骨干和高管亲自担任专业学位教育指导委员会的主任委员，为推动联合培养基地的构建做贡献；

（4）实行青年教师到联合企业挂职实践计划，并将实践经历作为导师评聘的首要条件；

（5）成立京津冀地区内各类专业学位教育指导委员会，并负责区域内本类别教师、导师的培训工作。

2. 提高阶段——校外层面的联合建设

（1）协同研发基地：与京津冀行业企业的重要基地联合，共同建立研发基地开展联合培养；

（2）示范性实践基地：采用校企申报，政府部门评审、资助的方式，建立省、市级专业学位示范性实践基地，密切校企联合；

（3）产业化专题项目：紧密结合专业学位教育综合改革，与行业企业协同建设产业化专题项目，合作开展联合培养；

（4）联合实验室：成立京津冀高校联盟，加强京津高校间的强强联合，密切京津与河北高校间的交流合作，发挥强势特色高校的引领作用，通过共建联合实验室促进联合培养。

3. 升华阶段——区域层面的联合建设

通过协同管理模式、科学质量评估、完善制度保障，培育校企联合培养基地建设的优良外部环境。

1）协同管理模式

（1）高校—政府协同：政府部门与各部委联合，从京津冀地区选择高校进行共建，从政策、经费上加以扶持，通过协同建设产业化项目、研发基地、联合实验室，促使京津冀的国有重点企业与高校结成对子，建设联合培养基地；

（2）高校—企业协同：与京津冀地区大型行业企业建立"产学研"合作关系，在企业建立联合培养实践基地，为校企联合培养高层次、应用型人才奠定了合作基础；

（3）高校校际协同：京津冀区域内高校实行学生互访、师资互换、课程互选和学分互认，通过优势学科互补促进高校间的交流合作和资源共享；

（4）高校内部协同：搭建跨学科人才培养平台，从内部进行跨学科、跨学院资源整合，按照行业大类成立联合培养中心，为复合型专业人才联合培养奠定基础。

2）质量监督保障体系

（1）建立专门的校企联合培养基地管理机构。校企联合成立专门的管理办公室，企业选派工程经验丰富、业务水平较强、政治素质过硬的人员负责联合培养基地的日常管理工作。

（2）完善研究生校企联合培养基地的管理制度。建立健全联合培养基地退出制度、企业导师培训制度和校企联合培养质量督导制度，由政府部门协调高校与企业间的密切配合，保证校企联合培养质量。

（3）校企协同加强研究生联合培养的过程监控。出台专业学位研究生专业实践管理办法，明确了专业实践保障、实践时间、实践内容、实践方式及考核办法等具体要求，加强对校企联合培养的过程监控。

3）制度保障体系

（1）政府部门相关法律政策保障。形成京津冀专业学位研究生联合培养的政治、经济、文化与社会意识环境，推动专业学位教育的一体化和可持续发展。

（2）高校相关管理体制的形成。构建专业学位研究生管理体系，促进校企合作；完善了校外导师评聘管理制度，加强双师型队伍建设。

（3）学术成果归属问题的界定。合作双方在联合培养协议中明确专业学位研究生取得技术成果的归属问题。

四、推广应用成果及贡献

以燕山大学场所多元化的专业学位研究生联合培养基地建设为试点，总结改革的成功经验与成果，逐步推广至河北省乃至京津冀范围内。燕山大学每年受益的专业学位研究生人数在 1100 人左右（燕山大学每年招收的全日制专业学位研究生约 800 人，非全日制专业学位研究生约 300 人）。课题研究成果可供河北省其他 10 多所拥有专业学位招生权的院校参考借鉴。

校企协同创新背景下全日制工程硕士培养模式研究与实践

哈尔滨工程大学　高明生、周　天、曹忠义、王大成、宋瑞琳、李　杨

课题编号：2016-ZX-152；课题指南：体制机制改革

一、主要解决的教育实践问题

1. 应届学生多，工程实践能力欠缺

目前国内高校招收的全日制工程硕士研究生90％以上的生源来自应届本科毕业生，且绝大多数生源是通过调剂方式由学术型硕士转为工程硕士，而应届生没有工作经历，同时缺乏工程实践经验和能力。

2. 人才就业买方市场的存在，导致企业参与高校人才培养的动力不足

近年来，我国研究生招生数量持续保持高位，同时国民经济增长方式由粗放型向集约型转变，导致人才就业市场由以往高校主导的卖方市场转变为由企业主导的买方市场。人才就业买方市场的存在，使得企业无须投入任何人力和财力就能在社会上招收到所需的高层次人才，这就使企业失去参与高校人才培养的动力。

3. 校企双方各自为战，在学生培养方面没有形成同频共振的效果

目前国内高校在全日制工程硕士培养中主要采取铁路警察式的管理模式，即在第一学年理论学习阶段完全由校内导师负责，第二学年的工程实践几乎由企业导师负责，校内导师只在学位论文撰写时对全日制工程硕士进行指导。

目前全日制工程硕士培养主要采取以高校主导的铁路警察式、三段式培养模式。在培养过程中，校企双方各自为战，没有形成合力，没有达到同频共振的效果。

第一阶段是理论学习阶段（0.75～1学年），主要在高校完成，是教授学生进行工程实践所需要的基础理论知识，是全日制工程硕士人才培养的基础。

第二阶段是工程实践能力获取阶段（0.5～1学年），是整个全日制工程硕士人才培养的关键阶段，在此阶段学生既要完成工程实践训练、理论知识的升华，又要完成就业的准备。

第三阶段是学位论文撰写阶段（约0.5学年），主要是在高校进行，学生要把在企业的工程实践工作进行总结与凝练，撰写成学位论文。具体见图1。

以上3个环节是相对独立、相互割裂的，是逐一完成的工序，如果3个阶段衔接不好，将

无法培养出高质量人才。

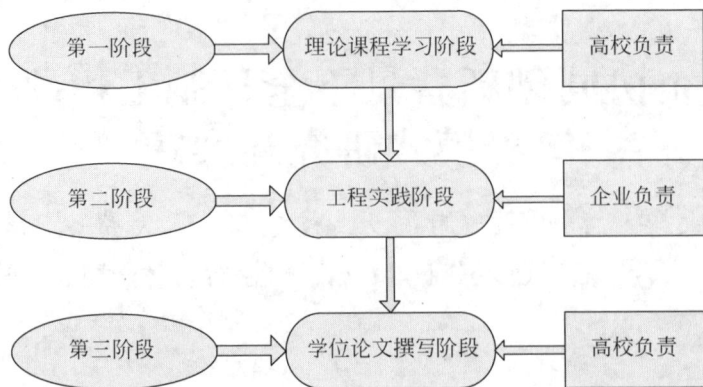

```
┌─────────┐      ┌──────────────┐      ┌─────────┐
│ 第一阶段 │─────→│ 理论课程学习阶段 │←─────│ 高校负责 │
└─────────┘      └──────────────┘      └─────────┘
                         │
                         ↓
┌─────────┐      ┌──────────────┐      ┌─────────┐
│ 第二阶段 │─────→│  工程实践阶段  │←─────│ 企业负责 │
└─────────┘      └──────────────┘      └─────────┘
                         │
                         ↓
┌─────────┐      ┌──────────────┐      ┌─────────┐
│ 第三阶段 │─────→│ 学位论文撰写阶段 │←─────│ 高校负责 │
└─────────┘      └──────────────┘      └─────────┘
```

图 1　目前大多数高校全日制工程硕士培养流程

4. 企业出于利益考虑，致使学生实践内容和学位论文主要研究内容与企业核心技术需求的耦合度不高

由于承担实践工作的企业害怕实习生在毕业后去竞争企业工作，出于企业自身利益考虑，不愿让学生到企业核心部门进行实习实践工作，同时也不允许学生以企业核心技术需求为学位论文研究背景，从而造成学生的学位论文研究与企业核心技术实际需求的耦合度不高。

二、解决问题的方法

1. 签订战略合作协议，互惠互利，共同发展

高校利用在人力（教师和学生）和技术（专利）等方面的优势，采取定期为合作企业科研人员进行理论知识培训、优先转让技术以及协助企业进行科技攻关等方式，吸引企业参与高校的人才培养工作。

2. 构建企业提需求、行业定标准、高校育人才的培养模式

学院利用在科研上与中船重工、中船工业两大集团公司下属的科研院所、企业的良好合作，邀请行业企业专家参与全日制工程硕士人才培养方案修订和人才培养工作。践行全日制工程硕士培养是为行业企业培养高层次、应用型人才的宗旨，以综合素养、应用技能培养为核心，培养技术精英和管理精英，以满足社会对高层次专业人才需求为目标，打造适合应用型研究生培养的理论与实践并重的人才培养方案和灵活多样的模块化课程体系。

同时，在课程讲授上，学院积极鼓励教师运用研讨式、启发式、体验式、案例式等多种教学方法，充分调动学生学习的积极性，培养学生的创新思维与能力。在课程考核上要针对全日制工程硕士生的特点，结合课程内容采取笔试、大作业和撰写研究报告（实验报告）等多种形式进行考核，避免死记硬背。

3. 加强与行业企业合作，构建模块化的实践基地

为给学生在选择实习实践基地时提供更多的选项，学院先后与中船重工沈阳辽海装备有限公司、宜昌海声科技有限公司、中船工业无锡海鹰企业集团有限责任公司、中电集团第四十九所、锦州北方航海仪器有限公司、山东共达电声股份公司签订协议共建校外实践基地。学生可根据自身兴趣爱好、学位论文研究方向、就业去向合理选择实践基地进行工程实践。

4. 强化过程管理，构建"一二三"全日制工程硕士质量保证体系

即构建一个以"提高全日制工程硕士培养质量"为目标，利用"校内导师"和"企业导师"两个抓手，在"课程学习、工程实践、学位论文"3个阶段对学生进行全方位管理，有利于应用型、复合式高层次工程技术人才培养的质量保证体系。

1）1个目标

校企共同构建一个以"提高全日制工程硕士培养质量"为目标的全日制工程硕士培养模式。在此目标指导下，高校以向社会输送高质量优质毕业生、企业以接收到能够满足自身发展需要的可靠顶用的实用性人才为宗旨，校企双方共同培养人才。

2）两个抓手

高校在全日制工程硕士人才培养中实行"双师制"。同时，要深入研究和了解行业企业的特点、需求，邀请行业企业专家参与到人才培养中来，利用好"校内导师"和"企业导师"两个抓手，明确双方职责，共同培养社会需要的高层次、应用型人才。既要发挥高校校内导师在理论知识传承中的作用，也要发挥企业工程技术人员在工程实践技能培养方面的传帮带作用。

3）3个阶段

校企双方在"课程学习、工程实践训练、学位论文研究与撰写"3个阶段对学生进行全方位管理，3个阶段既相互独立又相互交叉，打破校企双方壁垒，构建校企协同创新且有利于应用型、复合式的高层次工程技术和工程管理人才培养的全日制工程硕士的质量保证体系和三段式人才培养矩阵（见图2）。

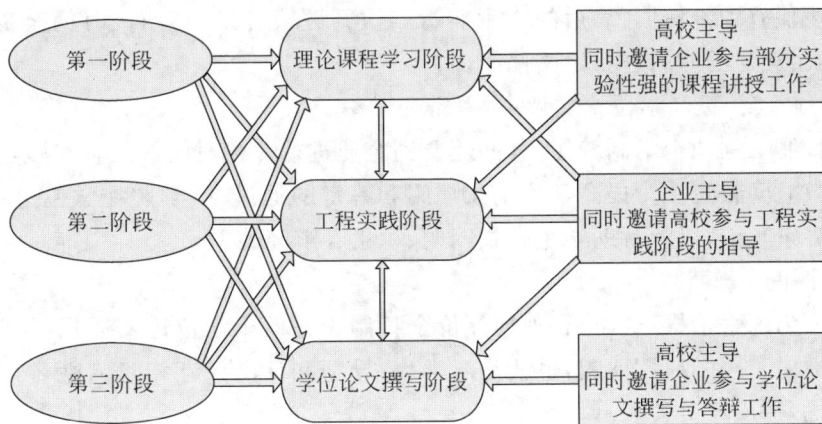

图2　全日制工程硕士生培养矩阵图

（1）理论课程学习阶段

理论课程学习阶段是全日制工程硕士研究生培养的根基,其授课质量的高低直接关系到所培养的人才是否具有不断创新的原动力,是全日制工程硕士长远发展的基础。因而高校要构建能够满足行业企业用人需求的课程体系,突出实践能力的培养。同时,高校要邀请一定数量的企业专家来校参与实践性强的课程讲授工作。

（2）工程实践阶段

工程实践阶段是培养全日制工程硕士研究生工程实践能力,使其将学到的理论知识应用到工程实践的重要环节,因而高校要联合企业建立校外实习实践基地,企业通过定期发布工程项目或技改项目,吸引学生参与企业工程或技改项目,真枪真刀地进行实训环节,培养和提升实践能力。同时高校选派理论知识深厚、实践经验丰富的1～3名教师赴企业,配合企业完成全日制工程硕士实践环节的培养工作。

（3）学位论文撰写阶段

学生在完成一学期理论课程学习后,根据高校与企业的合作项目或企业提供的科研项目或技改项目,自主选择合适的实践基地和研究内容进行研究。学位论文阶段主要是在高校进行,校企双方导师都要参与本阶段的培养工作。以学生研究和撰写为主,同时校企双方导师在学位论文开题、中期检查、后期成果演示、预答辩、评阅、答辩等环节为其把关。在这些环节中主要做好以下几点:

① 统一组织,集中管理

学位论文开题、中期检查、后期检查、预答辩、答辩等环节由学院统一组织,避免过去由导师负责聘请专家进行检查、把关,而大多数专家只说好话不提问题或者只提无关紧要、不痛不痒问题的弊病。同时要保持各阶段检查专家的稳定性,以便于专家和学院全程了解每位学生的学位论文进展状况。

② 规定人数和时间,保证质量

在各阶段检查时,每次最少组织4名以上专家,且每半天不应超过4～5名学生为宜。学生少了没有可比性,多了每位学生检查时间就会缩水,不能达到严格把关的目的。

③ 实行二次开题、答辩制,警示与鞭策学生

在各阶段检查中,对排名靠后的学生实行二次开题或答辩,且两次时间至少间隔2～3个月,要给学生充足的时间进行论文修改。

④ 组织预答辩,提高学位论文评审、答辩通过率

由于全日制工程硕士学制较短,其间还要到企业进行一段时间的工程实践,导致撰写学位论文的有效时间较短。为提高学位论文评阅和答辩的通过率,学院在学位论文评阅和答辩前增加预答辩环节,以便帮助学生查找问题、积累答辩经验。

⑤ 双盲评阅

为减少人为因素干扰,全面、客观地评价全日制工程硕士学位论文质量,学院在学位论文评阅环节中应采用"双盲"评阅,也就是对学生、导师和评阅人互相隐瞒姓名,避免评阅人受到人为干扰,造成评语失真。

三、实质进展

（1）积极邀请行业内企业参与高校的人才培养工作

2017 年 5 月，水声工程学院在校企协同创新方面又迈出重要一步，与中船重工集团公司第一大研究所——杭州第 715 研究所签订了全面战略合作协议，为校企全面合作育人拓展了空间。

（2）继续加大与企业合作力度，丰富和扩大实践基地内容和数量

模块化实践基地建设为学生提供了更多选择，实现因需选择、因材施教的目的。随着全日制工程硕士招生数量的持续增大，学院将会与更多的企业建立战略合作关系，建设更多的实践基地为学生提供更多的选择。

（3）鉴于全日制工程硕士学制短、理论基础薄弱等因素，学院已在两年制全日制工程硕士中实施预答辩机制，为学生顺利通过学位论文评阅和答辩奠定基础

（4）提倡学生尽早与企业签订就业意向，有利于工程实践的顺利开展

学院已与部分企业达成共识，对入学后拟到企业工作的学生提前签订就业意向，企业为学生提供专项助学金，学生参加企业核心技术领域实习，落实学位论文研究方向和工程实践内容，避免工程实践内容与学位论文两层皮现象。

四、推广应用成果及贡献

（1）倡导在全日制工程硕士培养中实行理论和实践并进的人才培养新思路，更加有利于学生掌握理论知识、提高实践能力，达到理论与实践的完美结合；

（2）构建的模块化实践基地建设模式，为学生提供了更多选择，实现因需选择、因材施教的目的；

（3）在全日制工程硕士中组织实施预答辩环节，帮助学生及时发现问题、积累答辩经验，提高学位论文评审、答辩通过率；

（4）提倡由学院统一组织学位论文过程管理工作，有利于学院全程掌握每位学生的学位论文进展情况，同时规定半天答辩人数确保每位学生检查和答辩的时间不缩水，达到严格把关的目的。

基于项目制的跨学院联合培养研究生模式研究

东北石油大学　孙明明、刘巨保、丛　波、
杨丽艳、王继红、任　玲、周云飞

课题编号：2016-ZX-156；课题指南：体制机制改革

一、主要解决的教育实践问题

2013 年，我校研究生招生规模达到峰值，部分主干专业的研究生招生数量激增，导师数量的增长明显滞后于招生数量的增长。为避免学生培养质量下滑，保证专业招生结构的均衡，促进各学科专业交流合作，学校提出了跨学院联合培养研究生。2013 年、2014 年，我校共招收了 10 名跨学院联合培养的专业学位研究生，其中石油工程学院分别和机械科学与工程学院、土木建筑工程学院联合培养 6 人，地球科学学院和电子科学学院联合培养 4 人。

自 2015 年开始，研究生生源数量和结构都发生了变化，部分专业未能完成招生计划，跨专业培养也就随之暂停。在两年的培养过程中，我们发现跨学院联合培养确实加强了学科间的合作交流，对于培养复合应用型人才也起到了积极作用。但是，在实际培养过程中也遇到了一些问题和困难。

1. 联合培养模式有待改善

此次联合培养由学校主导，因此双方的合作基础不是很牢固，合作愿望不是很强烈。招生学院认为他们将招生名额让给了培养学院，培养学院则认为他们在为招生学院培养学生。虽然出于固有的责任心，联合培养学院依然能够推进双方的合作培养，但这种模式是不稳定的，难以使联合培养研究生工作持久地开展。

2. 导师职责有待明晰

指导学生本身是个复杂的过程，包含着许多不可控的主观因素，如业务能力、科研水平、责任心、沟通能力等。虽然管理办法中规定了主副导师的职责，但两个导师的工作职责有交叉，分工不明晰，易出现推诿的现象，影响培养质量。

3. 培养机制有待完善

由于联合培养是新生事物，学院和学生在培养过程中都出现了一系列的不适应。联合培养的研究生编班在培养学院，在新的班级中他们要结识新同学，重新让对方了解自己，在评奖、入党等方面不占优势。虽然联合培养研究生的培养环节主要在培养学院完成，但授予学位是招生学院,因此在课程管理、学位论文开题、中期检查和学位论文答辩时,相关学院都要对这些研究生进行管理,研究生院在各个培养环节开始前,也要对这些"特殊学生"格外关注,管理成本相对增加。

二、解决问题的方法

跨学院联合培养遭遇到了瓶颈,在借鉴哈佛大学博士联合培养模式和国内以项目为纽带的联合培养模式经验的基础上,我们提出了基于项目制的跨学院联合培养研究生模式。

基于项目制的研究生联合培养模式是指依托具体科研项目,相关学院组成联合导师团队,共同招收研究生并组成项目研究小组。研究小组突破组织界限,形成利益共同体,共同完成协同创新和人才培养工作。在项目科研攻关的过程中,通过创建跨学院的课程培养体系、构建高水平且稳定的跨学院联合指导教师团队和配套相关保障机制等途径,加强学科专业间的交流,增强研究生学科知识的广度,提高研究生的培养质量。

1.创建跨学院的课程培养体系

第一,实现研究生"无障碍"选课。改进研究生教学管理系统的相关功能模块,打破专业内选修课程的限制,鼓励研究生选修任何一个学院的课程。

第二,形成跨学院教师联合授课的协作机制。要完成大型综合性项目的研究工作,需要跨学院教师联合开展授课,为学生搭建知识储备平台,使之攻克交叉学科的复杂问题。跨学院联合授课要调动教师联合授课的积极性,解决课程建设问题,涉及相关学院培养方案的修订、课程内容的重新编排、课程知识的融会贯通等大量工作,对授课教师的专业水平提出了较高的要求。

2.构建跨学院的导师团队

基于综合性的科研项目,跨学院导师团队密切配合,为学生提供了更多优秀的教授资源,也为更好地完成学位论文提供保障。同时要明确导师团队的分工和职责。

建立导师团队指导规范,签订基于项目制的跨学院联合培养目标任务书;建立跨学院联合培养导师团队工作绩效考核制度,建议学校划拨专项经费用于导师团队工作绩效奖励,由主导师根据团队成员的工作量、指导学生的成果以及任务完成情况确定绩效奖金的分配;对于科研成果知识产权的归属,应由导师团队共同协商确定,写入指导规范中。

3.完善相关配套的协作保障机制

跨学院联合培养研究生为学生提供了更多自主选择和自由设计的空间,对学院间的交流协作提出了更高的要求,也对研究生院的服务职能提出了更多的考验。研究生院要建立一套相对完善的制度设计和制度保障,捋顺管理流程,细化招生、培养、学位论文、导师团队建设、考核和奖惩、监督评价、成果的归属认定等环节,还要有效协调多个学院间的利益关系,促进多个学院的精诚合作。各个学院也要有一套相对完善的制度设计和制度保障,打通跨学院联合培养研究生的障碍。

三、实质进展

基于项目制的跨学院联合培养模式在高校中并不少见,只是目前多数还处于自发的、不成规模的状态,研究生职能部门可以从政策层面加以鼓励和推动,促进跨学院导师团队自发地、主动地寻求专业(领域)交流合作,不断完善联合培养模式。我校在创建跨学院的课程培养体系、构建跨学院的导师团队和完善相关配套的协作保障机制等方面进行了一些尝试。

1. 实现研究生"无障碍"选课

改进了研究生教学管理系统的相关功能模块,打破专业内选修课程的限制,研究生可以选修任何一个学院的课程。

2. 试行跨学院教师联合授课

计算机与信息技术学院和机械科学与工程学院教师依托校内工程虚拟和物理场仿真研究生创新实践平台联合开发了研究生实践课程"虚拟现实应用系统设计与开发",该课程面向计算机、机械、电子、电气等专业研究生开课,让学生掌握 3DVIA Virtools 5.0 虚拟现实引擎软件的三级创作和编程模式,能独立创建和构造自己的虚拟仿真应用系统。该课程的开设为推行跨学院教师联合授课起到了示范作用。

3. 促进导师团队建设

在我校多个工科学院都存在与其他学院专业交叉的情况,"民间"合作由来已久。学校一方面注重加强导师队伍建设,另一方面从制度层面推动了跨学院导师团队的合作和交流。

4. 修订相关管理办法

在以往联合培养研究生经验的基础上,组织修订了《东北石油大学跨学院联合培养研究生办法》(简称《办法》)。《办法》中增加了基于项目制的跨学院联合培养研究生从招生、培养(含导师、培养方案和培养计划、学位论文、年度考核、成果归属认定)、教育管理等环节的规定,为推行基于项目制的跨学院联合培养研究生工作提供了保障。

四、推广应用成果及贡献

提出基于项目制的跨学院联合培养研究生模式是在我校跨学院联合培养研究生工作遭遇困境后的选择,也是借鉴国内外跨学院(学科)联合培养人才的成功经验后的有益探索。基于项目制的跨学院联合培养通过科研项目使导师团队和研究生形成一个利益共同体,通过科研项目的研究完成人才培养的过程。此模式可以使各相关学院的交流协作更加稳定,可以为学生提供更优质、丰富的知识平台,为导师团队提供取长补短的机会,对于东北石油大学培养高水平复合型人才和打造高水平的导师队伍具有积极的作用,对于兄弟院校实施跨学院联合培养也具有指导作用。

　　本成果共发表了《基于项目制的跨学院联合培养研究生模式研究——以东北石油大学为例》(第二十八届全国研究生院工科研究生教育工作研讨会,2016 年 12 月)、《"三跨"模式培养全日制专业学位研究生的实践——以东北石油大学为例》(《学位与研究生教育》,2016 年第 6 期)两篇论文,总结了跨学院联合培养研究生尤其是专业学位研究生的经验,为相关方向的研究人员和管理人员提供了研究思路。

专业学位研究生校企联合培养模式探索与实践

东北石油大学　吕洪艳、刘贤梅、刘　芳、李　荟、
杜　娟、肖　红、赵　娅、孙丽娜
课题编号：2016-ZX-160；课题指南：联合培养基地

一、主要解决的教育实践问题

1. 培养具有创新、实践能力的高层次人才，缓解就业压力

研究生在培养创新基地参与研发工作，有丰富实践经验的企业高级工程师或管理部门人员等来担任职业导师，对实际工作中遇到的问题给予及时指导，有利于拓宽研究生的知识面，增加社会经验，将有效提高研究生的创新素质、工程实践能力和解决实际问题的能力，是培养高层次应用型创新人才的有效手段，也为校外实践单位提供选拔优秀人才的大好机会。

2. 弥补导师指导研究生社会实践能力的不足

专业学位旨在培养既能掌握特定专业或职业领域的理论知识，又具备较强实际工作能力的应用型专门人才，但有些导师指导研究生的实践能力不足，企业内部有大批具有实践创新能力的工程技术人才，将这些人才充分调动和利用起来就可以很好地解决高校硕士导师实践能力匮乏的问题。

3. 缓解高校教学资源紧缺

随着研究生招生人数的逐年增加，造成了高校实验室仪器设备等教育资源短缺，而企业由于生产、研发、扩大生产规模的需要，实验设备不断更新，通过校企共建基地，可以整合校企双方实验室资源，推进教学、实验室资源的共享，可以有效缓解高校教学资源紧缺的状况。

4. 保障校企联合培养的可持续发展

通过建设校企联合培养创新基地的管理组织机构、保障制度、研发经费保障机制及知识产权分享机制等措施能够保障校企联合培养的健康、持续发展。

5. 规范基地研究生培养过程

学生在理论学习阶段之后再进入企业进行联合培养，使得很多学生无法跟上企业的步伐，影响了学生参与企业项目的进度，影响校企联合培养效果。项目提出的"六段式"研究生培养步骤能够规范基地研究生的培养过程。

二、解决问题的方法

（1）本项目根据培养目标、课程体系、实践环节、教学方法、师资队伍和质量评价等构成研究生培养模式的主要要素，构建全日制专业学位硕士研究生的校企联合培养模式，并在研究生培养过程中不断实践、不断完善。

（2）构建校企联合培养基地，提高学生的实践能力

专业实践能力的培养是专业学位研究生培养的重点所在，针对专业学位研究生实践培养环节流于形式、学生实践能力差的问题，力图通过构建联合培养基地实施校企联合培养来解决。

（3）根据实地调研，总结、分析校企联合培养模式存在的问题

对东北石油大学的联合培养创新基地进行实地调研。一方面，主要对相关的管理人员、研究生导师和学生进行调研，及时了解培养创新基地在培养过程中出现的问题，并根据问题的反馈，随时整改。另一个方面，从国内培养创新基地在建设过程中实际遇到的问题出发，考虑解决问题的办法，包括联合培养工作的规范化和制度化，建立完善联合培养工作的长效机制等内容，从培养理念、培养模式、体制机制、课程设置、教学内容和方法手段等方面入手，探索适合专业学位研究生的校企合作培养模式，解决培养过程中存在的主要问题。

（4）制定校企联合培养步骤，规范培养过程。本项目构建的"六段式"研究生培养步骤能有效解决校企衔接的问题。

（5）制定校企合作培养相关的管理制度，解决管理制度不完善的问题

基地以合作创新、联合研发为主，处于初始探索阶段，没有可操作的规章制度，相关制度的制定能够规范合作培养中出现的一些实际问题，为校企合作培养提供制度保障。

（6）建立相应的研发经费保障机制，解决经费不足的问题

对高校导师与企业导师的额外努力及基地研究生没有适当的经费激励，会使他们失去参与创新基地的直接动力。完善研发经费保障机制，可在一定程度上解决这个问题。

（7）提出具体措施，保障研究生培养创新基地的可持续发展

针对校企联合培养中存在的问题，通过改革课程体系、创新教学方法、完善"三师型"教师队伍建设、完善双导师的激励方案、完善培养过程监控体系等措施来解决，以保障研究生培养创新基地的可持续发展。

三、实质进展

1. 构建"一个核心、一条主线、一个途径、两个模块、三类师资、一套质量监控保障体系"的校企联合培养模式

坚持以学生为本的指导思想，确立以全日制专业学位硕士研究生的培养目标为核心，以校企共建培养基地为主线，创新教学方法为途径，课程设置模块化，使必修课模块和选修课模块有机结合，通过由任课教师、校内导师和校外导师组成的三类师资进行联合培养，将目标管理和过程管理有机结合的培养模式。

2. 构建"六段式"研究生培养步骤

第一,采取"个人申请,学院推荐,学校评审,企业择优录取"的方式选拔研究生。第二,根据企业科研项目的需要和研究生个人兴趣选开特色课程。第三,课程学习成绩符合要求后,按照程序申请进入培养基地。第四,研究生按照基地管理人员的安排进行项目研发实践。第五,对基地研究生定期进行学术水平及实践能力考核。第六,除开展和完成自己的研究课题外,具备独立研发能力的学生还可以独立主持或全面参与省级和国家级的研究课题,实现研究生自主研发、自我管理。

3. 建立研究生培养创新基地管理组织机构

组织机构包括培养基地管理委员会、企业管理小组、学校管理小组,在此基础上明确遴选企业导师、校内导师的条件及其权、责,以确保各方协调管理,使合作培养可持续发展。

4. 制定校企合作培养相关管理制度

制定《基地导师遴选办法》《基地研究生遴选办法》,选拔研究生和指导教师。制定《基地课题申报与管理办法》,建立以科学研究为主导,依托企业科研工作为研究生提供资助和科研训练的实习实践模式。制定《基地经费使用管理办法》,用于学术活动、研究生培养、基地基本设施建设等。制定《基地建设管理机构及职责》等,强化日常管理,保证基地的正常运转。

5. 建立研发经费保障机制

政府主管部门为基地建设投入启动资金,校企双方可以提供不少于 1:1 比例的配套建设经费对基地进行建设,学校还可以设立校企协同创新专项经费,开辟基地发展的融资渠道。

6. 适应企业需求,完善研究生培养方案和课程设置体系

在培养方式上,采用课程学习、实践环节和学位论文相结合的培养方式。在培养环节上,课程设置、教学要求和学位论文选题紧密结合企业需求,使企业能够根据自己的产品发展规划和技术现状,培养急需的工程技术人员和工程管理人员。课程设置整体上应体现厚基础理论、重实际应用、博前沿知识,着重突出专业实践类课程和工程实践类课程,突出系统性、前沿性、实践性、交叉性和科学性,可采用实践课、实验课、前沿讲座、技术培训等多种形式。实践课程可在学校开设,聘请联合培养单位人员来校讲授,也可以在企业开设。

7. 完善"三师型"教师队伍建设

通过采用"请进来"和"走出去"的措施建立导师与教师队伍。"走出去"指积极参与校外工程实践,有计划地选派有关教师深入企业和实践基地。"请进来"指请熟悉行业最新情况和发展的人士到学校来做讲座,提供最新的工业信息。并建立合理、有效的导师选聘及考核

制度,选聘一定比例和数量的高水平企业导师,积极推行指导小组制度,建设兼具理论水平和工程实践能力的导师队伍。

8. 创新教学方法,打破传统教学模式

在教学和考核方式上,鼓励研讨和启发式教学,采取灵活多样的教学方式,如专题研讨式、启发式、参与式、学术讨论式、现场研究、模拟训练以及案例教学。

四、推广应用成果及贡献

(1)本成果形成的专业学位研究生校企联合培养模式已在我校理工类专业学位硕士研究生中进行了推广,培养模式结合"提高研究生的创新能力,缓解就业压力,满足社会创新型应用人才需求"的现实需要,构建"一个核心,一条主线、一个途径、两个模块、三类师资、一套质量监控保障体系"的全日制专业学位硕士研究生校企联合培养模式。这种培养模式既突出了全日制专业学位硕士研究生对工程实践能力的要求,又强化了相关学科的横向联合和相关知识的相互交叉、渗透,有利于发挥学生的自主选择性和教师在各自专业上的优势,促进了学术性和职业性的紧密结合。实践证明,联合培养模式取得了较好的效果。

(2)本成果针对基地研究生的培养模式,构建了选拔研究生—开展特色课程学习—进入培养基地—研发实践—评估反馈—自主管理的"六段式"专业学位研究生联合培养过程。针对联合培养的组织保障问题,构建校企研究生培养创新基地的组织机构,在相关的制度保障下,明确组织机构成员的权力与责任,能够使培养基地建设有条不紊地进行,取得了很好的效果。在此基础上,针对培养模式构建中面临的一系列问题,提出具体的措施,在一定程度上解决了培养模式构建中出现的问题。改革培养方案、课程体系、教学方法,形成了独特的校企联合培养模式,学生反映拓展了创新创业意识、培养了创新精神、提高了创新能力。由于基地建设过程中出现的问题具有一定的普遍性,所以本成果对其他同类研究生培养基地的建设有一定的指导性。

(3)本成果通过校企联合培养模式的探索,取得有效经验和实践效果,为我国全日制专业学位硕士研究生培养模式研究提供一定参考。由于全日制专业学位硕士研究生在培养过程中出现的问题具有一定的普遍性,所以本成果中所涉及的措施也具有普遍性。因此,本成果适合在不同层次院校的全日制专业学位硕士联合培养中推广应用。

(4)本成果形成的校企联合培养过程、培养基地建设及教学方法改革等内容在理工类本科教育中有推广应用前景,并可辐射至农学类、管理类、经济类、医学类、教育类研究生教育及本科生教育。

(5)本成果共发表《基于学生视角的研究生创新能力评价指标体系研究》《校企协同机制下创新创业人才培养模式研究》《产学研协同创新的运行机制研究》等5篇期刊论文,这些研究将丰富和完善研究生教育的理论体系,推进研究生特别是全日制专业学位研究生教育的理论建设,给从事相关研究的人员提供了一定的理论参考,拓宽研究思路。

基于校企合作的交通运输领域专业学位研究生培养模式研究

同济大学　叶玉玲、李淑明、叶霞飞、徐瑞华、
滕　靖、贾　弦、江志彬、朱　炜

课题编号：2016-ZX-167；课题指南：联合培养基地

一、主要解决的教育实践问题

（1）基于交通运输领域专业学位研究生培养的外部和内部需求，明确交通运输领域专业学位研究生培养目标；

（2）针对交通运输领域专业学位研究生培养存在的问题，以职业能力为导向，创新基于校企合作交通运输领域专业学位研究生的培养模式；

（3）以工程实践为导向，优化基于校企合作平台的交通运输领域专业学位研究生课程体系；

（4）构建校企合作平台的组织管理与运行机制，保证和提高专业学位研究生教育人才培养质量。

二、解决问题的方法

（1）通过调研与查阅国内外文献，总结、分析、比较国内外交通运输领域专业学位硕士研究生培养模式。

（2）针对交通运输领域专业学位已毕业的研究生和用人单位设计问卷并进行调查，分析用人单位和毕业生的需求以及交通运输领域专业学位研究生培养存在的问题。

（3）基于内部和外部需求提出交通运输领域专业学位培养目标，以及校企联合培养交通运输领域专业学位研究生的 3 种模式；基于校企合作平台设计企业深度参与的多层次交通运输领域的课程体系。

（4）基于校企合作平台探讨校企联合课程建设，完善企业专业实践，优化联合毕业论文环节的方案。

（5）基于校企合作平台，完善交通运输领域专业学位研究生培养组织管理机构，优化运作机制及保障机制，实现多元共赢。

三、实质进展

1. 基于内外需求的交通运输领域专业学位培养目标

交通运输领域专业学位研究生的培养目标，需要根据国家社会、用人单位、学生期望的

外部需求以及学校人才培养和办学定位的内部需求两个方面综合考虑。通过对同济大学交通运输领域专业研究生的用人单位以及毕业生的调查与分析,基于外部与内部人才培养的需求,提出了交通运输领域专业学位研究生的培养目标是面向未来交通运输发展,按照知识、能力、素养三位一体,培养交通运输领域高层次、应用型专门人才。该目标突出了专业学位研究生以专业实践为导向,侧重于实际工作能力的培养。

2. 基于职业导向的交通运输领域专业学位研究生培养模式创新

基于校企合作,以职业为导向、以实践为载体,创新校企联合培养交通运输领域专业学位研究生的模式,针对不同类型生源情况,提出了交通运输领域专业学位研究生的3种培养模式。

(1)"3+1+M"本硕贯通的培养模式

针对目前校内本科推免生比例高的特点,采用"3+1+M"本硕贯通,即"本科学习—本科实践—研究生深入学习与实践"的培养模式,培养过程为本科前3年完成专业基础知识的学习,基于卓越交通工程师培养的要求大四学生进行企业生产实习与毕业设计,为专业学位研究生阶段的专业理论学习打下基础。研究生阶段选择特定方向进行深入学习与实践,由于本硕贯通,M可缩短为2年。这种培养模式,以大四学年作为校企联合培养的突破口,使专业学位研究生的实践前置,实现本硕阶段学习的纵向贯通,保证人才培养的连续性,同时缩短了学习周期。

(2)"1+1.5"理论实践相融合的培养模式

针对一般的专业学位硕士培养,可采用"1+1.5"学制的理论实践融合的培养模式,即"课程学习+实习实践与综合提升"的培养模式。该模式按照"学习中实践+实践中学习"的原则进行设计,为期1年的在校专业知识学习阶段,学校需要组织融合实践的课程教学,包括案例教学、课内实验、专业综合实验和前沿讲座等,培养学生对专业技术的实践能力。在此基础上,硕士培养的第二年开始利用校企合作平台开展与企业实际项目紧密结合、更具综合性和创新性的专业实践,培养学生的工程实践能力;同时结合专业实践,以企业项目或者校企联合项目进行学位论文开题,在实践的基础上完成一篇有工程实际应用价值的学位论文。1.5年是学生实践与理论相融合的阶段,在培养学生实践能力的同时,也促进企业技术创新。

(3)"订单式"的专业学位硕士培养

针对面向特定合作企业的定向专业学位研究生,其培养模式与普通全日制专业学位研究生的不同之处在于具有不同类型生源、教育背景与职业发展目标,为满足行业企业对定向人才培养的需求,因此多采用"订单式"的培养模式。

学校与企业建立校企人才培养共需互动机制,根据企业人才需求量身打造具有个性化的培养目标和课程体系,用于满足企业现有人才学习深造以及企业技术升级改造需求。基于上海铁路局—同济大学国家工程实践教育中心,同济大学与上海铁路局已共同培养了十几届的专业学位研究生,校企双方根据轨道交通运输领域发展的方向以及企业对轨道交通高速发展新设备、新技术等的需求,共同制定与完善具有个性化的培养方案,建立面向应用与生产实践的校企联合课程,建立有效的联合指导专业学位硕士论文的机制,真正落实双导师制,论文选题与企业的生产与科研实际联系,双方共同培养应用型、复合型高层次工程技术和管理人才。

上述培养模式能很好地满足不同生源学生的学习与发展需求,在培养学生的实践能力的同时,也促进企业技术创新,对目前专业学位教育改革具有一定的借鉴作用。

3. 优化基于校企合作的专业学位研究生课程体系设置

针对交通运输领域专业学位研究生的培养目标和知识、能力与素质三位一体的要求,以工程实践为导向,基于校企合作平台将专业学位研究生培养所需的专业学位课、非专业学位课、专业实践环节和毕业论文环节都与实验和工程实践相结合,形成校内校外、课内课外相结合和企业深度参与的多层次课程体系,如图 1 所示。

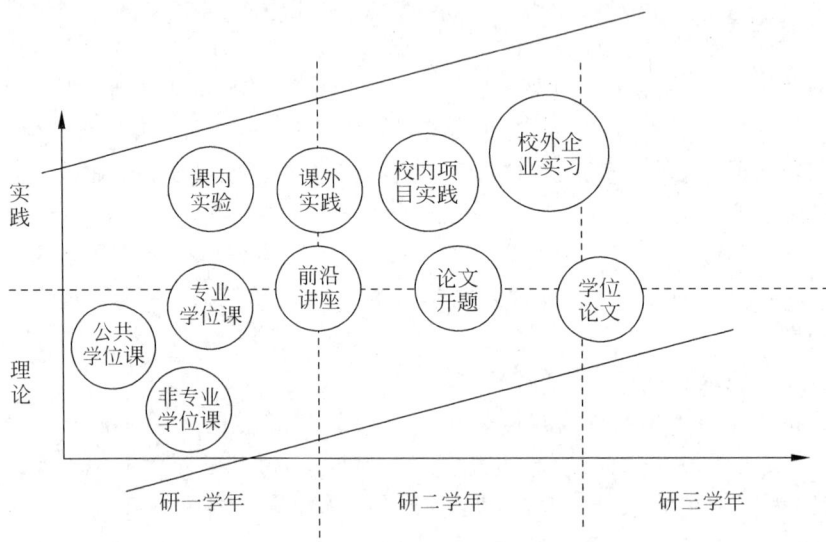

图 1　交通运输领域专业学位研究生课程体系

交通运输领域专业学位研究生的课程按交通运输工程一级学科设置,课程设置从结构上分为公共学位课、专业学位课、非专业学位课和实践教学 4 个环节。与学术型研究生相比较,培养过程更加注重工程实践能力,课程体系优化要做到"三个结合",即课内教学与课外实验实践相结合、校内理论知识与校外实践经验相结合及毕业设计论文与实际工程问题相结合。

（1）增加课程的实践性

专业学位研究生的培养要求技能专业化程度较高,为达成此培养目标,在课程的设置上要增加工程应用类专业课程内案例教学和实验实训课程,利用校内课程建立理论知识与实践应用的交叉联系,通过课内课外学习实践,提高学生相关研发工具使用技能,培养学生从事工程设计与运行管理的能力,以及专业实践能力和工程应用等职业素质,解决目前研究生课程体系对学生技能、能力和素质等方面支撑不足的问题。

同时,基于校企合作平台建设联合课程,对工程实践性强的专业课程可聘任校外企业专家参与课程的讲授,以及进行专业讲座,实现校企双方人力资源互补双赢,提高学生工程实践能力,为企业输送符合其需求的高层次、高素质人才。

（2）实践环节创新

专业实践环节是专业学位研究生培养的重要环节，依托校企合作平台，结合企业实际生产任务进行专业实践，能提高学生专业素养、工程实践与创新能力，实现理论到实际应用的升华。同济大学交通运输工程学院依托卓越人才校企联盟实践基地探索专业学位研究生实践环节改革，有两种模式，一种模式是学生专业实践的 1 年全部在企业进行，同时依托企业项目完成学位论文，实行双导师制；另一种模式是学生至少有 3 个月在校企合作企业进行专业实践，再有 9 个月参与校内导师承接的校企合作工程项目。基于校企合作平台的专业学位研究生专业实践环节创新模式能使学生在掌握专业理论的基础上，进入生产实践第一线，培养工程实践与创新能力，同时为企业培养具有实践经验、更符合企业要求的专业学位研究生。

（3）联合毕业设计

依托校企合作基地，学生在专业实践过程中，结合生产实际和工程项目，直接选取论文题目，该题目具有明确的工程背景和实际应用价值。结合交通运输领域专业学位研究生培养过程中的实际情况以及培养目标，实行校内外双导师联合指导毕业设计，其中校外导师应由具有丰富实践经验的专家担任，被聘专家一般应具有高级技术职称。建立了涵盖选题、指导以及答辩各阶段的联合毕业设计指导机制，明确了校内导师和校外导师的责任。

该课程体系的设置注重实践性和应用性，全方位加强对学生工程实践能力的培养，对培养交通运输领域高层次、应用型人才起到了关键作用。

4. 基于校企合作的交通运输领域专业学位研究生培养组织管理体制与运行机制的完善

基于上海铁路局—同济大学国家级工程实践教育中心等校企"产学研"合作平台，建立专业学位研究生培养组织管理机构，学校和企业共同建设校企实践基地的组织管理中心，由双方分管领导负责，双方均指派专门的管理部门及团队合作共同协调，负责专业学位研究生企业实践、毕业论文指导工作、校外导师的选聘、专业学位培养方案修订以及联合课程的协调与安排等日常管理工作，共同建立专业学位研究生联合培养环节质量监督反馈机制以及相关保障机制，有效确保专业学位研究生的培养质量，保障学生、企业和学校三方共赢，对高层次、应用型人才培养起到了关键作用。

四、推广应用成果及贡献

（1）基于校企合作"订单式"的专业学位研究生培养模式已实施 11 年，为上海铁路局培养了大批运营管理和专业技术人才，这些专业学位研究生学成后通过后期实践锻炼培养，得到晋升提拔的学员达到 63%，为上海铁路局的安全运营、建设发展提供了强有力的人才支撑；

（2）同济大学"交通运输工程领域专业学位硕士点"顺利完成全国首次工程专业学位研究生教育试点认证工作，基于校企合作的交通运输领域专业学位研究生培养模式及其培养质量经过了全面检验，进一步明晰了交通运输工程人才培养的目标和路径；

（3）基于上海铁路局—同济大学国家级工程实践教育中心校企"产学研"合作平台，培育了一批同济大学企业校外指导教师，同时培养了一支实践教学经验丰富的师资队伍。

全日制专业学位研究生培养质量评价
——以制药工程专业为例

华东理工大学　　钱嫦萍、戎思淼、李　浩、
岳海洋、崔靖园、裴文波、朱　燕
课题编号：2016-ZX-180；课题指南：体制机制改革

一、主要解决的教育实践问题

全日制专业学位研究生教育旨在培养具有解决实际问题能力的高层次应用型人才，是以职业能力为导向的。高校要建立符合自身特色的、高质量的全日制专业学位研究生培养模式，就必须从用人单位的需求视角去审视全日制专业学位研究生的培养质量，解决全日制专业学位研究生培养目标、培养质量与社会需求的差距问题，建立符合专业学位研究生教育的培养评价标准和培养质量反馈机制，把保障不断提高培养质量作为专业学位研究生教育发展的重点。

二、解决问题的方法

全日制专业学位研究生培养质量评价研究是重要且常新的研究课题，要求在开展研究工作时运用多种方法。本课题采用的主要方法如下。

1. 选取典型案例

全日制专业学位研究生专业领域分布较广，制药工程专业在工程专业学位教育中具有一定的代表性，本研究选取制药工程专业领域为试点，同时选取长三角地区的高校和制药企业为研究范围，通过对该专业研究生的培养质量评价建设来破解全日制专业学位研究生培养中存在的共性问题。

2. 开展文献研究

通过文献资料查阅，系统梳理并分析国内高校制药工程专业全日制专业学位研究生培养发展历程、现实状况及存在的不足。

3. 全面调研访谈

针对长三角地区高校制药工程专业学位研究生的培养方案、管理模式、质量监控现状、

反馈机制以及长三角地区重点制药企业人员结构、岗位设置、人才引进政策、未来人才规划等多个方面进行问卷调查和人员访谈。

4. 数据挖掘建模

运用 Excel 专业数据可视化模块,对制药工程专业毕业生就业发展数据进行分析,对制药企业的人员结构数据进行拟合分析和建模处理。

三、实质进展

1. 剖析现状:当前高校制药工程领域全日制专业学位研究生教育现状以及制药企业人才现状

为建立与应用型人才培养相适应的全日制专业学位研究生培养质量评估体系,课题组以华东理工大学制药工程专业研究生培养情况为例,分析制药工程领域全日制专业学位研究生教育现状,以制药企业的人才发展战略为着手点,先后对长三角地区 80 多家制药行业重点企业的人才需求和未来人才规划进行了调查,实地走访 30 多家制药企业进行调研座谈,全面了解当前长三角地区制药领域的企业人才现状和未来人才规划。课题组将调研结果进行了汇总和分析,撰写了《关于长三角地区制药企业人才现状及需求分析——基于上药集团、海正药业、华海药业等重点制药企业的调查》,为全日制专业学位研究生培养质量评价提供第一手基础数据和访谈资料。

2. 问题导向:当前全日制专业学位研究生培养中的瓶颈和短板

课题组以长三角地区部分高校的制药工程专业全日制专业学位研究生、研究生导师、研究生培养管理人员等为调研对象,对完成的 1200 余份调研问卷的结果进行分析、汇总,认为当前专业学位研究生培养的不足之处体现在两个层面。就人才培养而言,表现在三方面:一是技术实践能力不强,专业学位研究生大多缺少参加具体实践项目的机会,导师的指导理念上重理论轻实践,导致研究生专业实践及职业操作机会不多;二是职业适应能力差,当前研究生缺乏企业实际锻炼环节,这导致学生培养与企业需求脱节,学生缺乏对企业文化、企业运行机制的认知;三是论文写作水平低,专业学位研究生理论研究深度和实践经验总结能力不够,导致其专业学位论文的理论与实践创新不足,使得论文写作水平不够理想。就培养模式而言,表现在两个方面:一是应用型、职业性特色不明显,很多专业学位是由学术性研究生专业转型而来的,由于培养习惯固化、培养模式陈旧,导致无法满足专业学位研究生职业性、应用型的培养要求,特色不明显;二是培养环节与社会需求,特别是企业人才需求脱节,当前专业学位研究生缺乏对人才市场动态变化的重视,不能根据企业人才需求及时调整培养方案,培养出高度符合社会和市场需求的实用性人才。

3. 优化路径:提升全日制专业学位研究生教育培养质量的对策研究

通过对当前我国全日制专业学位研究生教育发展状况的调研,课题组认为对其培养质量的评价,需要分析影响专业学位研究生教育培养质量的因素,这些因素主要包含 4 个方面。一是政策导向。从 1991 年开展专业学位教育到 2011 年首期全日制专业学位研究生毕业这段时间以来,每年参加在职攻读专业学位研究生的学生毕业后都只有学位证,而只有参加同学术型一起统考的少数专业学位研究生,如 MBA、法律硕士等才既有学位证也有毕业证,这种差异化的学位政策导向,导致在社会上的用人制度存在重学历、轻学位的偏见。所以国家对全日制专业学位研究生教育的政策对其质量认同有非常重要的影响。二是培养模式。我国的学位与研究生教育发展过程中,学术型研究生教育发展较早,一直处于主导地位。大多数培养单位都不自觉地存在沿袭学术型研究生的培养模式的倾向,这并不能够让全日制专业学位研究生突出其实践性强、实用性强的优势和特点。所以必须重新定位全日制专业学位研究生的培养模式,必须认真贯彻培养某一专业领域高层次应用型人才的培养目标,并以此为出发点形成符合全日制专业学位研究生特色的培养模式。三是师资队伍。全日制专业学位研究生对实践性的要求很强,所以全日制专业学位研究生的质量评价体系中必须重视具有实践优势的职业发展导师的配备。然而很多研究生培养单位无法从有关企业或行业部门聘请到高水平的专家参与教学和指导工作,也不能为研究生的职业发展和实习实践提供实际的帮助,造成了很多全日制专业学位研究生缺乏实践锻炼的机会和空间,使得应用型人才的培养教育丧失了生命活力。四是反馈机制。在全日制专业学位研究生教育中,学校的质量意识和质量反馈体系发挥着关键的作用。当前很多研究生培养单位缺少对全日制专业学位研究生培养质量的自我评估和及时反馈的评价机制,有的培养单位将全日制专业学位研究生的评价直接同学术型研究生管理混为一谈,这不利于全日制专业学位研究生实践锻炼能力的培养。所以针对全日制专业学位研究生应该有专门的教育质量评价和跟踪反馈机制。

以制药工程领域全日制专业学位研究生培养为例,研究生培养单位可以从学校专业特色、人才市场需求、课程教学改革、加强校企合作和完善就业服务 5 个方面探索建立培养质量评价的有效途径。

(1)充分发挥高校办学特色,培养应用性复合型高层次人才

不同类型的高校应当努力办出自己的特色,明确制药工程作为建立在药学、生物技术、化学和工程学基础上的一门交叉学科,是一门实践性很强的工程类应用学科。其人才培养目标是培养掌握制药过程和产品双向定位,具有多种能力、最新技术和交叉学科知识的新型制药工程师。

(2)必须以社会需求为导向,优化专业结构,强化质量监控

针对当前高校制药专业数量增长过快、办学水平和层次参差不齐的现状,建议尽快明晰我国制药工程专业设置和人才培养标准。制药工程专业结构设置上必须有所创新,以适应市场的新需求。不同地区制药产业定位不同导致专业结构差异性较大,比如,上海地区主要需要研发人才,对专业学位研究生需求较大,要求很高,这就需要高校瞄准社会人才需求,不断优化人才培养结构。

(3)必须积极贴近实际开展教改,建立全新的课程体系

高校在制药工程专业的培养方案和培养课程设置中要体现差异性、交叉性。对于制药工程专业的课程设置,应以课程群的方法进行规划,除基础课程外,应开设化学类、药学类等核心课程,同时,也应当适当添加机械类、计算机类、经济类、管理类等多学科的交叉课程,为

学生打造多元化的全新的课程体系。同时,也需要与企业所需的实践技能相对接,设立具有实用性的实践类课程,为以后尽快地适应实际工作积累经验。

（4）重视职业素养教育环节,强化校企合作

针对专业学位研究生的职业素养教育可以通过以下途径解决:一是订单式培养。学校根据企业需求,定向培养制药企业需要的特定人才。二是在校企科技合作中培养人才。通过合作项目的实施为企业培养一批理论知识与工程经验都过硬的人才,缩短成果转化时间,缩短企业创新周期。

（5）建立就业导向反馈机制,完善就业服务体系

高校需要积极构建针对全日制专业学位研究生的职业规划教育和职业素养教育课程体系,做到对全日制专业型研究生职业认知、就业能力、创新能力、创业能力的培养始终贯穿于研究生培养全过程。

四、推广应用成果及贡献

1. 初步建立全日制专业学位研究生培养质量评价跟踪体系

全日制专业学位研究生培养全过程的质量评价跟踪体系基本内容应包含建立适应社会需求的培养目标和课程体系、健全完善的质量保障措施和评价反馈机制以及及时有效的实时控制和跟踪管理。

2. 初步筛选影响全日制专业学位研究生培养质量的指标因素

影响全日制专业学位研究生教育培养质量的主要因素包含对全日制专业学位研究生培养的政策导向、全日制专业学位研究生培养的模式创新、全日制专业学位研究生培养的师资队伍建设和全日制专业学位研究生培养质量的跟踪反馈机制。

3. 初步提出提高全日制专业学位研究生培养质量的改革举措

新形势下,全面提高全日制专业学位研究生培养质量,需充分发挥各高校自身特色,坚持专业性复合型高层次人才的培养目标;需以市场需求为导向,不断优化专业结构设置,强化质量监控;需不断创新培养模式,建立全新的课程教学体系;需重视职业素养教育,加强高校与企业的深入合作;需不断完善就业服务体系,建立就业导向反馈机制。

全日制工程硕士实践性知识生成机理与实证研究

华南理工大学　张建功

课题编号：2016-ZX-185；课题指南：联合培养基地

一、主要解决的教育实践问题

对全日制工程硕士的教育要求具有较强解决实际问题的能力，解决实际问题主要通过实践来完成，因此具备较强的实践能力是全日制工程硕士的显著特征和基本要求，而实践性知识是实践能力形成的基础和前提。目前全日制工程硕士专业实践存在着实践性知识的储备有限以及知识生成机理不清、生成路径不明等问题。本研究主要解决实践性知识存在的问题，为促进全日制工程硕士实践性知识生成、提升其实践能力提出有效对策与建议。

二、解决问题的方法

本研究按照机理分析→模型构建→实证研究→存在问题→对策建议的路径逐步解决问题。从实践能力的根源——实践性知识入手，对知识生成机理进行分析，构建具有全日制工程硕士实践特色的知识生成 SEIA 模型，再依据模型进行问卷调查与访谈，根据调查结果实证分析存在的问题，进而提出促进全日制工程硕士实践性知识生成的有效路径。

采用的研究方法：文献研究法、问卷调查法、专家访谈法和实证研究法。

（1）文献研究法

通过中国知网、万方数据库等文献检索工具进行检索和引文追踪，系统收集和分析国内外有关实践性知识的相关论著及论述，总结、梳理国内外实践性知识的内涵、生成机理与现状。

（2）问卷调查法

对 H 大学机械、电子、材料、环境等 12 个代表性领域全日制工程硕士的实践性知识生成现状进行问卷调查，全面了解目前全日制工程硕士实践性知识生成机理与现状。

（3）专家访谈法

对校外基地的主管领导、导师、校内主管机构的有关管理专家进行访谈，收集各方面的意见；并对基地负责人、实践主管以及部分工程硕士指导老师和学生进行访谈，收集相关内容。

（4）实证研究法

采用 SPSS 与 bootstrap 法，检验与计算模型的中介变量及其分变量的中介效应、中介路径的中介效应，结合问卷调查与研讨，提出促进全日制工程硕士实践性知识生成的有效路径。

三、实质进展

1. 全日制工程硕士实践性知识的生成机理分析

实践性知识生成的过程中包含 3 种类型的知识：关于实践的知识、实践需要的知识、源于实践的知识。具体的实践性知识生成与转化机制：

（1）全日制工程硕士通过自身学习、"师徒制"的言传身教，学习、模仿，形成自身的知识结构，得到的是关于实践的知识；同时全日制工程硕士通过座谈、讲座相互交流，并与周围同学交流沟通，获得实践需要的知识。这类知识源于他人的实践经验，是通过交流所获得的新的实践性知识。

（2）全日制工程硕士针对上述两类知识进行综合分析与归纳整合，在实践中有针对性地加以应用，形成源于实践的知识。

（3）当实践情境不同时，源于实践的知识在新一轮的实践中化身为"新的"关于实践的知识，结合全日制工程硕士获取的源于实践的知识，从而开始一个新的实践性知识生成的过程。

2. SEIA 模型构建

野中郁次郎（Ikujiro Nonaka）和竹内弘高（Hirotaka Takeuchi）的 SECI 模型从知识的两种范式（显性和隐性）的互动来描述知识的创造过程。基于 SECI 知识生成模型，本研究从实践性知识生成过程：知识学习（study，简称 S）→知识交流（exchange，简称 E）→知识整合（integration，简称 I）→知识运用（application，简称 A）这 4 个过程来构建全日制工程硕士实践性知识生成模型——SEIA 模型，具体详见图 1。

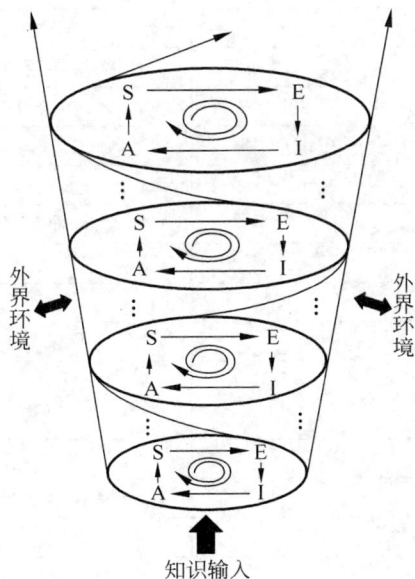

图 1　全日制工程硕士实践性知识生成的 SEIA 模型

4 个过程分析如下：

（1）知识学习：全日制工程硕士在实践中的第一步是学习知识，输入的是校外实践导师传授的知识，包括观测、模仿与亲身实践的知识，这类知识多通过"师徒制"方式传授给全日制工程硕士，因此是隐性知识向隐性知识转化的过程。

（2）知识交流：知识输入后，结合全日制工程硕士的个人想法与经验，通过与他人进行研讨和沟通产生思维碰撞，并经过大脑反思，形成高度个体化的知识。由于知识内容隐藏在全日制工程硕士的大脑中，需要沟通、交流与捕捉，因此是一种隐性知识向显性知识转化的过程。

（3）知识整合：全日制工程硕士通过交流、研讨形成的知识，经过归纳、整合形成资料、文件，使知识系统化，通过具体形式表达、展示出来，因此是一种显性知识向显性知识转化的过程。

（4）知识运用：对实践成果这一显性知识，在具体参与实践时进行实操性运用，将实践运用过程中产生的知识转化为新的实践性知识，打破原有知识结构，组建新的知识结构，再次进入下一次实践性知识的生成。因此是一种显性知识向隐性知识转化的过程。

SEIA 模型中，每一层的椭圆代表一个知识基，知识从底部输入，经过第一个 S-E-I-A 生成新的实践性知识，再进入下一个循环，如此循环往复、螺旋上升实现实践性知识的不断生长与持续更新，且在此过程中不断地与外界环境相互作用、相互影响。

3. 实证研究

本研究在对 SEIA 模型的实证阶段有实质性进展，得到实证结果并发现知识生成各阶段存在的问题。将 SEIA 模型作为多重链式中介效应模型，按照信度分析—因子分析—中介效应分析的思路，对链式多重中介效应的分析结果进行汇总，如表 1 所示。

表 1　实证结果分析汇总表

中 介 变 量	检验显著性	中介效应大小
知识交流	显著	0.255
知识整合	显著	0.125
中介路径	**检验显著性**	**中介效应大小**
1. 知识学习→知识交流→知识应用	显著	0.2407
2. 知识学习→知识交流→知识整合→知识应用	显著	0.0610
3. 知识学习→知识整合→知识应用	显著	0.0580
知识交流分变量	**检验显著性**	**中介效应大小**
交流意愿	显著	0.0623
交流积极性	显著	0.0587
交流顺畅性	不显著	0.0018
交流方式	显著	0.0725
理解能力	显著	0.0779
交流有效性	显著	0.0437
知识整合分变量	**检验显著性**	**中介效应大小**
整合意愿	显著	0.0862
整合频率	不显著	0.0379
整合方法	显著	0.0652

（1）实证结果

从整体角度看，知识交流的中介效应大于知识整合的中介效应；对中介变量的分变量而言，交流顺畅性、整合频率两个变量中介效应不显著；对中介路径而言，中介效应大小为路径1＞2＞3，确定了依据模型最为有效、合理的实践性知识生成路径为2。同时发现存在遗漏的正向互补的中介变量，本研究预测为"知识应用"中介变量。

（2）知识生成各阶段存在问题分析

1）知识学习阶段

① 知识理解不深刻，忽视细节

全日制工程硕士自学实践性知识，由于理解能力不同，思考缺乏深刻性，又缺少针对性的指导，导致不能彻底地掌握知识，最终影响知识在实践中的运用。

② 实践时间不足，精力匮乏

校外实践基地站在自身利益的角度，分配与实践项目不相关的任务，同时高校对全日制工程硕士的实践管理失职，使得全日制工程硕士在自身与外界的双重压力下进行实践，导致时间不足、精力缺乏，这也反映出校企合作协议目前存在漏洞。

2）知识交流阶段

① 师生交流频率较低

全日制工程硕士在遇到学术问题时，交流的首选3个最佳对象依次为：师兄师姐＞校内导师＞同学，可见全日制工程硕士倾向于与师兄师姐交流，也反映"双导师制"仍然存在着挂名、形同虚设的情况。

② 知识交流不顺畅

校外导师作为企业的一员，多站在企业的角度分析问题，侧重于对企业有利的一面，而全日制工程硕士作为短期实践的参与者，主要站在自身与实践项目的角度进行思考，这将导致二者在交流过程中产生障碍。

3）知识整合阶段

① 反思、总结欠缺积极性

虽然全日制工程硕士具有较强的归纳、总结知识的意识，但对知识的归纳、整合缺少积极性，多数是为了完成任务，使得知识整合缺乏深入的思考。其本质原因，与实践过程的监督机制、实践项目的实用性都是息息相关的。

② 整合过程缺乏沟通

由于全日制工程硕士对知识归纳、总结的方法和技巧缺乏统一性，归纳、整合的知识以不同的形式呈现，这种不协调性不仅导致整合缺乏统一性，影响实践性知识的显化，同时阻碍了其他学生对他人显性知识的理解与吸收，阻碍了实践性知识的生成。

4）知识运用阶段

① 知识运用范围窄

全日制工程硕士积累的实践经验运用存在频率低、概率小等问题。深究原因包括实践项目以对比偏多、理论性太强、与专业无关等，使得积累的实践经验严重缺乏实用性，同时还有实践项目存在"外挂"的情况。

② 运用过程缺少指导

由于全日制工程硕士实践过程中十分缺乏资深专家对知识在关键点的运用、实践效率的指导,而实践过程大多都采用"边学边用"的方式进行,使得全日制工程硕士缺乏思考,易出现"瓶颈",知识理解不够透彻。

四、推广应用成果及贡献

本研究从企业(实践基地)、高校、导师、全日制工程硕士四方面提出了促进全日制工程硕士实践性知识生成的对策建议,以期为相关管理部门制定政策、高校和企业提升全日制工程硕士实践能力提供参考借鉴。

1. 企业方面

(1) 合理分配实践与任务

首先,企业应规范实践的时间与内容分配,严格制定全日制工程硕士的实践计划,确保计划的合理性。其次,企业应加强自我监督与奖惩机制,对企业内所有与全日制工程硕士实践项目相关的人员均按照规定严格执行,激励企业人员合理安排实践任务。最后,实施外部监督和惩罚机制,开拓监督反馈通道。

(2) 提升实践项目实用性

校企双方都应针对校企合作的具体情况加大对项目的投入力度,其中高校对实践基地的项目加大监察与评估力度,实践基地对实践项目加大实用性的投入,选取对企业产品生产有帮助的项目,同时其科研成果具备较强的实用性、较广的适用范围。在选取过程中,不仅考虑到企业的自身利益,而且要选择投入能够使企业与高校"共赢"的项目。

2. 高校方面

(1) 强化"家长式"人才培养

高校作为高端人才培养基地,首先应加强对全日制工程硕士实践的监督,与实践基地开展专题研讨以解决问题。其次,与实践基地形成相互监督协议,从实践的全过程选取关键指标,详细阐述相互监督的范围、内容、检验标准等,确保高校的家长式效力能够有效实施。同时建立相应的反馈机制,将存在的问题反馈给高校,让高校知晓实践基地在人才培养过程当中出现的问题,担负起监督和协助的责任。

(2) 开展归纳、整合技巧的统一培训

高校应该在全日制工程硕士生参与实践前,对其目前的归纳、整合现状进行调查,从实际出发,站在全日制工程硕士生的角度,合理规划培训课程,对如何进行知识的归纳、总结开展有针对性、系统的培训,既保证培训的有效性,也保证培训的针对性,从而提升全日制工程硕士生的"软技能"。

3. 导师方面

(1) 提升实践指导的针对性、深刻性

导师对全日制工程硕士生进行"有针对性、深刻性"的全方位指导,在不同阶段采取不同的指导方式。在知识学习阶段,导师应根据不同学生的学习水平进行有针对性的关键指导,并加大对细节方面的指导；在知识交流、整合阶段，应着重对实践内容关键点、方法技巧进行指导，与高校开展的知识归纳、整合技巧培训相结合；在知识运用阶段，应采取"因材施教"的策略，以学生提问为主、导师指点为辅的形式，关注瓶颈，引导学生深入思考。

（2）增进师生交流，促进情感培养

从实践交流的安排入手，定期开展由导师主持的研讨会。由导师亲自对全日制工程硕士生进行传道授业解惑，鼓励全日制工程硕士生积极参与答疑。同时实践基地还可以从实践外的娱乐与生活入手，开展基地素质拓展等活动，促进师生在沟通、交流的同时还能增进师生之间的感情，促进团队的团结。

4. 全日制工程硕士生方面

（1）学会多角度换位思考

全日制工程硕士生在与实践基地导师及相关人员进行交流的过程中，应学会换位思考，从对方的角度与之进行交流，同时也可以向对方阐述就自己所处位置的思考，促进双方观点的融合与统一。在与导师进行互动过程中，主动向导师请教问题，更好地增进师生感情。

（2）提高自身实践积极性

全日制工程硕士生应自觉提高实践的积极性，同时在实践基地的有效引导、高校的知识整合技巧培训、导师的鼓励和支持下，三方推动全日制工程硕士生积极主动参与实践，更高效地促进实践性知识的生成，最终推动实践性知识生成进一步的螺旋式上升，使实践性知识的效用最大化。

校企协同模式下研究生专业实践
能力考核评价机制研究

西安交通大学　郭　炜、张俊峰、纪洁菲、张　薇、王若铮
课题编号：2016-ZX-360；课题指南：联合培养基地

一、研究生专业实践能力考核评价的若干特点

随着全球经济的转型升级，"产学研"结合在经济发展过程中的地位与作用日益凸显，已经成为许多国家的广泛共识，校企协同已经成为市场经济与知识经济结合的必然产物和发展趋向。在全日制专业学位研究生培养过程中，变革人才培养模式，加强创新实践训练，构建与产业结构相匹配的研究生教育体系，加强对研究生专业实践能力的考核评价，提高研究生综合运用科学理论、方法和技术解决实际问题的能力，既迫在眉睫，也渐成共识。

本课题研究以社会发展战略需求对高层次人才的现实需要为逻辑起点，旨在分析和探究在校企协同模式下如何对研究生的专业实践能力进行科学、客观的考核评价，研究重点包括初步厘清专业实践能力具有的内涵特征，合理界定专业实践能力评价的基本要点，探讨采取何种程序对专业实践能力进行考核评价，以及在此过程中校企双方的合作互动机制。本课题研究旨在建立一套合适的专业实践能力评价工具和运行机制，明确目标信息、记录基础数据、分析影响因素和提出优化方案，并在实际管理过程中对之进行实践应用。

经过对西安交通大学 20 余家示范性研究生联合培养基地的调研访谈，围绕管理过程和考核评价的核心要素，我们归纳总结出专业实践能力评价具备如下几个特点：①应确定实现专业实践的具体内容、步骤和方法，按照明确分工负责、划片包干的方式，强化对专业实践工作的指导；②应根据专业实践的区域和内容，划分相应的管理职责和责任组织机构，明确管理机构内部的主要责任，并赋予其相应的管理权力，实施制度化、规范化的专业实践管理和评价工作；③应在强化研究生专业实践程序规范的基础上，明确具体的考核评价指标与要点。总之，是否具有严格的过程管理，是否具有明确的实践内容要求，是检验和评判全日制专业学位研究生专业实践活动效果的重要砝码，有助于校企协同合作双方对研究生的专业实践表现作出清晰和客观的判断。

二、研究生专业实践能力评价应加强过程管理和效果考核

专业实践是一个持续的过程，为确保提升研究生的专业实践能力，有必要加强过程管理和效果考核，有了过程规范的保证，最终取得良好的专业实践成效自然水到渠成。

1. 过程管理

所谓"过程",是指一些事先定义好的活动,通过这些活动的发生可以在一定的限制条件下、借助一定的资源将任何形式的输入转换成输出(商品、信息和服务)。所谓"过程管理",就是为了达到某种特定目的,针对事先预设活动的阶段特征与任务,设置的明确检查方法与要求。专业实践过程管理的重要作用主要体现在以下 3 个方面:①专业实践前期应明确专业实践的具体目标,找出专业实践的根本动力,分阶段设立目标,分阶段了解和把握专业实践的动态,减轻整体目标管理的压力;②实施阶段性评价,对照目标发现专业实践过程中存在的问题,分析这些问题产生的根本原因、形成条件或影响因素,针对这些问题提出解决方法和改进途径,最终确保研究生的专业实践按时、按量、按质顺利完成;③及时制止研究生在专业实践中发生的不合管理规范、有违科学精神的行为,既有利于倡导和发挥正向能量,也可避免发生难以控制的消极影响。

2. 效果考核

考核是评价者对评价对象是否"有意义"和"意义几何"的判断和筹划。人们在作出判断和筹划时,其核心在于人的"何所向"(即:达到什么状态)和"所向何"(即:出现什么变化)。因此,对研究生专业实践的考核,一方面是去发掘和判断研究生开展专业实践的实现性,维护种种有利条件,剔除种种不利条件,解决"何所向"的问题;另一方面是去发掘和判断研究生开展专业实践的有效性,关注种种有利变革,探究种种不利表现,解决"所向何"的问题。专业实践效果考核的重要作用主要体现在以下 3 个方面:①考核是确定培养方案中专业实践要求是否实现的直接依据;②考核是发现研究生专业实践中存在问题的根本方式;③考核是发现研究生素质能力性的重要基础。

三、研究生专业实践能力考核评价体系的建立

在查询、分析、总结、提炼、归纳、借鉴已有研究资料的基础上,结合对我校 20 余家示范性研究生联合培养基地(企业)的调研情况,本课题组制定了一套校企协同模式下研究生专业实践能力考核评价体系。该考核评价体系由"原则要求""组织管理""考核程序""考核要点"等几个关键部分组成,重点对校企协同模式下研究生专业实践的管理制度和考核评估进行思考和探索。

该考核评价体系认为:校企协同是培养全日制专业学位研究生的重要模式。以培养创业创新能力为导向,以提高实践能力为重点,以"产学研用"协同培养为途径,通过强强联合、模式创新,有利于为国家龙头行(企)业单位输送理论基础扎实、解决实际问题能力突出的应用型人才。

1. 该考核评价体系注重研究生专业实践的日常组织与管理,涵盖了以下内容:

(1)严格按照研究生培养方案要求安排研究生专业实践教学。必须保证累计不少于 6 个月,可采用集中实践与分段实践相结合的方式。研究生专业实践考核通过后,获得相应学分。

(2)成立专业实践教学工作组,具体负责建立健全专业实践管理制度,开展专业实践教

学研究,改革创新实践教学模式,检查督促专业实践工作。

（3）建立研究生专业实践管理档案,定期检查研究生专业实践情况,及时处理研究生专业实践中出现的有关问题,保障专业实践效果。

（4）充分发挥网络平台的管理功能。在开始专业实践之时,研究生应首先登录研究生院主页"专业实践平台"进行登记(见附件1)。依据登记信息,研究生院将组织人员对研究生专业实践情况按照一定的比例进行随机抽样检查,并将检查记录及时反馈给学院以便学院督促研究生认真实践。检查可作为对该研究生进行专业实践考核的重要依据,也是研究生院对学院考核的依据之一。

（5）加强对研究生的安全教育,包括各类规章制度和产业行业规范,增强其安全意识,提高自我防护能力。

（6）对积极推动专业实践工作且管理规范、成绩显著的学院及先进个人,研究生院给予适当表彰、奖励。

2. 该考核评价体系力求加强研究生的专业实践能力考核,规范考核程序,明确考核要点(见附件2),涵盖了以下内容:

（1）过程考核主要以专业实践单位为主体,依前期制定的规范进行,导师检查与研究生院抽查相结合。

（2）考核工作以各学院为实施主体,由学院专业实践教学工作组具体组织完成。

（3）考核工作坚持客观公正、重视实践效果、兼顾学科特征的基本原则。

（4）专业实践考核内容主要包括专业实践基本概况、专业实践内容与成果、个人收获等方面。考核结果分"通过"和"不通过"。研究生在专业实践中发生违反科研诚信和学术道德等情形的,考核结果一律为"不通过"。

（5）学校将参加"全国研究生创新系列活动"主题赛事以及其他同等水平的全国赛事作为专业实践重要形式之一,研究生可以用其在学科竞赛中的工作作为专业实践主要内容进行答辩汇报。

3. 该考核评价体系重在检查、监督与表彰、奖励,形成闭环。建立督导专家审核机制,采取以下做法:

（1）事先将统一进行专业实践考核答辩的时间通报研究生院,研究生院派督导专家或工作人员进行旁听,保证程序公平。

（2）邀请督导专家对专业实践档案进行检查,包括学生的专业实践报告、学院的专业实践成绩单等,并对学院的专业实践工作进行总结,发现问题、发掘先进。

（3）每年评选10名左右"专业实践优秀研究生",对专业实践成果显著、社会效益突出的专业学位研究生进行表彰、奖励,鼓励研究生在专业实践过程中真正做出对社会有益的成效。

四、推广应用成果及贡献

自2016年11月起,以上述"校企协同模式下研究生专业实践能力考核评价体系"核心内涵而形成的"网络登记"和"考核评价"等具体工作做法开始在西安交通大学落地使用,覆盖面达到1500余人,实施效果反映良好。自2014年起全校共评选"专业实践优秀研究生"34名。通过上述举措,既强化了我校全日制专业学位研究生开展专业实践活动的主动意识,也为我校提升专业学位研究生的培养质量积累了丰富经验。

参考文献

[1] 刘丽娜.从目标管理到过程管理——论研究生教育质量管理模式的转型[J].白城师范学院学报, 2014(2):99-102.
[2] 邓玲玲,宋招权,刘志峰,等.论全日制工程硕士生专业实践能力培养[J].当代教育理论与实践, 2014(10):149-151.

附件 1　专业实践登记内容

专业实践登记内容主要包括学号、姓名、专业学位种类和领域、所属学院、联系方式(手机号和电子信箱)、专业实践导师姓名、专业实践单位名称、实践单位地域、实践项目名称、实践计划、实践项目指导人及其联系方式(固定电话、手机号和电子信箱)、实践起止时间等。

附件 2　专业实践考核内容、考核指标和考核要点

考核内容	考核指标	考核要点
实践情况	专业技能历练	工作内容完成(可按照既定目标要求,按期按质完成实践岗位中与本学科、专业相关的工作内容,恰当操作相关仪器设备或运用相关软件工具)
		复杂问题处理(面对复杂问题具有预判和理性认知能力;在实践单位导师的指导下,具有解决复杂问题的思路与方法并进行了深入实践)
		求实创新探索(自觉追求、原创性强,工作中有创新和独到见解;新思想和新做法对提高实践单位生产或社会效益具有额外贡献)
	综合能力培养	合作沟通能力(积极热情、工作投入,主动和善于从实际工作中吸纳别人的长处;能对同事的行为产生激励和主动影响)
		组织协调能力(对承担的工作任务积极主动,能够有效组织或参与团队协作;可有效利用实践单位的信息资源,获得同事的支持和尊重)
		公平竞争能力(以实际行动在组织中营造精诚合作与公平竞争的氛围;以积极行为有效化解合作团队中的冲突,维护和加强合作团队的名誉)
个人收获	学科专业领域	学科视野扩展(了解到本学科专业领域的最新技术与思维进展;体会出书本理论知识与生产生活实际存在的重大差异特征)
		成果获得情况(取得了预期的目标成果(调研报告、工艺优化、产品设计、专利发明)等;获得了有关的竞赛奖项(奖项证书)等)
		论文选题情况(与实践工作内容相关程度)
	个人品格素质	生活、工作条件适应性(环境适应性强,生活和工作情绪均表现出愉悦状态;能够有效处理生活和工作之间出现的两难选择,目标明确、清晰)
		工作内容变更适应性(服从工作需要的调整安排,具有全局意识;岗位调整后工作执行到位,流程控制适当,具有保密和知识产权意识)
		工作中挫折的承受性(面对艰苦与逆境,具有坚韧性和抗受挫能力;在工作遇到困难时能够与指导者或同事及时沟通并虚心请教)
否决项	发生违反科学道德等情形的,考核结果一律为"不通过"	

高等应用型人才培养质量体系改革对策研究

西北工业大学研究生院　　李　圣、王海燕

课题编号：2016-ZX-362；课题指南：体质机制改革

一、主要解决的教育实践问题

（1）通过研究生院、人事部门、就业中心、科技管理部和图书馆等部门的反馈情况，对高校的各种应用型研究生质量评价指标体系进行归纳总结，建立精细化的应用型人才培养生命周期对比分析数据库。

（2）就近三年毕业的应用型研究生发展状况和贡献进行企业跟踪访问和问卷调查。通过调研和反馈情况分析社会和企业对应用型人才的实际需求情况和满意度，分析用人单位对研究生综合素质考量的主要依据和主要参数，从社会实际需求的角度找出应用型人才的培养方向、目标和差异，将这些数据分析结果反馈到培养质量评价体系中，不断修改培养质量评价体系的结构、模块和指标，进一步提高培养质量，使得研究生的培养更贴近社会的需求。

（3）基于对研究生培养质量和评价指标内涵的了解，根据前人的研究和与专家咨询、交流，借鉴国内外已有的研究成果，遵循评价指标体系设计的原则，根据指标体系设计的影响因素和依据，以研究生教育质量一级指标为基础，构建出研究生培养质量评价指标体系，并基于 PSO_AHP 模型对框架构建算法进行优化。

（4）基于对研究生培养质量和评价指标内涵的研究，分析研究生培养质量的影响因素，结合对研究生培养质量评价指标体系相关理论和文献的深入了解，提出一种科学的研究生培养质量评价指标体系，并对研究生培养质量评价体系的各级指标进行评分，进而对研究生培养质量评价体系进行综合性评价，为提高研究生培养质量提供分析依据，为决策部门提供相应的咨询。

二、解决问题的方法

本课题以提高研究生培养质量评价指标体系为研究核心，以西北工业大学、各兄弟院校、合作企业的实际操作为载体，以研究高层次、应用型人才培养质量评价体系为主渠道，以研究生质量评价模式调整为重点，探索出提高高层次、应用型人才质量评价体系的新途径，进一步明确专业人才培养定位和目标，不断提升专业人才培养的质量和水平。本课题在研究生院、各专业学院、国内外联合培养合作单位的共同参与下开展研究，以行动研究法为主，以调查法、经验总结法、文献法等为辅。

1. 行动研究法

行动研究是在一定理论指导下,把教育教学实践与理论相结合的研究,尤其注重实践者也要成为研究者,研究的结果要及时运用于教育教学实践的研究方法。本课题研究中,充分运用 PSO_AHP 分析方法原理和思想,对研究生质量评价体系进行分析,并调动企业、学校研究生和教师的积极性,鼓励各环节人员参与到课题中去,让他们成为本课题研究的实践者,同时也成为本课题研究的研究者。在实践研究中,不断反思和总结,把研究的结果及时运用于实践。

2. 调查法

调查法主要是通过问卷调查,在探索和研究环节中研究培养现状,从问卷调查中发现问题,查找不足,为探索和调整当前实施的方案提供相关依据,以便有针对性地研究,以期达到最佳研究实效。问卷调查涉及的环节有企业人才需求情况、毕业生的发展状况调查、学生对质量评价体系的反响情况等各个方面。

3. 经验总结法

经验总结法主要是通过对本课题研究过程中较有效的方法进行及时的总结、提炼,形成成果在学校推广、应用,促进本课题研究的进一步深化。

4. 文献法

文献法就是收集有关文献资料作为课题研究的理论指导、实施材料。

三、实质进展

利用 PSO_AHP 原理和 MATLAB 计算软件,对来自 985 高校、500 强企业 100 位专家的电子问卷进行了优选和一致性分析,选出 57 份满足一致性要求的问卷,然后根据 PSO_AHP 原理计算平均综合排序向量,得到研究生教育质量评价的所有指标及其权重系数,结果如表 1 所示。

表 1　研究生教育质量评价指标体系

目标层(O)	一级准则层(F)	二级准则层(S)	三级准则层(T)	权重系数	小计
研究生培养质量评价体系 O	生源质量(F1)	思想品德(S1)	政治课统考成绩(T1)	0.001 605 982	0.1235
			获奖情况(T2)	0.004 816 821	
			违纪情况(T3)	0.004 816 821	
		知识结构(S2)	入学统考成绩(T4)	0.024 057 639	
			复试综合成绩(T5)	0.024 057 639	
			生源院校性质(T6)	0.008 021 084	
		技能素质(S3)	科技发明及获奖情况(T7)	0.033 678 45	
			社会活动情况(T8)	0.022 452 3	

续表

目标层 (O)	一级准 则层(F)	二级准 则层(S)	三级准则层(T)	权重系数	小计
研究生 培养质 量评价 体系O	教学质量 (F2)	教学科研 (S4)	教学科研设备数量等级(T9)	0.019 918 495	0.2304
			重点学科和实验室建设情况(等级数量)(T10)	0.034 801 275	
			研究教育创新基地建设情况(T11)	0.007 603 43	
		师资队伍 (S5)	师资队伍建设情况(T12)	0.014 610 94	
			研究生师生比(T13)	0.026 557 217	
			导师科研及指导学生能力水平(T14)	0.048 250 082	
		学习环境 (S6)	生活条件及配套设施情况(T15)	0.002 669 198	
			学术创新和社会实践活动开展情况(T16)	0.008 814 56	
			"三助"的开展情况(T17)	0.004 851 602	
		培养与 教学管理 (S7)	培养方案的科学性和有效性(T18)	0.017 275 991	
			精品课程和教材的建设情况(T19)	0.005 945 633	
			任课教师队伍建设情况(T20)	0.009 977 944	
			质量监督机制的建设情况(T21)	0.029 123 631	
	学位质量 (F3)	学位授予 (S8)	各学科学位评定标准的科学性和合理性(T22)	0.010 089 95	0.247
			学位评定标准执行情况(T23)	0.030 269 85	
		学位论文 及成果 (S9)	专利或论文数量等级(T24)	0.026 656 24	
			全国百篇优秀博士论文及提名数(T25)	0.053 312 48	
			学位论文抽检情况(T26)	0.053 312 48	
		学位授权点 建设(S10)	学位授权点建设情况(T27)	0.029 343 6	
			学位授权点合格评估情况(T28)	0.044 015 4	
	发展质量 (F4)	毕业生情况 (S11)	进入500强企业情况(T29)	0.026 091 712	0.3992
			省级、校级优秀毕业生情况(T30)	0.047 424 96	
			研究生一次性就业率(T31)	0.086 163 328	
		社会评价 (S12)	研究生创新实践能力(T32)	0.026 227 44	
			研究生岗位胜任力(T33)	0.074 011 68	
			研究生在单位整体表现及发展潜力(T34)	0.139 304 832	

为评估以上确定的质量评价指标体系的有效性,以西北工业大学的若干学院毕业研究生作为评估对象,对评价体系进行验证,验证结果如表2所示。

表2　各学院研究生教育质量单项指标得分和综合得分表

评价指标及系数		学院单项指标得分				
单向评价指标	权重系数	学院A	学院B	学院C	学院D	学院E
T1	0.001 414	6.51	6.23	6.72	5.99	6.47
T2	0.005 65	7	5	6	7	5
T3	0.005 65	9	9	9	9	9
T4	0.025 397	7.67	7.26	7.56	7.44	6.91
T5	0.025 397	9	8.5	8.9	9	8.7
T6	0.012 699	7	7	7	7	8
T7	0.036 464	5	5	5	5	5
T8	0.027 029	6	5	7	5	7

续表

评价指标及系数		学院单项指标得分				
单向评价指标	权重系数	学院 A	学院 B	学院 C	学院 D	学院 E
T9	0.012 636	6	5	5	5	7
T10	0.010 788	9	7	5	5	3
T11	0.037 901	7	5	3	3	3
T12	0.027 901	5	7	5	5	7
T13	0.010 312	8	7	7	7	7
T14	0.057 328	7	5	7	5	7
T15	0.001 854	9	7	7	7	7
T16	0.009 845	6	5	5	5	5
T17	0.005 23	7	6	6	6	7
T18	0.004 942	7	6	7	6	6
T19	0.042 654	5	5	5	5	5
T20	0.013 538	6	7	6	6	8
T21	0.005 182	7	7	5	6	7
T22	0.012 945	6	6	6	6	6
T23	0.025 895	7	7	7	7	7
T24	0.069 896	7	6	7	6	6
T25	0.023 299	9.35	9.26	8.97	8.67	8.71
T26	0.077 666	7	5	7	5	5
T27	0.023 299	7	6	7	5	5
T28	0.038 827	6	5	5	5	5
T29	0.041 39	8	7	6	7	5
T30	0.022 771	9	8	9	9	7
T31	0.075 199	7	6	6	6	6
T32	0.026 82	7	7	7	7	5
T33	0.057 779	8	8	8	8	7
T34	0.124 462	8.5	8.5	8.6	8.5	8
学院研究生教育质量评分		7.171 722	6.491 706	6.748 002	6.333 764	6.204 225

将上述研究生教育质量评价体系计算结果分发至人事部门、科技管理处、研究生院管理职工和师生代表的邮箱,后期统计反馈信息,发现我们的结果得到了广泛认同,这充分证明了基于 PSO_AHP 方法的研究生教育质量评估指标体系的合理性和有效性,同时也证明了该评估方案的可行性。

四、推广应用成果及贡献

分析了研究生教育质量评价指标的内涵,提出了基于 PSO_AHP 分析方法的研究生教育质量评价指标体系模型,并以西北工业大学的数据为例对模型进行验证,后期统计反馈信息,发现我们的结果得到了广泛认同,表明基于 PSO_AHP 方法的研究生教育质量评估指标体系的合理性和有效性,同时也证明了该评估方案的可行性。

针对研究生教育质量评价指标体系建立提出了几点建议,为教育管理部门、高校和社会研究等部门的研究生教育质量内涵与评价指标建设提供参考。

1. 评价高校研究生教育质量,最重要的是其发展质量指标

一直以来,广大高校教育管理人员多数认为研究生的生源质量和教学质量最为重要,大量的精力和工作投入到如何提高生源质量和结构优化、不断改善教学条件和环境中,本课题所得结果颠覆了高校管理人员的这一传统认识,因而对高校教育管理人员科学制订研究生教育质量评价评估体系与激励政策具有深刻意义。

2. 高校研究生培养要注重学位论文及成果

近年来,国务院学位委员会、教育部印发了《关于加强学位与研究生教育质量保证和监督体系建设的意见》《博士硕士学位论文抽检办法》,将全面构建研究生教育质量保障体系,彻底扭转研究生教育教育质量不高的现实状况。指标权重结果与国家最近政策非常切合,这也是目前高校教育管理人员认识较为薄弱的地方,为高校管理教育人员制订论文质量标准和进一步加强论文质量评价评估政策提供了有价值的参考信息。

3. 高校研究生教学质量提高关键在于软环境建设

高校要积极转变观念,研究生教育质量的提升除了硬件条件的建设之外,还要大力加强软环境的建设,提升学校的软实力。一方面是导师队伍科研和指导能力的加强,加大对研究生指导力度,另一方面是随着智慧校园建设,建立和完善质量监督体系能大大促进研究生教学质量的提高。

4. 高校研究生培养要注重师资队伍建设

当前,很多高校将导师队伍建设放到提升研究生教育质量的重要位置,着重导师队伍建设,但忽略了导师自身科研和指导研究生能力水平对提升研究生教育质量的重要影响。高校要进一步树立"立德树人"的教育根本任务,明确导师第一责任人职责,发挥导师对研究生进行学科前沿引导、科研方法和学术规范指导的作用。

5. 研究生教育质量评价指标体系建立需处理好 3 个关系

(1) 通用性与差异性的关系

此次研究体系建立的背景是工科院校,但是研究生教育是多学科的,那么在实际设计中需要重视学科、专业甚至是区域的个性化差异。

(2) 主体与对象的关系

不同的评价主体身份关注的重点不同,决定了质量评价指标体系的因素及权重也不同。

(3) "硬"与"软"的关系

研究生教育质量评价指标是评价主体对研究生培养工作绩效的"硬"指标,对提升研究生教育水平起着非要重要的指导作用。同时,要充分考虑"软"空间和"软"环境,给天才留有空间,兼顾造就不一样的个体发展环境。

交通工程类专业学位研究生培养质量监控评估的标准化与程序化研究

长安大学　　马超群、梁国华、王元庆、王建军、陈宽民、李　岩

课题编号：2016-ZX-379；课题指南：体制机制改革

一、主要解决的教育实践问题

根据国务院学位委员会办公室《关于转发全日制硕士专业学位研究生指导性培养方案的通知》(学位办〔2009〕23 号)文件精神,全日制专业学位硕士研究生培养目标是"培养应用型、复合型高层次工程技术和工程管理人才,在本领域的某一方向具有独立从事工程设计、工程实施、工程研究、工程开发、工程管理等能力"。因此,对于专业学位研究生培养而言,如何提高其专业技能和实践能力是培养过程中的关键所在。当前全日制硕士专业学位研究生教育发展面临着社会认同度较一般、吸引力不足等问题,而问题的根源之一就是尚未建立起被广泛认可的质量保障措施和质量监控体系。结合其培养过程与质量要求的特殊性,建立科学、完善的教育质量监测体系和保障体系,加强过程管理和质量监控,是推进全日制硕士专业学位研究生教育科学发展的基本前提。无论对于学术型还是应用型研究生,培养出符合社会发展需求的高质量人才始终是研究生培养模式改革的最终目的。因此,各研究生培养单位也都结合本单位的办学条件和办学特色通过一系列的制度和措施来构建研究生培养质量保障体系。但是,通过这一系列的制度和措施实施之后,专业学位研究生培养质量是否有所提高? 提高的程度如何? 又应该如何进行监控与评估?

本项目的研究将有助于推动全日制硕士专业学位研究生教育理论研究和改革实践,从培养目标、教学过程、实践教学等方面,拓展到质量监测与质量保障体系的建立和完善。本项目研究以长安大学公路学院交通工程研究所这一全日制硕士专业学位研究生培养基层单位为实体,强化培养基层单位对全日制硕士专业学位研究生培养质量的掌控,构建交通工程类专业学位研究生培养质量监控评估的标准化与程序化体系。

二、解决问题的方法

本项目的研究主要采用以下方法进行:

1. 查阅文献、文献综合、资料分析与实际考察、实地调查、专家咨询相结合的分析方法

对相关研究资料进行梳理和总结,并走访相关高校、论文答辩会专家、教务管理人员、导

师、学生，了解各方对质量监控评估体系的考量。

2. 归纳和类比相结合的综合分析方法

充分利用国内外研究资料和具体实践，进行综合分析，同时，以长安大学公路学院交通工程研究所全日制硕士专业学位研究生培养进行实证分析。

3. 系统分析

由于研究内容的复杂性以及涉及面的广泛性，本项目采用系统分析的研究方法，对全日制硕士专业学位研究生培养质量监控评估体系展开研究。通过系统综合分析方法，对研究内容有比较全面、完整的反映。

三、实质进展

1. 通过对兄弟院校和就业单位的走访调研制定培养目标

项目组走访了北京工业大学、同济大学、西南交通大学、兰州交通大学等兄弟院校，与相关的老师进行了交流，了解兄弟院校交通工程专业学位硕士研究生培养机制和质量监控体系。同时，走访了中交第一公路勘察设计研究院有限公司、西安市城市规划设计研究院、西安市政设计研究院有限公司、陕西省城乡规划设计研究院、中铁第一勘察设计院集团有限公司、西安市地下铁道有限责任公司、北京城建设计发展集团股份有限公司、广州地铁设计研究院有限公司等就业单位，了解就业单位对本专业学生的技能需求。项目组在对交通行业企业调研的基础上，根据人才需求变化，制定交通工程领域专业学位硕士研究生培养目标。

培养目标总体上强调了专业学位硕士研究生的工程实践素质，要求能灵活地将理论知识运用于本领域的工程实践中，掌握工程数学的基本理论和方法，系统掌握交通工程领域的基础知识，熟悉本工程领域的项目设计、施工与管理技能，不断拓展知识面，具有提出、分析和解决实际问题的动手能力。

另外，从基础理论知识、专业理论知识与技能、工具的运用三方面提出了交通工程类专业学位研究生应掌握的基本知识及结构；从专业素养、学术道德等两个方面提出了交通工程类专业学位研究生应具备的基本素质；从获取知识能力、科学研究能力、实践能力、沟通交流与组织协调能力四方面提出了交通工程类专业学位研究生应具备的专业能力。

2. 建立交通工程专业学位研究生培养质量保障体系

针对交通工程专业学位研究生培养特点，主要从提高生源质量、课程教学体系质量保障、加强指导教师队伍建设、加强专业实践教学环节、制定专业学位论文质量保障措施等方面，对交通工程专业学位研究生培养质量形成了校、院、所三层保障体系。

为了提高生源质量，突出学科优势和特色，建立专业宣传激励机制，吸引优质生源报考。同时，完善招生组织工作，建立严格的招生制度和监督措施。

专业学位研究生课程设置以实际应用为导向，以职业需求为目标，以综合素养和应用知识与能力的提高为核心。交通工程专业学位研究生教育侧重培养学生理论联系实际的能力、收集和处理信息的能力、获取新知识的能力、分析和解决问题的能力、语言文字表达能力及团结协作和社会活动的能力。因此,在课程体系设置中,侧重于交通工程基础理论知识体系和基本专业技能的构建,其重点内容是交通规划、设计、管理的过程、步骤、内容、方法、手段与模型,尤其侧重于本专业的工程特点,在一系列理论教学基础上,有针对性地模拟、创造工程实践环境,目的是使研究生在充分了解交通工程实践的基础上,培养学生的工程实际操作能力。

从配备精干的主讲教师、规范教学环节、创新教学形式、加强课程专题研讨、教学大纲滚动修订等多方面着手加强课程教学质量保障。

3. 构建培养质量监控评估体系

质量监控系统针对交通工程本领域全日制专业型硕士研究生培养的全过程实施监督、指导,主要任务是分阶段监控各个培养环节的实施。交通工程专业学位研究生培养质量监控体系由目标系统、决策系统、运行管理系统、信息收集处理系统、调控反馈系统5个子系统构成。

交通工程专业学位研究生培养质量评估系统由宏观层面评估子系统和微观层面评估子系统构成,并具体确定了各环节的培养质量监控评估指标体系。强调了宏观与微观相结合,从不同层面反映交通工程专业学位研究生培养质量。其中,宏观层面评估子系统的评估对象主要针对专业学位研究生培养单位各单元,对研究生培养管理工作进行全面的质量评估,为专业学位研究生的培养管理提供客观量化的依据;微观层面评估子系统的评估对象主要针对本工程领域专业学位研究生个体,对研究生个体综合专业能力进行全面的质量评估,并体现了不同研究方向的"业有所长、术有专攻",为学生的个体发展提供指导,为教学改善提供依据。研究生个体是研究生培养工作的产品输出,研究生个体总和的群体特征决定了研究生培养工作的方向,因此这两个子系统之间存在相互交叉和反馈。在此基础上,从交通工程全日制硕士专业学位研究生的培养效果和培养过程两个层面出发确定培养质量监控评估指标内容体系。

全日制硕士专业学位研究生培养质量监控评估是一项庞大而繁杂的工作,涉及学校、学院、系所、导师、研究生等多方主体,本项目结合长安大学公路学院交通工程研究所这一基层培养单位,对交通工程专业学位硕士研究生培养质量监控评估中若干关键环节提出评估标准与作业指南。针对全日制硕士专业学位研究生培养过程的关键环节"入学时专业综合素质测评""中期考核与开题报告""学位论文"等方面提出了质量要求、评估标准和作业程序,为研究生教学管理部门制定相关规章制度提供参考与借鉴,有助于在关键节点上对研究生培养质量进行有效监控。

四、推广应用成果及贡献

本次研究生培养质量监控评估的标准化与程序化研究,结合了长安大学交通工程类专业学位研究生培养具体工作和革新,研究成果从项目立项开始已经逐步进行实施。实施过程主要针对课程体系设置、专业综合素质测评、学位论文答辩等诸多方面进行,受到多方的赞同,较好地体现了全日制硕士专业学位研究生培养的教育宗旨。

本项目研究以长安大学公路学院交通工程研究所这一全日制硕士专业学位研究生培养单位为实体,以研究生培养基层单位为切入点,强化培养基层单位对专硕培养质量的掌控。针对交通工程领域全日制专业型硕士研究生培养的全过程建立了质量监控系统,分阶段地监控各个培养环节的实施;从宏观和微观两个层面构建交通工程专业学位研究生培养质量评估系统,并从培养效果和培养过程两个角度确定培养质量监控评估指标体系。本项目有助于推动全日制硕士专业学位研究生教育理论研究和改革实践,从培养目标、教学过程、实践教学等方面,拓展到质量监测与质量保障体系的建立和完善。

后　记

　　2016年，全国工程专业学位研究生教育指导委员会（以下简称"工程教指委"）将各类课题研究与教育部立项的"深化工程专业学位研究生教育综合改革"（以下简称"深综改"）中的改革任务相结合，经项目征集、院校申请、形式审查、专家评审后，对3个重大、21个重点、458个自选课题予以立项，是工程教指委自2009年以来立项课题数量最多、涉及院校最广、研究议题最丰富的一次。

　　今年，共有3个重大、21个重点、359个自选课题通过专家评审顺利结题。结题课题紧扣"深综改"任务部署，展开了深入的理论探索和实践调研，形成了一批富有指导性、建设性的研究成果。

　　本着"优中选优、精益求精"的原则，工程教指委组织专家遴选了52个优秀课题成果汇编成此书。本书首次采用"纸质版与电子版并行展示、线下阅读与线上传播同步进行"的推介方式。

　　"行远必自迩"，我们真诚地希望第五版选编中的源头活水能够绵绵不断地汇聚到工程教育改革及研究创新的清流中，一同滋养工程高端人才培养事业发展之花；"登高必徐图"，我们也热切地期待在未来的课题申报和学术研究活动中，全国工程教育界更多同仁能够络绎不绝地聚集到工程教育理论探究及实践探索的大潮中，协同产出工程专业学位研究生教育学术硕果。

　　限于水平和时间，本选编难免有疏漏和不足之处，敬请广大读者批评指正。

编　者

2017年12月